성서에서 사라진 단의 후손 한민족의 진실!

김대호 저

차
례

고조선 블랙박스를 열며

비행기가 공중폭발을 했어도, 그 비행기의 블랙박스만 찾으면 사고의 원인을 알 수 있다. 마찬가지로 고조선의 역사도 그 시대의 블랙박스만 찾으면, 역사의 진실을 알 수 있다. 동방의 광활한 대륙에 고조선이라는 대제국이 생겨나고 존재했었는데, 당시의 블랙박스만 찾으면 그 역사의 진실을 알 수 있다는 것이다. 한반도와 중국 동북부에 있는, 수만 기의 고인돌들이 바로 그 블랙박스이다. 그 고인돌 밑에서 출토된 청동기 유물들이 한민족이 어디서 온 누구인가를 명백히 밝히고 있기 때문이다.

한반도 역시, 거대한 블랙박스이다. 한반도의 바위들에 새겨진 암각화와, 이 땅의 흙으로 빚어진 와당(기와)들에 새겨진 고대 히브리 문자들도 한민족이 어디서 온 누구인가를 한결같이 밝히고 있기 때문이다.

동국대학교에서 출판된 역사 교과서에는 단군이 기원전 10세기경 인물이라고 추정했다. 중국 동북부와 한반도에 고인돌이 나타난 것도 그 시기이고, 그 고인돌 밑에서 출토된 많은 청동 유물도 당시의 역사적 사건들과 밀접한 연관이 있다. 한반도의 바위에 새겨진 암각화와 이 땅의 흙으로 빚어진 와당에 새겨진 고대 문자들도 모두 당시의 역사적 사건들과 밀접한 연관이 있다.

용산 국립중앙박물관 고조선실에 가면 고인돌에서 출토된 청동 방패가 있는데, 그 방패에는 끈을 연결할 수 있는 2개의 고리가 있다. 그 방패를 벽체나 천장에 매달아 놓고, 거기에 제사를 드렸던 것이다. 그 방패는 이 땅의 바위들에도 새겨져 있는데, 그 바위 앞에는 지금도 당시의 제(祭)터가 역력히 남아 있다. 고조선 조상의 '방패신앙'을 고스란히 간직하고 있는 것이다.

이 민족이 어디서 온 누구인가를 밝히는 것도 어렵지 않다. 고인돌에서 청동 방패와 함께 출토된 많은 유물이, 한민족의 정체성에 대해 아주 구체적으로 명백히 밝히고 있기 때문이다. 또, 이 땅의 바위들에 새겨진 암각화와 와당에 새겨진 고대 문자들도, 모두 한결같이 한민족의 정체성을 명명백백히 밝히고 있다. 그런 즉, 그 유적 유물을 추적하면 한민족의 뿌리를 찾을 수 있다.

중국 동북부와 한반도에 고인돌이 나타난 것은 기원전 10세기 이후이다. 이 고인돌과 함께 청동기 시대가 시작되었다. 또, 그 후에 방패를 비롯한 암각화들이 새겨지고, 고대 문자가 나타났다. 모두 고인돌과 함께 나타난 것이다. 지중해 연안에는 한반도에 있는 고인돌과 똑같은 모양의 고인돌이 수만 기가 있다. 그리고 그 고인돌들은 한반도의 고인돌보다 수천 년이나 앞서 존재했다. 바로 그 지역에서 한 종족이 사라졌다. 그들은 방패신앙을 가지고 있었고, 한반도 와당에 나타난 고대 문자를 쓰던 족속이었다. 또한, 청동기 기술을 가진 사람들이었다.

기원전 10세기경, 그들이 사라진 후 알타이산맥의 바위들에는 그들에 대한 이야기가 암각화로 새겨졌다. 내몽골 바위들에도 그들에 대한 이야기가 새겨졌다. 그 후 동방 대륙에 청동기 시대가 시작되었는데, 지중해 연안에서 청동 제조 기술을 가진 종족이 이동해 오면서 동방의 석기 시대가 막을 내리고 청동기 시대가 시작된 것이다. 따라서 그들에 대한 이야기로 청동검이 만들어지고, 청동 제사 도구가 만들어졌다.

한반도 바위들에도 그들에 대한 이야기가 새겨지고, 이 땅의 흙으로 빚은 와당들에도 그들에 대한 이야기가 고대 문자와 함께 새겨졌다. 그중에는 '무궁화와 함께 동방에 올바로 도착했다.'라는 내용도 있다.

성서에 기록된바, 무궁화는 '샤론의 꽃'이다. 바로 그들이 살았던 지중해 연안의 평원이다. 하지만 지금 그 샤론 평원에는 무궁화가 없다. 대신 그들이 이동해 온 노정을 따라 무궁화꽃이 만발하고 있다. 마치 그들이 그 원산지에서 무궁화를 모두 떠다 옮긴 듯이 말이다(그중 극히 일부 내용이 심각히 왜곡되어, 이단 종교에 이용되기까지 한다.). 성서에 기록되기를 그들은 할례를 받은 종족이었다.

그래서 동방으로 이동해 오며, 내몽골에서부터 한반도에 이르는 바위들에, 신을 상징하는 방패 옆에 할례받은 백성을 상징하는 남근을 새겨 놓았다.

고인돌에서 출토된 청동 제사 도구 중에 간두령이 있는데, 그 모양도 암각화의 모양과 똑같이 할례받은 백성을 상징한 것이다. 간두령과 함께 만들어진 팔주령도 있는데, 그 유물의 가운데는 태양이 있고 8개의 빛살이 있으며, 또 그 빛살의 끝마다 8개의 태양을 상징하는 방울이 있다. 그 유물의 8개 빛살과 8개의 태양은, 태어나서 8번의 태양과 그 8번의 빛을 맞이한 8일째 되는 날에 할례(포경수술)를 받았다는 상징이다. 그 유물과 역시 한 세트로 만들어진 쌍두령은 신과 맺은 언약을 상징한다. 이 한 세트의 청동 제사 도구들은 한반도 남북한 지역에서 동일한 모습으로 나타났다. 이는 고조선 제사장들이 동일한 신앙을 가지고, 방패로 상징되는 동일한 하나님에게 동일한 소망을 가지고 제사를 드렸다는 명백한 증거이다.

> 아브라함아 두려워 말라. 나는 너의 방패요, 너의 지극히 큰 상급이니라.
>
> (창 15:1)

> 그(여호와)는 너를 돕는 방패시오.
>
> (신 33:29)

> 여호와는 나의 힘과 나의 방패시니, 내 마음이 저를 의지하여 도움을 얻었도다.
>
> (시 28:7)

한민족의 경전인 삼일신고(三一神誥)는 문자 뜻 그대로, 삼위일체 하나님을 고하여 밝힌다는 뜻으로 지어진 경서이다. 삼일신고에 다음과 같은 문장이 있다.

神在無上一位 有大德大慧大力生天

이 문장의 뜻은, "신이 있으되 그 위에 아무도 없으니, 신은 가장 높고 유일한 하나님이다. 하나님이 큰 덕, 큰 지혜, 큰 힘으로 우주를 창조하셨다."라는 내용이다. 그런즉, **한민족이 태초에 섬긴 신의 호칭은 정확히 하나님이다.**

성서에 기록되기를 그들은 심판자라는 계시를 받고 태양의 이름으로 동족을 핍박하는 원수들을 심판하며, 자기 동족을 압제의 어둠에서 구원하였다. 그래서 그들은 동방으로 이동해 오며 내몽골에서부터 한반도 바위들에 하나님을 상징하는 방패, 할례받은 백성의 상징과 함께 태양을 상징하는 동심원을 새겼다. 청동 제사 도구에도 태양을 새겨 넣고, 와당(기와)에도 고대 히브리 문자와 함께 태양을 새겨 넣었다. 그리고 아침의 빛으로 어둠을 심판한다는 계시의 상징으로, 고조선이라는 첫 고대 국가를 세웠다. 그렇게 그들은 스스로를 '태양 민족'이라고 생각했다.

성서에 기록된바, 그들은 진리와 승리의 상징이라는 계시를 받았다. 그래서 그 계시를 상징하는 청동검을 만들었는데, 그 유물은 내몽골-중국 동북부와 한반도에서 대량 출토되었다. 성서에 기록되기를 그들은 사자의 새끼라는 계시를 받았다. 사자는 왕을 상징하는바, 그래서 그 사자가 되시는 하나님은 그 사자의 새끼를 선택하시어 첫 성소를 짓게 하시고, 또 성소에서 거룩한 제사를 드릴 제사 도구들을 만들도록 하시었다. 그리고 사자는 자기 새끼가 지은 그 성소에서 거룩한 제사를 받으시며, 구원과 심판을 이루시었다.

경주 형산강 기슭의 절벽에는 바로 그 계시가 새겨져 있다. 이 땅의 흙으로 빚은 와당에는 고대 히브리 문자와 함께 상징적 문양들로 한민족의 정체성을 밝히는 내용이 있는데, 다섯째 아들로 태어나고, 열두 지파에서 7번째 서열에 속하는 종족이 동방으로 이동해 와서, 아침이 빛나는 나라를 세웠다고 이야기한다. 그들은 단의 후예로서, 단이 임금이 된 단군(君)의 나라를 세운 것이다. 그래서 그 와당 중에는 이 민족의 조상 중 한 사람으로서, 성경 속의 영웅인 삼손(태양이란 뜻)에 대한 이야기가 새겨진 것도 있다. 그들은 성경에 기록되기를 열두 지파에서 유일하게 예수 그리스도의 구원을 기다린다는 계시를 받았다.

> 단은 이스라엘의 한 지파같이, 그 백성을 심판하리로다. … 여호와여, 나는 주(예수 그리스도)의 구원을 기다리니이다.   (창 49:16-18)

그래서 삼일신고에 삼위일체 하나님을 밝히며 '스스로 성품을 다해 간구하면, 하나님의 아들이 강림하신다.'라고 기록했다. 한민족의 경전인 삼일신고와 천부경의 내용이 성경의 내용과 동일한 것도 그들의 정체성에서 비롯된 것이다. 다만 지금의 삼일신고와 천부경이 매우 왜곡되어 있는 것은 해석자의 생각대로 주장되었기 때문이다. 삼일신고와 천부경을 한자 그대로 풀이하지 않고 자기 생각대로 해석하다 보니 매우 엄중하게 왜곡된 것이다.

이 모든 유적 유물이 성경에서 '그들이 사라진 후'에 나타났다. 즉, 기원전 10세기에 지중해 연안에서 그들이 이동한 후, 동방 대륙에 청동기 시대가 시작되고, 그들의 정체성을 증거하는 암각화, 청동기 유물들, 고대 히브리 문자가 새겨진 와당들이 나타난 것이다. 그래서 옛 와당들에 새겨진 고대 히브리 문자 중에는 "동방에 올바로 도착했다."라는 내용도 있다.

이처럼 히브리어는 옛 와당들에만 새겨진 것이 아니라, 한민족의 언어에도 적지 않게 섞여 있다. 또, 히브리인들의 생활 풍습까지도 한민족의 전통 풍습에 많이 섞여 있다. 그래서 전 세계적으로 한민족의 말을 가장 잘 따라 하는 것도 유대인들이다. 이 모든 것은 주장을 위한 주장이 아니라 우리 눈으로 직접 확인할 수 있고, 손으로도 만질 수 있는 물질적 증거들로 명명백백히 밝혀진 진실이다. 이 진실에 물질적 증거로 반론할 수 있는 자가 있다면 그에게 10억 원을 제공할 것이다. 역설적으로 들릴 수도 있겠지만 이 진실을 반론하는 데 10억 원을 걸겠다고 나서는 자는 지구상에 없을 것이라고 확신한다. 이 진실을 반론할 수 있는 물질적 증거는 지구상에 존재하지 않기 때문이다.

현재 이 나라의 역사학자들은 중국의 동북공정에 반대하면서도, 고조선 증거를 내놓지 못하고 있다. 일부에서는 환단고기를 통해 우리 역사를 주장하기도 하지만, 그것은 주변국들의 웃음거리가 되며, 혐한을 불러일으키는 독소가 되고 있다.

중요한 것은 주장을 위한 주장이 아니라, 고조선 영토에 존재하는 유적 유물과 같이 실제 눈으로 확인할 수 있고, 손으로도 만질 수 있는 명명백백한 증거들이다. 종이 위에 써 놓은 글 따위는 얼마든지 왜곡될 수 있지만, 이 땅의 바위들에 새겨진 암각화와 그 시대에 만들어진 청동기 유물, 고대 문자가 새겨진 와당들은 그 자체가 역사이기 때문이다. 그래서 역사적 대립 관계에 있는 중국을 비롯하여, 전 세계로부터 인정을 받고 공유할 수 있어야 한다.

사람들은 어쩌다 하나가 맞으면 우연의 일치라 한다. 하지만 수백 수십 가지가 일맥상통한다면, 그것은 결코 우연일 수 없는 진실이다. 이 땅에 그 증거들이 있다. 아울러 그 증거들의 진실이 드러나는 순간, 이 땅, 한반도는 성지가 된다. 그리하여 전 세계에서 많은 순례자가 물밀 듯이 몰려올 것이다. 한반도 바위들에 새겨진 그 거룩한 암각화와 이 땅의 흙으로 빚어진 와당에 새겨진 고대 히브리 문자들, 이 땅의 도처에 널려 있는 고인돌과 그 고인돌 밑에서 출토된 청동 유물들은 전 세계 순례자들을 불러들이며 대한민국의 경제 체질까지 바꾸어 놓을 것이다. 그로 인해 대한민국의 경제가 활성화되고, 또 그로 인해 많은 일자리가 생길 것이기 때문이다. 한반도 도처에 널려 있는 유적과 많은 유물은 영원히 고갈되지 않는 자원으로서, 이제부터 한민족의 삶의 질을 향상시키는 데서도 큰 역할을 하게 될 것이다.

필자가 우주와 생명의 진실에 이어, 한반도-한민족의 뿌리까지 모두 밝히는 것에 대해 의아해하는 사람도 있을 것이다. 그런데 사실은 한반도-한민족의 뿌리에 대한 진실은, 썩 오래전 우주와 생명의 진실을 밝히기 이전에 이미 밝혔었다. 하지만 오랫동안 사회적 편견에 가로막혀 밝힐 수가 없었다.

필자가 우주와 생명의 진실을 모두 밝히고도 수년 동안 발표할 수 없었듯이 말이다. 하지만 이제라도 한반도-한민족의 거룩한 뿌리에 대한 진실을 밝힐 수 있어서 참으로 다행이다. 우리 대한민국이 우주과학과 생명공학의 종주국으로 세계 일류가 된 시점에서, 이 땅 한반도가 거룩한 성지가 된다면 매우 큰 의의가 있을 것이다.

이제 이 진실의 블랙박스를 열며 전하고 싶은 말이 있다.

"한민족, 당신의 몸속에는 거룩한 피가 흐르고 있다!"

1부

한반도 역사 추적

한국형 암각화

암각화란 바위에 새겨진 선사 시대의 그림을 뜻하는데, 한국형 암각화라 함은 대표적 상징으로 동일성을 가지고 있다는 의미이다. 그 암각화로는 방패형 암각화, 동심원 암각화, 마름모 암각화, 남근 형상의 암각화 등이다.

이 암각화들이 한반도에 나타난 것은 청동기 시대인 기원전 7세기경이다. 이 암각화가 이동해 온 루트를 추적하면, 한반도보다 300년 앞서 내몽골 적봉 일대에 나타났다. 여기서 주목할 것은, 이 암각화들은 기원전 10세기경에 내몽골 적봉 일대에 함께 나타나, 한반도로 이동해 왔다는 것이다.

용산 국립중앙박물관 고조선실에 가면 청동 방패들이 있는데, 안내판에는 제사 도구라는 설명이 있다.

좌측 사진에서 보는 바와 같이 방패에는 끈을 연결할 수 있는 2개의 고리와 3개의 구멍이 있다. 이 방패를 천장에 매달아 놓고 제사를 드렸던 것이다.

좌측 사진의 방패에도 역시 끈을 연결할 수 있는 구멍이 있다. 위 유물들은 대전 괴정동 고인돌 밑에서 출토되었다.

　위 사진은 고조선 시대의 제터인데, 역시 바위에는 방패 모양의 암각화들
이 새겨져 있다. 이 방패형 암각화들은 내몽골에서부터 경주 석장동, 안심
리, 포항 칠포리, 경주 가흥리, 남원 대곡리 등 한반도 도처에서 나타났다.
아울러 이 방패에 관한 신앙적 근거를 찾으면, 한민족의 뿌리를 찾을 수 있
다.

한반도에 3만여 기나 있는 고인돌은, 한강을 기준으로 남방식 고인돌과 북방식 고인돌로 구분한다.

좌측 사진의 고인돌이 북방식 고인돌인데, 북한 지방과 중국 랴오닝성과 산둥반도에 널리 퍼져 있다.

좌측 사진의 고인돌은 남방식 고인돌이다.

남방식 고인돌과 북방식 고인돌의 모습은 조금 다른 듯하지만, 그 고인돌 속에서 출토된 청동검과, 팔주령, 간두령, 쌍두령 등의 청동 제사 도구는 동일한 모습이다. 이는 고인돌의 주인들이 동일한 정체성을 가졌다는 증거이다. 현재 학계에서는 고인돌이 만들어진 시점에 대해 아직 의견의 일치를 보지 못하고 있다.

혹자는 방사성 탄소 연대 측정치를 근거로 신석기 시대에 이미 고인돌이 사용되었다고 주장하기도 하고, 기원전 8~7세기 이전에 시작되었다고 하기도 한다. 아무리 이르게 보아도 기원전 5세기를 넘을 수 없다는 주장도 있다. 그리고 고인돌이 만들어진 문화적 연원에 대해서도 역시 의견의 일치를 보지 못하고 있는데, 지하에 설치된 돌널무덤(石棺墓)이 지상화되어 고인돌로 발전하였다는 자생설, 만주 지방에 분포한 대석붕(大石棚)의 영향을 받아 발생하였다는 설, 남아시아의 거석문화(巨石文化)의 유입으로 발생하였다는 설 등이 있다.

첫째, 기원전 7세기경, 청동기 시대에 한국형 암각화인 방패, 동심원, 마름모, 남근의 상징 등이 한반도에 나타났다.

둘째, 기원전 10세기경, 중국 내몽골 지방에 한국형 암각화인 방패, 동심원, 마름모, 남근의 상징 등이 나타났다.

셋째, 암각화로 새겨진 방패, 동심원, 남근의 상징 등이 청동 제사 도구로 만들어졌다.

넷째, 방패, 동심원, 남근의 상징 등 한국형 암각화가 새겨진 절벽-바위 앞에 제터가 있다.

다섯째, 고조선 조상들은 '방패신앙'을 갖고 있었다.

여섯째, 기원전 7세기경, 한반도에 고인돌이 나타났다.

일곱째, 고인돌들에서 방패, 성경에 기록된 언약의 상징, 할례(포경수술)받은 남근의 상징 등 청동 제사 도구들이 출토되었다.

여덟째, 기원전 10세기경, 중국 동북부 지방에 고인돌들이 나타났다(한반도보다 먼저 나타났다.).

아홉째, 중국 동북 지방에 있는 고인돌들에서 한국과 동일한 청동기 유물들이 출토되었다.

분명한 것은 이 고인돌이 한국형 암각화와 청동기 유물들과 깊은 연관이 있다는 것이다. 암각화에 새겨진 모양들이 청동 제사 도구로 만들어지고, 또 그것들이 고인돌에서 출토되었기 때문이다. 이 같은 연관성으로 추적해 볼 때, 고인돌과 한국형 암각화, 청동기는 동일한 정체성을 가지고 함께 이동해 왔다는 것을 알 수 있다. 중국 동북부 지방에 고인돌이 나타난 기원전 10세기경에 고인돌과 한국형 암각화, 청동기가 나타나고, 그 후 3백여 년이 지나 한반도에 이동해 온 것이 그 증거가 된다. 아울러 고인돌은 고조선 블랙박스이다. 그 속에서 출토된 유물들이 그 시대의 역사적 진실과 더불어 한민족의 정체성을 낱낱이 밝혀 주고 있기 때문이다.

고인돌 블랙박스

머리글에서 말했듯이 비행기가 하늘에서 공중 폭파되었어도, 블랙박스만 찾으면 사고의 원인을 알 수 있다. 그 비행기에 탔던 사람들이 모두 죽고 사고의 원인을 증언할 목격자가 없어도, 그 블랙박스만 찾으면 모든 진실을 알 수 있는 것이다. 마찬가지로 고조선의 블랙박스만 있으면, 그 시대를 목격한 증언자가 없을지라도, 고조선의 진실을 정확히 알 수 있을 것이다. 중국이 동북공정을 하고 있는 이때에 그 블랙박스가 있다면 정말 좋지 않겠는가? 그러면 고조선의 진실을 명명백백하게 밝힐 수 있을 테니 말이다. 이것은 결코 희망 사항이 아니다. 실제로 한반도에 그 블랙박스가 있기 때문이다.

고조선 청동기 시대의 진실을, 수천 수백 년 동안이나 고이 간직한 블랙박스가 있는 것이다. 한반도에 무려 3만여 기나 있는 고인돌이 바로 그 블랙박스이다. 한반도를 고인돌 천국이라 한다. 이 땅에 집중적으로 분포된 3만여 기의 고인돌이 전 세계 고인돌의 3분의 1을 차지하기 때문이다. 그럼 이 고인돌 문화는 어디서 왔는가? 아니면, 한반도의 고인돌 문화가 전 세계로 퍼져나간 것인가? 이 문제에 대한 정확한 답은 연대(年代)에 있을 것이다.

어느 지역의 고인돌이 더 오래전에 존재했는가에 따라 그 답이 있을 수 있다는 것이다. 고인돌은 한반도를 비롯한 옛 고조선 지역과 북유럽, 서유럽, 지중해 연안, 북아프리카, 서남아시아 등지에 분포되어 있는데, 한반도보다 수천 년 전에 고인돌이 존재한 지역도 있다. 이런 결과를 볼 때, 한반도 고인돌 문화가 어디선가 이동해 왔을 확률이 높다. 그럼 어디서 왔는가? 아니면 고조선 지역에서 스스로 생긴 문화인데 우연의 일치로 다른 지역의 고인돌과 닮은 것인가? 그에 대한 정확한 답은 고인돌에서 출토된 유물들에 있을 것이다. 아무리 오래된 사건이라 해도 명백한 증거만 있으면, 그 진실을 밝히는 것은 어렵지 않다.

한반도 고인돌에 그 증거가 있다. 그것도 아주 많은 증거가 있다. 이 증거들이 그 시대에 나타난 다른 유적 유물과 일맥상통하고, 고조선을 세운 단군의 정체성과도 정확히 일치한다면, 이는 명명백백한 진실이 된다. 고인돌이 소지품을 보관한 가방이라고 생각해 보라. 그 가방 안의 소지품을 보면 신분증을 통해 가방 주인의 정체를 알 수 있고, 십자가나 묵주 등 종교적인 유품을 통해 신앙, 사상까지도 알 수 있다. 가방에서 부처와 관련된 것들이 나왔다면 불교 신자일 것이고, 십자가가 나왔다면 기독교나 천주교 신자일 것이다.

실제로 고인돌에서는 조상의 신앙과 관련된 제사 도구가 많이 출토되었다. 여기서 주목할 것은 제사 도구가 한 세트로 만들어져, 한반도 도처의 고인돌에서 동일한 모습으로 나타났다는 것이다. 고조선 시대의 조상은 제사 도구를 한 세트로 만들어, 고인돌(블랙박스)에 넣어 한반도의 도처에 보관한 것이다. 이는 한민족의 조상이 동일한 신앙을 가지고, 동일한 신에게 동일한 목적으로 제사를 드렸다는 증거이다.

고조선 블랙박스인 고인돌에서는 '단군신앙'의 상징들도 나왔다. 뿐만 아니라, 고인돌에 들어 있는 제사 도구의 상징은 한반도 바위에까지 암각화로 새겨져 있다. 이 땅의 흙으로 빚은 와당(기와)에는 한민족 조상이 사용한 고대 히브리 문자와 함께, 그들에 대한 역사적 상징까지 명백하게 새겨져 있다. 그리고 그 고대 히브리 문자를 사용한 종족이 살았던 지역에서는 한반도 고인돌과 같은 모양의 고인들이 수만 기가 있다. 한반도에 고인돌이 나타난 시기보다 3천여 년이나 앞서 존재한 고인돌이다. 한반도에 고인돌이 나타난 것은 2,700년 전부터이고, 그 지역에 고인돌이 존재한 것은 6,000년 전부터인 것이다. 바로 그 지역에서, 단의 후예들이 사라졌다. 그들은 청동 제조 기술과 제사 도구를 만드는 기술을 가진 종족이었다. 오늘날까지도 그 종족이 대체 어디로 가고, 어디에 존재하는지는 역사의 수수께끼로 남아 있다. 그런데 단의 후예들이 사라진 후, 내몽골 적봉 일대와 한반도의 바위들에 그들이 유일신으로 섬긴 신(神)의 상징이 새겨졌다. 이 땅의 흙으로 빚은 와당에는 그 종족이 사용했던 고대 히브리 문자들이 새겨지고, 그들에 대한 역사적 상징도 아주 구체적으로 새겨졌다. 그리고 이 땅에 고인돌이 나타났다. 그 고인돌에서도 그 종족이 유일신으로 섬긴 신(神)의 상징이 나타났다. 그들이 섬긴 유일신(神)과 맺은 언약의 상징들은 한 세트의 청동 제사 도구로 만들어져, 한반도 도처의 고인돌에서 동일한 모습으로 나타났다. 단 종족에 대한 계시를 상징한 청동검도 고인돌에서 대량 출토되었다.

'떨기나무'라는 책이 있다. 이 책의 저자는 사우디 왕실의 주치의로 있으면서 성경에 기록된 역사 유적을 탐방하며 고인돌을 촬영하였다. 아래 사진은 저자의 책에 실린 고인돌의 모습이다.

아브라함산의 고인돌 ▮

좌측 사진의 고인돌은 아브라함 산의 고인돌로 소개되었는데, 한반도에 있는 고인돌과 같은 모습이다.

좌측 사진은 책에 소개된 암각화인데 한반도 암각화와 청동기 와당에 새겨진 것과 같은 동심원의 모습이 보인다.

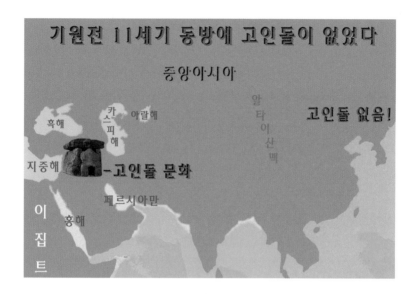

기원전 11세기 동방에 고인돌이 없었다

중앙·아시아

흑해　카스피해　아랄해　알타이산맥　고인돌 없음!

지중해　－고인돌 문화

이집트　홍해　페르시아만

위 세계 지도에 보이듯이, 기원전 11세기 동방에는 고인돌이 없었다. 즉, 단의 후손이 동방으로 이동하기 전까지 이 땅에는 고인돌이 없었다. 아울러 고조선 청동기 시대에 나타난 유적 유물은, 한민족의 뿌리를 명명백백하게 밝혀 주는 블랙박스이다. 어떤 사건 현장에 남아 있는 블랙박스의 진실을 부인할 사람은 아무도 없을 것이다.

우리에게 정말 필요한 것은 이 같은 증거이다.

이웃 나라들로부터 혐한을 자아내며, 지구의 종말이 올 때까지도 인정받지 못할 주장이 아니라, 역사적 대립 관계에 있는 중국을 비롯한 전 세계가 인정하고 공유할 수 있는 명명백백한 증거들인 것이다.

　이 와당은 평양에서 출토된 유물로, 현재 서울 종로구 부암동에 있는 '유금와당박물관'에 소장되어 있다. 보는 바와 같이 이 와당에는 다섯 개의 꽃잎 문양이 있다. 무궁화와 동일한 수의 꽃잎이다. 이 꽃잎들이 W 모양의 고대 히브리 문자를 이고 있는데, 꽃잎들 사이마다 ＋ 모양의 고대 히브리 문자가 있다(뒤에서 모두 제시하겠지만, 이 와당과 함께 평양에서 출토된 다른 와당들에는 더 많은 고대 히브리 문자가 구체적으로 새겨져 있다.).

　위 와당의 가운데는 태양을 상징하는 동심원이 있다. 선사 시대 내몽골과 한반도 바위에 새겨진 동심원이 이 와당에도 새겨진 것이다. 이 상징적 문양과 고대 히브리 문자는 '무궁화와 함께 동방에 도착했다'는 뜻이 된다. W 모양의 고대 히브리 문자는 '올바르다'는 뜻이 되는데, 그 문자를 무궁화 꽃잎들이 이고 있다. 또한 ＋ 모양의 고대 히브리 문자는 '도착했다'는 뜻이 되는데, 그 문자는 무궁화 꽃잎들 사이에 있다. 그리고 가운데는 동방을 상징하는 태양이 새겨져 있다. 그래서 이 와당의 문양과 고대 히브리 문자는 '무궁화와 함께 동방에 올바르게 도착했다'는 뜻이 되는 것이다.

중국의 고대 문헌인 산해경(山海經, 기원전 400년 이후)에 "군자의 나라가 북방에 있는데, 무궁화가 아침에 피고 저녁에는 시든다."라고 기록되어 있다. 또한, 중국 진나라 때 저술된 고금주(古今注)에는 "군자의 나라는 지방이 천 리나 되는데, 무궁화가 많더라."라고 기록되었는데, 여기서 군자의 나라는 고조선을 일컫는 말이다.

조선 세종 때 강희안은 양화소록(養花小錄)에서 "우리나라에는 단군(檀君)이 개국할 때 무궁화(木槿花)가 비로소 나왔기 때문에 중국에서 우리나라를 일컫되 반드시 '무궁화의 나라(槿域)'라 말하였으니, 무궁화는 예로부터 우리나라의 봄을 장식하였음이 분명함을 알 수 있다."라고 하였다. 여기서 단군이 개국할 때 비로소 무궁화가 나타났다는 것은, 단의 후손과 무궁화가 함께 나타났다는 것을 의미한다.

동국대학교에서 출판된 역사 교과서에는 단군이 기원전 10세기경 인물이라고 추정했다. 중국 동북부와 한반도에 고인돌이 나타난 것도 그 시기이고, 이 땅에 무궁화가 피어난 것도 그 시기인 것이다.

성서에서 무궁화를 샤론의 꽃이라 하는데, 단의 후손이 살았던 지중해 연안의 욥바에서 갈멜산 사이에 샤론 평야가 있다. 그 지역에서 단의 후손이 사라진 후, 그들이 이동해 온 노정을 따라 무궁화꽃이 피어나기 시작한 것이다.

한반도에 나타난 고대 히브리 문자

좌측 유물도 평양 일대에서 발견된 와당인데, 현재 용산 국립중앙박물관 3층 기증관에 전시되어 있다. 이 와당은 꽃무늬 수막새라고 소개되어 있다. 그런데 자세히 보면, 꽃 모양과는 거리가 먼 문양들이 복잡하게 디자인된 것을 금방 확인할 수 있다. 이 문양들의 정체는 무엇일까? 그 정체를 확인하기 위해, 문양을 따서 와당 밖으로 옮겨 보겠다.

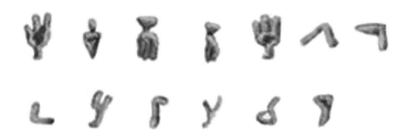

이 문양들도 역시 고대 히브리 문자와 같은 문양이다.

아래 사진은 모압 석비와 게제르 달력인데, 이 유물에서도 위 와당 속에 있는 고대 문자와 같은 문자를 쉽게 찾아볼 수 있다.

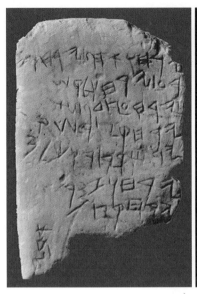 

모압 석비 | 게제르 달력 |

   게제르 달력(솔로몬 시대)은 지금까지 발견된 비문 중에 가장 초기의 히브리 비문으로 전해진다.

평양 지방에서 출토된 이 와당(유금와당박물관 소장)에는, 태양의 빛을 상징하는 빛살 무늬가 새겨져 있다. 그런데 빛살 사이에 무질서해 보이는 문양들이 있다. 문양의 실체를 밝히기 위해 밖으로 옮겨 보겠다.

어느 정도 상식을 가진 사람이라면, 이 문양이 고대 문자란 것을 얼른 알아차릴 것이다. 1993년 7월, 단의 후예가 마지막으로 머물렀던 헬몬산 기슭의 단에서, 고대 히브리 문자가 새겨진 비석이 발견되었다. 아래 사진의 '텔단 석비'가 바로 그 유물이다.

평양 일대에서 출토된 와당에 새겨진 고대 문자와 위 비석에 새겨진 문자는 동일한 고대 문자이다. 즉, 평양 와당에 새겨진 문자는 고대 히브리 문자인 것이다. 그럼 와당에 새겨진 고대 문자와 고대 히브리 문자를 비교해 보자.

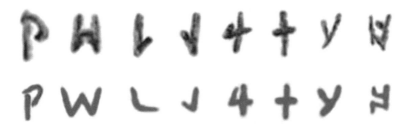

위에서 보는 바와 같이, 와당에 새겨진 고대 문자는 고대 히브리 문자이다. 와당에는 12자의 고대 히브리 문자들에서 좌측으로 일곱 번째, 우측으로 다섯 번째 문자 사이에 오엽수(五葉樹)가 있다.

이는 야곱의 다섯째 아들
로 태어났으나, 서자인 탓에
일곱 번째 서열에 속한 단의
정체성을 밝힌 것이다.

좌측 사진에서 보는 것처
럼, 붉은색으로 표시한 경
계선으로부터 왼쪽으로 7
번째와 오른쪽으로 5번째
문자 사이에 오엽수(五葉樹)
가 새겨져 있다.

위에서 밝혔듯이, 이는 단의 정체성을 상징한 것이다. 단은 야곱의 다섯
째 아들로 태어났지만, 서자로 태어난 탓에 열두 형제 중에 일곱 번째 서열
에 속했다. 그 정체성을 상징한 것이다. 그리고 가운데 태양을 새긴 것은, 단
의 후손이 해 돋는 동방으로 이동해 왔다는 것을 상징한 것이다. 즉, 야곱의
다섯째 아들이면서 히브리 열두 지파의 일곱 번째 서열에 속한 단의 후손이,
해 돋는 동방으로 이동해 와 아침을 밝히는 태양의 나라인 고조선을 세웠다
는 상징적 형상을 나타낸 것이다.

와당에 새겨진 삼손 이야기

서울시 종로구 부암동에 가면 '유금와당박물관'이 있다.
이 박물관이 소장한 와당에 '삼손 이야기'가 있다.

평양 장수원리에서 출토된 위 와당에 네 사람의 얼굴이 그려져 있고, 가운
데 태양을 상징하는 동심원이 그려져 있는데, 그 뜻은 다음과 같다.

첫째, 와당의 맨 위에 있는 사람의 얼굴은 신이 인간의 모습으로 나타났다
는 상징이다. 그에 대하여 성경에 다음같이 기록되어 있다.

소라 땅에 단 지파의 가족 중 마노아라 이름하는 자가 있더라. 그 아내가 잉태하지 못하므로 생산치 못하더니, 여호와의 사자가 그 여인에게 나타나시고 이르시되, "보라, 네가 본래 잉태하지 못하므로 생산치 못하였으나, 이제 잉태하여 아들을 낳으리니, 그러므로 너는 삼가서 포도주와 독주를 마시지 말지며, 부정한 것을 먹지 말지니라. 보라, 네가 잉태하여 아들을 낳으리니, 그의 머리에 삭도를 대지 말라. 이 아이는 태에서 나옴으로부터 하나님께 바치운 나실인(뛰어나고 구별된 자)이 됨이라. 그가 블레셋 사람의 손에서 이스라엘을 구원하기 시작하리라. (삿 13:2-5)

둘째, 위 와당에서 좌우의 얼굴은 마노아 부부를 상징하는데, 오른쪽 얼굴이 마노아 부인의 모습이다.

그런데 마노아 부인의 머리 한쪽 부분이 손같이 올라가, 인간의 모습으로 나타난 하나님의 사자를 향해 찬양하는 형상이다. 그리고 한쪽 귀는 하나님의 사자를 향해 마냥 기쁘게 춤을 추는 형상이다.

이는 마노아 부인이, 자기가 만난 사람이 여호와의 사자임을 깨달았고 그에게서 기쁜 소식을 들었다는 것을 형상한 것이다. 고대 사회에서는 잉태치 못하는 여인을 저주받았다고 여겼는데, 직접 하나님이 찾아오셔서 아들을 낳을 것이라는 언약을 주셨으니 어찌 아니 기쁘랴!

그에 관해 성경에 다음과 같이 기록되어 있다.

> 이에 그 여인이 가서 그 남편에게 고하여 가로되, "하나님의 사람이 내게 임하였는데, 그 용모가 하나님의 사자의 용모 같아서 심히 두려우므로 어디서부터 온 것을 내가 묻지 못하였고, 그도 자기 이름을 내게 이르지 아니하였으며, 그가 내게 이르기를 '보라, 네가 잉태하여 아들을 낳으리니, 포도주와 독주를 마시지 말며, 무릇 부정한 것을 먹지 말라. 이 아이는 태에서 나옴으로부터 죽을 날까지 하나님께 바치운 나실인이 됨이라.' 하더이다."
>
> (삿 13:6–7)

셋째, 아래 얼굴은 마노아 부부 사이에서 태어난 삼손의 모습이다. 마노아는 여호와의 사자를 만나고 나서, "우리가 하나님을 보았으니, 반드시 죽으리로다." 하고 심히 두려워했으나, 아들을 낳음으로써 평생의 소원이 이루어지는 축복을 받았다.

넷째, 가운데 동심원은 삼손의 이름을 뜻하는 태양을 상징한 것이다. 즉, 와당의 좌우에 있는 마노아 부부 사이에서, 동심원이 상징하고 있는 태양의 이름을 가진 삼손이 태어났다는 뜻이다.

다섯째, 위에서 보는 바와 같이 삼손이 부모의 모습을 닮지 않고, 하나님 사자의 형상을 닮은 것은 하나님이 주신 아들이라는 뜻을 상징한 것이다.

예수 그리스도의 이름인 기묘자로 마노아 부인을 찾아온 사자는 삼손의 탄생을 약속했다. 그리고 그 언약대로 태어난 삼손은 20년간 이스라엘의 사사(士師)로 활동하며, 자기 민족을 핍박하던 이방인들의 신전을 무너뜨리고 수천 명의 적을 죽였다. 그렇게 삼손은 단의 후예와 더불어 이스라엘의 전설적 영웅이 되었다. 이 이야기가 후세에 길이 전해지며 와당에까지 새겨진 것이다.

아울러 한민족의 정체를 밝혀 주는 신분증과 같은 증거가 되었다. 앞에서 증거한 바와 같이 바위와 와당에 삼손의 이름(태양)을 상징하는 동심원이 새겨지고, 평양 일대에서 출토된 와당에 고대 히브리 문자가 새겨지고, 히브리 열두 지파에서 다섯째 지파가 동방으로 이동해 와 '아침을 밝히는 태양의 나라'를 세웠다는 상징적 형상이 새겨지고, 삼손 이야기가 새겨진 것은, 한민족의 DNA와 같다.

방패신앙의 근원

　하나님을 상징한 방패는 청동기로 만들어졌을 뿐만 아니라, 바위에도 새겨졌다. 조상들은 그 바위에 하나님을 상징하는 방패를 새기고, 그곳에서 하나님께 거룩한 제사를 드렸던 것이다.

　위 사진은 청동 방패와 바위에 새겨진 방패를 비교한 것이다.
　하나님은 아브라함에게 말씀하시었다.

> 아브람아 두려워 말라. 나는 너의 방패요, 너의 지극히 큰 상급이로다.
>
> **(창 15:1)**

그 후, 모세는 숨을 거두기 전에 유언했다.

> 그(여호와)는 너를 돕는 방패시요, 너의 영광의 칼이시로다. **(신 33:29)**

이처럼 방패는 이스라엘 민족이 믿고 의지하는 하나님을 상징한다. 아울러 하나님의 언약이다. 그래서 이스라엘 민족의 역사서이기도 한 성경에, 하나님을 방패로 상징한 기록이 많다.

> 여호와여, 주는 나의 방패시요. 나의 영광이시요. 나의 머리를 드시는 자니이다.
>
> **(시 3:3)**

> 여호와여, 주는 의인에게 복을 주시고, 방패로 함같이 은혜로 저를 호위하시리이다.
>
> **(시 5:12)**

> 나의 방패는 마음이 정직한 자를 구원하시는 하나님께 있도다.
>
> **(시 7:10)**

> 여호와는 나의 힘과 나의 방패시니, 내 마음이 저를 의지하여 도움을 얻었도다.
>
> **(시 28:7)**

> 주께서 또 주의 구원의 방패를 내게 주시며, 주의 온유함이 나를 크게 하셨나이다.
>
> **(삼하 22:36)**

> 저(여호와)는 자기에게 피하는 모든 자에게 방패시로다.　　(삼하 22:31)

> 이스라엘아 여호와를 의지하라. 그는 너희 도움이시요, 너희 방패시로다. 아론의 집이여, 여호와를 의지하라. 그는 너희 도움이요, 너희 방패시로다. 여호와를 경외하는 너희는 여호와를 의지하라. 그는 너희 도움이시요, 너희 방패시로다.　　(시 115:9-11)

> 주는 나의 은신처요, 방패시라. 내가 주의 말씀을 바라나이다.
> 　　(시 119:114)

방패를 하나님의 얼굴로 상징하기도 했다.

> 여호와는 그 얼굴로 네게 비추사 은혜 베푸시기를 원하며, 여호와는 그 얼굴을 네게로 향하여 드사 평강 주시기를 원하노라.　　(민 6:25-26)

> 여호와는 의로우사 의로운 일을 좋아하시나니, 정직한 자는 그 얼굴을 뵈오리로다.　　(시 11:7)

> 너희는 내 얼굴을 찾으라 하실 때에, 내 마음이 주께 말하되 "여호와여 내가 주의 얼굴을 찾으리이다." 하였나이다. 주의 얼굴을 내게서 숨기지 마시고 주의 종을 노하여 버리지 마소서. 주는 나의 도움이 되셨나이다. 나의 구원의 하나님이시여, 나를 버리지 말고 떠나지 마옵소서.　　(시 27:8-9)

> 주께서 낯을 숨기신즉 저희가 떨고, 주께서 저희 호흡을 취하신즉 저희가 죽어 본 흙으로 돌아가나이다.　　(시 104:29)

> 나의 하나님이시요, 나의 피할 바위시요, 나의 방패시요, 나의 구원의 뿔
> 이시요, 나의 높은 망대시요, 나의 피난처시요, 나의 구원자시라. 나를 흉
> 악에서 구원하셨도다.　　　　　　　　　　　　　　　　**(삼하 22:3)**

　성경에 기록된 바와 같이 방패가 여러 모양으로 형상된 것은, 전쟁을 이기
게 하시는 하나님, 재앙을 막아 주시는 하나님, 풍요를 주시는 하나님, 평강
을 주시는 하나님 등의 소망을 반영한 것이다.

　하나님을 상징한 방패가 청동기로 만들어져 제의 행사에 쓰인 것도, 바위
에 새겨진 방패와 같은 소망에서 비롯되었다. 그리고 언약의 상징이 암각화
로 새겨진 것은 하나님께 의지하는 간절한 소망에서였다.

바위에 새겨진 언약의 표징

성서에 기록된바, 하나님은 아브라함과 언약을 맺으시었다.

> 너희 중 남자는 다 할례를 받으라. 이것이 나와 너희와 너희 후손 사이에 지킬 내 언약이니라. 너희는 양피를 베어라. 이것이 나와 너희 사이의 언약의 표징이니라. 대대로 남자는 집에서 난 자나, 혹 너희 자손이 아니라 이방 사람에게서 돈으로 산 자를 무론하고 난 지 팔 일 만에 할례를 받을 것이라. 너희 집에서 난 자든지 너희 돈으로 산 자든지 할례를 받아야 하리니, 이에 내 언약이 너희 살에 있어 영원한 언약이 되려니와 할례를 받지 아니한 남자, 곧 그 양피를 베지 아니한 자는 백성 중에서 끊어지리니, 그가 내 언약을 배반하였음이니라. **(창 17:10-14)**

아브라함의 후손인 그들은 대대로 할례를 받아 온 언약의 백성이었다. 동방으로 이동하여 한반도에 정착할 때까지도, 하나님과의 그 언약을 지켜 온 것이다. 그래서 그들은 이 땅의 바위들에, 할례를 받은 성기를 암각화로 새겨 놓았다. 할례를 받은 백성의 상징으로 청동 방울을 만들어 제사장이 사용했듯이, 그 거룩한 제사가 있었던 장소의 바위에도 언약의 상징을 새긴 것이다.

위 암각화는 경상북도 경주시 석장동 바위에 새겨져 있는데, 하나님과 언약을 맺은 백성의 상징으로 할례를 받은 성기를 묘사했다.

쪼으기와 갈기로 그려진 암각화의 파인 부분을 따라 그리니, 오른쪽 암각화의 형태가 선명히 보인다. 암각화의 밑 부분에 세 개의 빛살이 새겨진 것은, 단에 관한 야곱의 3대 예언을 상징한 것이다. 즉, 심판과 구원의 3대 예언이다. 암각화는 여러 가지 모양의 형태로 묘사되는데, 이는 다양한 신분을 가진 사람들의 다양한 소망을 반영한 것이다.

위에서 보는 바와 같이, 하나님과 언약을 맺은 백성의 상징은 다양한 신분을 가진 사람들의 다양한 소망을 반영하여, 다양한 형태로 묘사되었다.

위 암각화에서 하나님을 상징하는 방패 옆에 할례를 받은 백성의 상징을 새긴 것은, 하나님께서 언약의 방패가 되어 주시고, 그 언약이 영원히 이루어지길 간절히 바라는 소망을 반영한 것이다.

> 네가 부를 때에는 나 여호와가 응답하겠고, 네가 부르짖을 때에는 말하기를 "내가 여기 있다." 하리라. (사 58:9)

청동기로 만들어진 언약의 상징

1. 팔주령

한반도 고인돌에서 출토된 팔주령은 하나님과 맺은 언약의 상징이다. 하나님께서 아브라함과 언약을 맺으시며 그의 후손 대대로 남자는 태어나 팔일 만에 할례를 받으라고 하셨는데, 팔주령은 그 언약의 상징으로 만들어진 것이다.

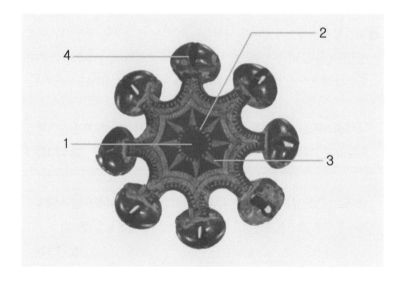

1번은 태양을 상징한다.
2번은 태양의 빛살을 상징한다.

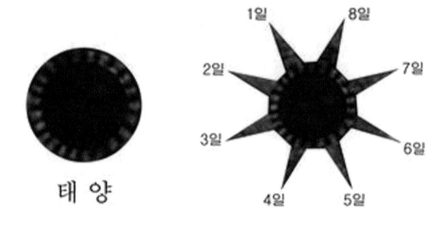

태 양

❸ 3번은 하루의 햇살을 상징한다. 태양의 빛살을 8로 나눈 것은 8일을 상징한 것이다.

❹ 4번 방울은 태양과 열매를 상징하는바, 이는 곧 하루를 상징한다. 아울러 8개의 방울은 태어나 8일 만에 할례를 받음으로써 하나님과의 언약이 이루어진 열매라는 상징이다. 그런즉, 팔주령은 언약의 팔 일을 상징한다.

너희 중 남자는 다 할례를 받으라. 이것이 나와 너희와 너희 후손 사이에 지킬 내 언약이니라.   (창 17:10)

대대로 남자는 집에서 태어난 자나, 혹 너희 자손이 아니라 이방 사람에게서 돈으로 산 자를 무론하고, 난 지 팔 일 만에 할례를 받을 것이라.   (창 17:12)

2. 간두령

팔주령과 한 세트로 만들어진 간두령은 태어나 팔 일 만에 할례를 받은 사내아이의 성기를 형상한 것으로, 역시 하나님과의 언약을 지킨 백성이라는 상징이다.

너희는 양피를 베어라. 이것이 나와 너희사이의 언약의 표징이니라.

(창 17:11)

너희 집에서 난 자든지, 너희 돈으로 산 자든지 할례를 받아야 하리니, 이에 내 언약이 너희 살에 있어 영원한 언약이 되려니와 할례를 받지 아니한 남자, 곧 그 양피를 베지 아니한 자는 백성 중에서 끊어지리니, 그가 내 언약을 배반하였음이니라. **(창 17:14)**

3. 쌍두령

역시, 팔주령, 간두령과 한 세트로 만들어진 쌍두령은, 하나님과 아브라함, 이삭, 야곱 후손 대대로 맺어진 언약을 상징한 것이다.

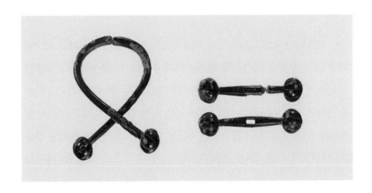

내가 너로 큰 민족을 이루고 네게 복을 주어 네 이름을 창대케 하리니, 너는 복의 근원이 될지라. 너를 축복하는 자에게는 내가 복을 내리고, 너를 저주하는 자에게는 내가 저주하리니, 땅의 모든 족속이 너로 인하여 복을 얻을 것이니라.   (창 12:1)

내가 너와 내 언약을 세우니, 너는 열국의 아비가 되리라. 이제 후로는 네 이름을 아브람이라 하지 아니하고 아브라함이라 하리니, 이는 내가 너로 열국의 아비가 되게 함이니라. 내가 너로 심히 번성케 하리니, 나라들이 네게로 좇아 일어나며, 열 왕이 네게로 좇아 나리라. 내가 내 언약을 나와 너와 네 대대 후손의 사이에 세워서 영원한 언약을 삼고 너와 네 후손의 하나님이 되리라.   (창 17:4-7)

내가 네게 큰 복을 주고 네 씨로 크게 성하여 하늘의 별과 같고 바닷가의 모래와 같게 하리니, 네 씨가 그 대적의 문을 얻으리라. 또 네 씨로 말미암아 천하 만민이 복을 얻으리니, 이는 네가 나의 말을 준행하였음이니라.   (창 22:17-18)

그 밤에 여호와께서 그(이삭)에게 나타나 가라사대 "나는 네 아비 아브라함의 하나님이니 두려워 말라. 내 종 아브라함을 위하여 내가 너와 함께 있어, 네게 복을 주어 네 자손으로 번성케 하리라."   (창 26:24)

나는 여호와니, 너(야곱)의 조부 아브라함의 하나님이요, 이삭의 하나님이라. 너 누운 땅을 내가 너와 네 자손에게 주리니, 네 자손이 땅의 티끌같이 되어서 동서남북에 편만(遍滿)할지며, 땅의 모든 족속이 너와 네 자손을 인하여 복을 얻으리라. 내가 너와 함께 있어, 네가 어디로 가든지 너를 지키며, 너를 이끌어 이 땅으로 돌아오게 할지라. 내가 네게 허락한 것을 다 이루기까지 너를 떠나지 아니하리라.   (창 28:14-15)

> 네 이름을 다시는 야곱이라 부를 것이 아니요, 이스라엘이라 부를 것이니,
> 이는 네가 하나님과 사람으로 더불어 겨루어 이기었음이라.　**(창 32:28)**

　하나님의 언약대로 단의 후예들은 동방으로 이동해 와 광활한 대륙을 정복하고 한겨레를 이루어, 아브라함, 이삭, 야곱의 씨가 번성케 하였으며, 그 땅에서 열국이 생겨나고 열 왕이 일어섰다. 그리하여 지금도 그 광활한 대륙에는 아브라함, 이삭, 야곱, 단의 피가 흐르고 있다. 비록 서로의 국호는 달라졌을지라도, 그 땅에는 하나님의 언약을 받은 거룩한 피가 흐르고 있는 것이다!

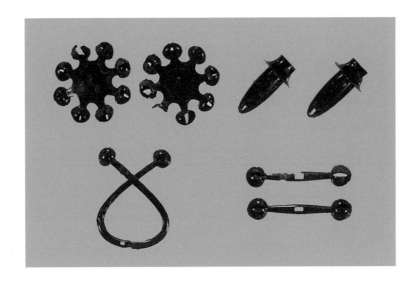

　이 청동 제사 도구들은 한 세트로 만들어져, 전라남도 화순군 대곡리, 충청남도 예산, 강원도, 경주 죽동리, 전남 함평군 초포리, 그리고 북한에 이르기까지 한반도 도처에서 동일한 모습으로 나타났다. 이는 고조선 조상들이 동일한 신앙을 가지고, 동일한 신에게, 동일한 소망을 가지고 제사를 드렸다는 명백한 증거이다.

방울의 유래

이스라엘 민족의 제사장이 입는 성의에 금방울이 달려 있었다. 그 유래는 출애굽기 당시인 광야에서부터였는데, 하나님께서는 그 광야에서 이스라엘 민족에게 성소를 짓게 하시며, 그 성소에서 제사를 관장할 제사장이 입을 옷에 대하여 다음같이 말씀하시었다.

> 그 옷 가장자리로 돌아가며 청색, 자색, 홍색실로 석류를 수놓고, 금방울을 간격을 두어 달되, 그 옷 가장자리로 돌아가며 한 금방울, 한 석류, 한 금방울, 한 석류가 있게 하라. (출 28:33-34)

그 성소의 제사용품과 제사장의 성의는 유다와 단의 후손에 의해 만들어졌다. 하나님께서 사자의 새끼라는 계시를 받은 두 지파를 택하신 것이다.

하나님이 말씀하시었다.

> 내가 또 단 지파 아히사막의 아들 오흘리압을 세워 그와 함께하게 하며, 무릇 지혜로운 마음이 있는 자에게 내가 지혜를 주어 그들로 내가 네게 명한 것을 다 만들게 할지니, 곧 회막과 증거궤와 그 위의 속죄소와 회막의 모든 기구와 상과 그 기구와 정금 등대와 그 모든 기구와 분향단과 번제단과 그 모든 기구와 물두멍과 그 받침과 제사직을 행할 때에 입는 공교히 짠 의복 곧 제사장 아론의 성의와 그 아들들의 옷과 관유와 성소의 향기로운 향이라, 무릇 내가 네게 명한 대로 그들이 만들지니라. (출 31:6-11)

단의 후손은 하나님의 말씀대로 제사용품과 제사장이 입을 성의를 만들었다. 그리고 금방울을 만들어 그 제사장의 성의에 달았다. 그런즉, 하나님과의 언약을 상징하여 만들어진 팔주령, 간두령, 쌍두령 등의 청동 방울은 광야에서 단의 후손이 만든 바로 그 금방울에서 유래된 것이다.

조상들이 제사 도구를 청동 방울로 만든 이유는, 청동기들이 상징하고 있는 소망의 기도를 울림으로 승화시키는 수단이기도 하다. 예를 들어, 팔주령을 흔들어 소리를 낼 때마다 그 청동 방울이 상징하는 대로 "하나님, 이 백성은 하나님과 맺은 언약을 지켰사오니 조상 아브라함과 맺은 언약대로 축복하여 주시옵소서." 하는 기도가 된다.

그리고 간두령을 흔들어 소리를 내면, 역시 그 청동 방울의 상징대로 "하나님, 이 백성은 하나님과 맺은 언약을 지켜 할례를 받았사오니, 이 백성의 앞날을 축복하여 주시옵소서." 하는 기도가 될 것이다.

쌍두령도 하나님과의 영원한 관계를 상징한 것이므로, 그 청동 방울이 울릴 때마다 하나님의 축복이 후손 대대로 영원하길 간구하는 기도를 나타내게 된다. 조상들은 그렇게 청동 방울을 흔들며, 자신들의 소망을 간절한 울림으로 승화시켜 하나님께 전달하기를 원했던 것이다.

2부
단의 후손들

단의 탄생

단의 부친인 야곱에게 사랑하는 여인이 있었다. 라헬이라는 곱고 아리따운 여인이었다.

야곱은 사랑하는 라헬과 결혼하기로 그녀의 부친 라반과 약속하고, 그 대가로 라헬의 부친을 위해 7년 동안 무보수로 일했다. 성경에 기록되기를, 야곱이 라헬을 연모하는 까닭에, 7년을 수일같이 여겼다고 했다.

그리고 약속한 7년이 되어 라헬과 결혼을 하였다. 그런데 첫날밤을 자고 깨어 보니, 함께 잔 여인은 라헬의 언니인 레아였다. 야곱의 장인 라반의 술수였다. 레아는 시력이 약하고, 생긴 것도 동생 라헬의 미모에 미치지 못했다. 뜻밖의 황당한 일을 당한 야곱은 라헬의 부친에게 항의했다. 그러자 라반이 말했다.

"언니보다 동생을 먼저 주는 것은, 우리 지방에서 허락지 아니하는 바이니라. 라헬을 위하여 7일을 채우라. 우리가 그도 네게 주리니, 네가 라헬을 위하여 또 7년을 내게 봉사할지니라."

결국 야곱은 라반의 말대로 7일을 채우고 나서야 라헬과 결혼하게 되었다. 그리고 그 대가로 7년을 더 라반을 위해 일해야 했다. 하지만 불행하게도 라헬은 아기를 낳지 못했다. 언니 레아는 네 아들의 어머니가 되었으나 야곱이 실제로 사랑하는 여인, 라헬은 잉태치 못한 것이다.

언니에 대한 라헬의 질투도 극에 달했다. 그래서 라헬은 야곱에게 말했다.

"나로 자식을 낳게 하세요. 그러지 아니하면 죽겠어요."

그 말에 야곱이 화를 내며 말했다.

"그대로 성태(成胎)치 못하게 하시는 이는 하나님이신데, 내가 어떻게 하나님을 대신하겠소."

성경의 기록대로라면 하나님이 어떤 계획을 가지고 라헬의 잉태를 막으신 것이다. 라헬이 말했다.

"나의 여종인 빌하에게 들어가세요. 그가 아들을 낳아 내 무릎에 둘 것이니, 그러면 나도 그로 인하여 자식을 얻을 것입니다."

그리하여 단은 첩의 소생으로 야곱의 다섯째 아들로 태어났다. 단군신화에서 환웅이 환인의 서자로 기록되었는데, 일맥상통한 일이라 할 수 있다.

단이란 이름의 뜻은 히브리어로 심판자(재판관)란 뜻이다.

야곱의 예언

히브리 열두 지파의 조상인 야곱은 두 명의 부인과 그 부인들의 여종을 첩으로 삼아 열두 명의 아들을 낳았다.

그리고 그 아들들이 장성하여 다 모인 자리에서 성령의 감동으로 단에게 다음과 같은 예언을 하였다.

> 단은 이스라엘의 한 지파같이 그 백성을 심판하리로다. 단은 길의 뱀이요, 첩경의 독사로다. 말굽을 물어서 그 탄 자를 뒤로 떨어지게 하리로다. 여호와여, 나는 주의 구원을 기다리나이다. **(창 49:16-18)**

단에 관한 이 예언은 고조선 청동검과 단군의 삼일신고(三一神誥)에도 반영되었는데, 그 뜻은 다음과 같다.

첫째, "단은 이스라엘의 한 지파같이 그 백성을 심판하리로다."
단이 받은 심판권은 예수 그리스도에게 속한 것이다.

예수님이 말씀하시었다.

> 아버지께서 아무도 심판하지 아니하시고, 심판을 다 아들에게 맡기셨으니. **(요 5:22)**

이같이 사자(예수 그리스도)에게 속한 심판권을, 사자의 새끼라는 계시를 받은 단에게 맡기시어 대행시키시겠다는 것이다.

예수님이 말씀하시었다.

> 나를 저버리고 내 말을 받지 아니하는 자를 심판할 이가 있으니, 곧 나의 한 그 말이 마지막 날에 저를 심판하리라. **(요 12:48)**

야곱의 열두 지파에서 심판 권세를 가진 것은 오로지 단 지파뿐이다. 단의 이름 뜻은 심판자이다. 그런 그가 야곱을 통해 예언된 심판 권세를 가지고 이 세상의 마지막 날에 예수 그리스도의 재림을 예비할 사명을 받은 것이다.

둘째, "단은 길의 뱀이요, 첩경의 독사로다. 말굽을 물어서, 그 탄 자로 뒤로 떨어지게 하리로다."

① 길은 곧 예수 그리스도이시다.

> 내가 곧 길이요. **(요 14:6)**

그런즉, 길의 뱀은 곧 예수 그리스도에게 속한 존재의 상징이다.

② 단은 구원의 뱀이다.

예수님은 다음과 같이 말씀하시었다.

> 모세가 광야에서 뱀을 든 것 같이, 인자도 또한 들려야 하리니, 무릇 누구든지 저를 믿으면 영생하리라. **(요 3:14)**

그에 관해 성경에 다음같이 기록되어 있다.

> 여호와께서 모세에게 이르시기를, "불 뱀을 만들어 장대 위에 달라. 물린 자마다 그것을 보면 살리라." 모세가 구리 뱀을 만들어 장대 위에 다니, 뱀에 물린 자마다 놋 뱀을 본즉 다 살더라. **(민 21:8-9)**

③ 길은 진리를 뜻하는바, 길의 뱀은 진리의 지혜이다.

> 내가 곧 길이요, 진리요, 생명이니.　　　　　　　　　(요 14:6)

> 그러므로 너희는 뱀같이 지혜롭고.　　　　　　　　　(마 10:16)

아울러 길의 뱀은 곧, 진리이며 지혜인 것이다. 반대로 길 밖의 뱀은 죄와 사단이다.

④ "첩경(捷徑)의 독사로다."

첩경은 지름길로서 정의를 상징하는바, 독사는 심판의 상징이다. 그런즉, 첩경의 독사는 정의 심판을 뜻한다. 하나님께서 불순종하는 이스라엘 백성들을 독뱀으로 심판하신 것은 정의 심판이다.

⑤ "말굽을 물어서, 그 탄 자를 뒤로 떨어지게 하리로다."

고대 사회에서 말을 탄 자는 세상 권세의 상징이다. 그런즉, 이 예언에서 표현된 말은 사단의 권세이며, 말을 탄 자는 사단의 권세를 가진 이단자이다. 말굽을 물어서 그 탄 자를 뒤로 떨어뜨린다는 것은, 가장 낮은 곳에서 공격하여 사단의 권세를 가진 자로 하여금 뒤로 떨어뜨려 멸망시킨다는 것이다.

> 내가 여호와를 찬송하리니, 그는 높고 영화로우심이요, 말과 그 탄 자를 바다에 던지셨음이로다.　　　　　　　　　(출 15:1)

의인과 죄인이 있듯이, 뱀도 하나님께 속한 뱀이 있고 사단에 속한 뱀이 있다. 따라서 진리의 길을 잃은 자가 죄인이듯이, 길 밖의 뱀은 사단에 속한 존재이다. 그런즉, 성서에 기록된 증거가 분명히 밝혀주듯이 하나님께 속한 뱀과 사단에 속한 뱀을 구분하는 기준은 '길'이다.

셋째, "여호와여, 나는 주의 구원을 기다리니이다."

야곱이 단에게 한 이 예언은 인류 구원의 왕으로 오실 예수 그리스도의 재림을 기다린다는 계시이다. 좀 더 구체적으로 표현하면, "여호와 하나님이시여, 나는 당신의 독생자 예수 그리스도께서 구원의 왕으로 오실 날을 간절히 기다리나이다."라는 고백이 된다. 단은 열두 지파에서 유일하게 예수 그리스도의 재림에 관한 계시를 받은 것이다.

이는 단군의 삼일신고(三—神誥)에서 '성품을 다하여 간구하면 하나님의 아들이 강림하신다.'라고 고백한 내용과 일맥상통한다.

사자 새끼의 계시

야곱의 열두 지파에서 유다와 단 지파는 '사자 새끼'라는 계시를 받았다. 유다가 사자의 큰 새끼라면, 단은 작은 새끼인 것이다. 그리하여 유다는 열두 지파에서 가장 큰 부족을 이루었고, 단은 두 번째로 큰 부족을 이루었다.

사자는 왕을 상징하므로 '사자의 새끼'는 왕으로부터 특별히 선택되었다는 의미가 있다. 또한, 사자는 신의 아들이라는 상징적 계시를 가지고 있다. 그래서 사자(獅子)에는 '아들 子' 자가 있다. 아울러 신의 아들은 곧 창조주 하나님의 독생자 예수 그리스도이시다.

예수 그리스도는 구원의 왕이시다. 그 사자의 새끼들로 유다와 단이 선택된 것이다. 이는 유다와 단 지파를 통해서 왕이 임하신다는 계시이다. 비유하자면, 사자가 자기 새끼들을 통해 임한다는 것이다. 그래서 성서에 기록된 바, 이스라엘 열두 지파에서 예수 그리스도가 임하신 것도 유다와 단 지파를 통해서였다.

그리스도는 단의 후손인 마노아의 부인을 찾아오시었다. 임신을 못 하는 그 여인의 태를 여시고, 삼손이 태어나게 하신 것이다. 그리고 그에게 단이 받은 예언대로 심판과 구원의 권세를 주시었다.

> 이 아이는 태에서 나옴으로부터 하나님께 바쳐진 나실인(뛰어나고 구별된 자)이 됨이라. 그가 블레셋 사람의 손에서 이스라엘을 구원하기 시작하리라. **(삿 13:5)**

마노아는 사자에게 물었다. "당신의 이름이 무엇이나이까?"

그에 사자가 대답하셨다. "내 이름은 기묘(奇妙)니라."

훗날 그 이름에 대해 이사야가 증언하였다.

> 그 이름은 기묘자라. (사 9:6)

당시 마노아는 그 거룩한 사자의 존재를 알아보고 두려움에 떨며 고백했다. "우리가 하나님을 보았으니, 반드시 죽으리라."

하지만 그들은 축복을 받았다. 드디어 마노아의 부인이 잉태하여 삼손을 낳았고, 그 아들은 20년간 이스라엘의 사사로 활동하며 하나님의 심판과 구원의 권세를 대행했던 것이다. 유다 지파를 통해 예수 그리스도께서 직접 인간의 모습으로 태어나신 것도 그 명백한 증거이다.

> 유다는 사자 새끼로다. 내 아들아. (창 49:9)

그런데 단은 바산에서 뛰어나오는 '사자 새끼'이다. 하나님의 말씀을 대언하여 모세가 계시했다.

> 단에 대하여는 (하나님이)일렀으되, 단은 바산에서 뛰어나오는 사자 새끼로다. (신 33:22)

바산은 과실이 많은 땅이라는 뜻이다. 그래서 과실이 많이 열리는 과수원이라는 상징이 된다. 단은 그 과수원지기이다. 그리하여 주인이 열매를 거두러 오실 때에, 그 주인을 마중하여 뛰어나오는 것이다.

이는 이 세상의 마지막 때에, 구원의 왕으로 오시는 사자(예수 그리스도)의 재림을 맞이하기 위해 바산에서 뛰어나오는 그 '사자의 새끼'처럼, 비로소 자기 정체를 나타낸다는 계시이다. 이스라엘에서 바산은 요단강 동쪽에 위치하고 있는바, 바산은 상징적으로 동방의 산이다. 그런즉, 동방은 하나님의 바산이다.

> 바산의 산은 하나님의 산임이여, 바산의 산은 높은 산이로다. (시 68:15)

하나님께서 단의 후예들을 바산에서 뛰어나오게 하신다는 것은, 그 전에 이 동방의 산으로 옮기시겠다는 계시이기도 하다. 그 계시대로 단의 후예들은 동방으로 이동해 왔다. 그리고 수천 년 동안 이 동방의 바산에서 하나님의 구원을 기다려 왔다. 야곱이 단에 대하여 예언한 바와 같이 말이다.

"여호와여, 나는 주(예수 그리스도)의 구원을 기다리니이다."

동물 세계의 왕, 사자는 왕권을 상징한다. 유다와 단 지파는 그 사자의 새끼들로서 왕권을 대행한다는 계시도 가지고 있다. 즉, 열두 지파의 왕이다. 그런데 열두 지파에서 사자 새끼가 둘이다. 하지만 단 지파는 성서에서 사라졌다. 그리고 나머지 지파는 유다 지파에 복속되어 유대민족을 이루었다. 하나님이 말씀하시었다.

> 그 땅 이스라엘 모든 산에서 그들로 한 나라를 이루어 한 임금이 모두 다 스리게 하리니 …… 내 종 다윗이 그들의 왕이 되리니.   (겔 37:22-24)

유다가 단을 제외한 나머지 지파의 왕이 되고, 예수 그리스도께서 유다 지파를 통해 초림하심으로써, 유다가 받은 '사자 새끼' 계시는 모두 이루어졌다. 하지만, 바산에서 뛰어나오는 '사자 새끼의 계시'가 아직 이루어지지 않았다. 하나님께서 말씀하시었다.

> 만군의 여호와가 이르노라. 내가 내 사자를 보내리니, 그가 내 앞에서 길을 예비할 것이요, 또 너희의 구하는 바 주가 홀연히 그 전에 임하리니, 곧 너희의 사모하는 바, 언약의 사자가 임할 것이라.   (말 3:1)

하나님께서 말씀하신 바와 같이 언약의 사자가 임하실 때가 이르러, 그 사자의 새끼는 주인을 맞이하기 위해 바산에서 뛰어나오며, 자기 신분을 밝히고 정체를 드러냈다. 하나님의 말씀을 대언하여 '단은 바산에서 뛰어나오는 사자의 새끼'라고 한, 모세의 계시가 이루어진 것이다. 그런즉, 성경에 계시된 사자의 새끼는 어느 일개인이 아니라 단의 후손, 한민족이다.

하나님의 집, 성소

출애굽기 당시, 하나님께서는 유다와 단 지파를 택하시어 성소를 짓는 데 필요한 각종 기술을 습득하도록 지혜를 주시었다. 그리하여 두 지파는 금, 은, 놋을 가공하고, 보석 가공, 나무 가공, 조각, 청색·자색·홍색 실과 가는 베실을 짜고 수놓는 일 등, 성소를 짓는 데 필요한 기술을 연구, 개발하였다.

모세가 말했다.

> 브살렐(유다의 후손)과 오흘리압(단의 후손)과 및 마음이 지혜로운 사람, 곧 여호와께서 지혜와 총명을 부으시어, 성소에 쓸 모든 일을 할 줄 알게 하심을 입은 자들은, 여호와의 무릇 명하신 대로 할 것이니라.　(출 36:1)

그 성소를 지은 것에 대하여, 성경은 다음같이 기록하였다.

> 유다 지파 훌의 손자요, 우리의 아들인 브살렐은 여호와께서 모세에게 명하신 모든 것을 만들었고, 단 지파 아히사막의 아들 오흘리압은 그와 함께하였으니, 오흘리압은 재능이 있어서 조각하며, 또 청색·자색·홍색 실과 가는 베실을 수놓은 자더라.　(출 38:22-23)

성소는 하나님께서 임하시는 거룩한 집이다. 유다와 단 지파는 그 거룩한 집을 짓는 데 대한 택함을 받았다. 하나님께서 유다와 단 지파가 지은 집에 임하시겠다는 것이다. 여기에는 사자 새끼들인 유다와 단 지파에 대한 상징적인 계시가 있다. 아울러, 모든 것이 하나로 일치된다.

야곱이 다섯째 아들인 단에게 예언하였다.

> 여호와여, 나는 주(예수 그리스도)의 구원을 기다리나이다.　　　(창 49:18)

그리고 유다에 대해 예언하였다.

> 유다는 사자 새끼로다, 내 아들아.　　　(창 49:9)

또 모세가 예언하였다.

> 단에 대하여 (하나님이)일렀으되, 단은 바산에서 뛰어나오는 사자 새끼
> 로다.　　　(신 33:22)

두 사자 새끼들은 광야에서 똑같이 택함을 받고, 하나님의 집(성소)을 지었
다. 훗날, 솔로몬 성전도 단의 후손에 의해 지어졌다. 인류 최초의 하나님 성
소와 성전 모두가 유다와 단에 의해 지어진 것이다. 그 후, 첫째 사자 새끼인
유다 지파를 통해 예수 그리스도께서 초림하시었다. 유다가 지은 집(성소)에
서 드릴 번제물(어린양)로 오신 것이다. 그리고 세상의 죄를 대신한 번제물이
되시어, 십자가에 못 박히시었다.

그런즉, 이제 단이 지은 집(성소)으로 예수 그리스도께서 재림하실 위대한
역사가 이루어진다. 유다가 지은 성소에는 번제물로 오셨지만, 단이 지은 성
소에는 거룩한 왕으로 임하시는 것이다.

녹보석, 단 지파

또 무지개가 있어 보좌에 둘렀는데, 그 모양이 녹보석 같더라.　(요 4:3)

이는 사도 요한이 계시록을 기록하며 성령의 감동에 의해 본 하나님의 보좌이다. 대자연의 아름다움을 대표하는 신록의 녹보석(에메랄드)이 거룩한 보좌의 상징인 것이다. 그런데 녹보석은 단의 상징이다. 출애굽기 당시, 하나님께서 이스라엘 열두 아들의 이름대로 보석을 정해 주시고 그 보석들에 이름을 새기게 하셨는데, 녹보석에 단의 이름이 새겨진 것이다. 하나님의 거룩한 보좌를 상징하는 녹보석은 단이 받은 예언들과 일치한다. 그 일치성을 보기로 하자.

① 단은 사자의 새끼이다. 사자가 자기 새끼들을 찾아오듯이, 예수 그리스도가 임하신다는 계시인 것이다. 예수님은 큰 사자 새끼인 유다를 통해, 이 세상의 죄를 대신 지게 될 제물인 어린양으로 초림하시었다. 그런즉, 예수님께서 재림하실 때는 구원의 왕으로 녹보석 보좌에 임하신다.

예수님이 말씀하시었다.

인자가 자기 영광으로 모든 천사와 함께 올 때에, 자기 영광의 보좌에 앉으리니, 모든 민족을 그 앞에 모으고 각각 분별하기를, 목자가 양과 염소를 분별하는 것같이 하여, 양은 그 오른편에, 염소는 왼편에 두리라. 그때에 임금이 그 오른편에 있는 자들에게 이르시되, 내 아버지께 복 받을 자들이여, 나아와 창세로부터 너희를 위하여 예비 된 나라를 상속하라.　(마 25:31-34)

이처럼 어린양으로 초림하셨던 주님은, 구원의 왕으로 재림하시어 거룩한 보좌에 앉으신다. 그 보좌는 녹보석으로 된 거룩한 보좌인 바, 단은 그 영광을 위해 선택받았다. 유다는 성서에 기록된 대로, 예수님께 이 세상에서 가장 초라한 마구간을 마련해 드릴 수밖에 없었지만, 단은 하나님께서 창조하신 대자연의 아름다움을 대표하는 신록의 녹보석(에메랄드)으로 된 거룩한 보좌를 마련하여, 천사들과 함께 영광 중에 오시는 예수 그리스도의 재림을 맞이하게 되는 것이다.

② '여호와여, 나는 주의 구원을 기다리니이다.'
　단이 받은 이 축복은 예수 그리스도의 구원을 기다리는 고백으로서, 거룩한 보좌 녹보석의 상징성과 일치한다. 즉, 거룩한 보좌를 마련하고 왕의 임재를 기다린다는 고백이 된다.
③ '단은 길의 뱀이요, 첩경의 독사로다. 말굽을 물어서 그 탄 자를 뒤로 떨어뜨리로다.'
　이 예언은 진리의 승리로서, 녹보석의 상징이다. 고대에는 전쟁에서 이긴 군사들의 가슴에 녹보석을 달고 다녔는데, 이는 승리의 상징이었던 것이다.
④ '단은 이스라엘의 한 지파같이, 그 백성을 심판하리로다.'
　심판은 승리자의 몫이며, 보좌에 앉은 왕의 권세로서, 녹보석의 상징성과 일치된다. 단은 예수님을 구원의 왕으로 맞이하여 하나님의 심판과 구원을 완성하게 되는 것이다. 이처럼 거룩한 보좌의 상징이며 승리의 상징인 녹보석(에메랄드)은 단의 정체성이다. 아울러, 하나님께서 녹보석에 단의 이름을 새기도록 하신 것은, 구원의 왕으로 오시는 예수 그리스도의 거룩한 보좌를 마련한다는 계시를 주신 것이다.

> 여호와께서 영영히 앉으심이여, 심판을 위하여 보좌를 예비하셨도다.
>
> (시 9:7)

독수리, 단 지파

하나님이 말씀하시었다.

> … 내가 어떻게 독수리 날개로 너희를 업어 내게로 인도하였음을 너희가 보았느니라. (출 19:4)

하나님의 이 말씀은, 애굽에서 노예살이하던 이스라엘 백성들을 해방시키시어, 약속의 땅으로 인도하신 기록이다. 그 약속의 땅인 가나안으로 진격할때, 단 지파는 독수리 깃발을 들고 4군 선봉에 섰다. 이스라엘 열두 지파가네 방향으로 세 지파씩 묶어, 네 개의 깃발을 들고 진격했는데, 각 방향의 선봉에 선 지파들로서 유다 지파는 사자가 그려진 깃발을, 르우벤 지파는 사람이 그려진 깃발을, 에브라임 지파는 송아지가 그려진 깃발을, 단 지파는 독수리가 그려진 깃발을 들고 약속의 땅, 가나안으로 진격한 것이다.

젖과 꿀이 흐르는 약속의 땅은 상징적으로 천국을 가리킨다. 하나님께서는 그 약속의 땅으로, 택한 백성들을 독수리 날개로 업어 인도하심을 말씀하신 것이다. 그리고 단 지파는 독수리 깃발을 들고 그 백성을 인도하였다.

이는 이 세상 마지막 때의 '출애굽기'를 단 지파를 통해 이루시려는 하나님의 계시이다.

12지파의 행군 서열

유다	르우벤	에브라임	단
앗사갈	시므온	므낫세	아셀
스블론	갓	베냐민	납달리

12지파 이름을 새긴 보석의 배치

홍보석	석류석	호박	녹보석
황옥	남보석	백마노	호마노
녹주옥	홍마노	자수정	벽옥

삼손 생애에 나타난 계시

모세, 이사야 등의 선지자들은 하나님의 말씀을 대언하며 사명을 감당하였다. 하지만 삼손은 이 세상에 태어나면서부터 한생의 삶으로 하나님의 계시를 이룬 선지자였다.

> 이 아이는 태에서 나옴으로부터, 하나님께 바치운 나실인(구별되고 뛰어난 자)이 됨이라.
> (삿 13:5)

그리하여 삼손의 삶에서 나타난 계시는 모두 이루어졌고, 또 이루어지고 있다.

첫째, 삼손이 구원자로 택함을 받고 이 세상에 태어난 것은 하나님께서 단의 후손을 통해 구원 역사를 이루시겠다는 계시이다.

> 그(삼손)가 블레셋 사람의 손에서 이스라엘을 구원하기 시작하리라.
> (삿 13:5)

이는 삼손의 조상 단이 받은 예언과도 일치한다.

> 여호와여, 나는 주의 구원을 기다리니이다.
> (창 49:18)

단의 후예들은 이 세상의 마지막 때, 하나님 구원을 이루기 위해 동방으로 이동해 왔다.

둘째, 삼손의 이름은 태양이라는 뜻이다.

> 여인이 아들을 낳으매, 이름을 삼손이라 하니라.　　　　　(삿 13:24)

삼손의 이름은 훗날 한민족의 정체성이 되어, 내몽골 적봉 일대의 바위와 한반도의 바위에까지 태양을 상징하는 동심원으로 새겨졌다. 단의 후예들은 해 돋는 동방으로 이동해 와, 태양으로 자기 정체성을 상징한 것이다. 그리하여 삼손 이야기가 새겨진 와당에도 동심원이 있다. 한민족의 첫 고대 국가인 아침이 빛나는 나라, 고조선도 역시 한민족의 정체성에서 비롯된 것이다.

셋째, 삼손은 사자 새끼를 맨손으로 찢어 죽였다.

> 삼손이 그 부모와 함께 딤나에 내려가서 딤나의 포도원에 이른즉, 어린 사자가 그를 맞아 소리 지르는지라. 삼손이 여호와의 신에게 크게 감동되어 손에 아무것도 없어도 그 사자를 염소 새끼를 찢음같이 찢었으나.
> 　　　　　　　　　　　　　　　　　　　　　　　　(삿 14:5-6)

이는 사자의 새끼라는 계시를 받은 단의 후예들이 자기 스스로 자신의 정체성을 없애게 될 것이라는 계시이다. 오늘날 한민족이 자기 신분을 모르는 것은 삼손의 계시대로 스스로 자기 정체성을 없앴기 때문이다.

넷째, 삼손은 이방 여인과 결혼하였다.

> 삼손이 딤나에 내려가 거기서 블레셋 딸 중 한 여자를 보고 도로 올라와서 자기 부모에게 말하여 가로되, '내가 딤나에서 블레셋 사람의 딸 중 한 여자를 보았사오니 이제 그를 취하여 내 아내를 삼게 하소서.' 부모가 그에게 이르되 '네 형제의 딸 중에나 내 백성 중에 어찌 여자가 없어서, 네가 할례 받지 아니한 블레셋 사람에게 가서 아내를 취하려 하느냐.' (삿 14:1-3)

삼손의 부모는 그 일이 하나님의 계획이었음을 알지 못했던 것이다. 그에 관해 성서에 다음같이 기록되어 있다.

> 그 부모는 이 일이 여호와께로부터 나온 것인 줄은 알지 못하였더라.
>
> (삿 14:4)

삼손이 이방 여인과 결혼한 것은, 훗날 단의 후손들이 이방 여인과 결혼하게 될 것이라는 계시이다. 그 계시대로 단의 후예들은 동방으로 이동하며 이방 여인들과 결혼하였다.

단이 이방 여인 빌하에게서 태어났듯이, 그의 후손은 동방으로 이동하며 이방 여인과 결혼한 것이다.

그 첫 번째 역사는 알타이산맥에서 이루어졌다. 단 지파의 군대와 소년들은 알타이산맥에서 수십 년 머물며, 그곳 원주민의 딸들과 결혼하고 아이를 낳은 것이다. 그리하여 그 2세, 3세들은 알타이 언어를 배우며 성장하게 되었다. 오늘날 한민족의 언어가 알타이어계에 속하는 것은 삼손의 계시가 이루어진 데서 비롯된 것이다.

다섯째, 삼손은 자기 동족인 유다 지파에 붙잡혀 블레셋에 넘겨졌다.

> 그들이 삼손에게 이르되 '우리가 너를 결박하여 블레셋 사람의 손에 붙이려고 이제 내려왔노라.'
>
> (삿 15:11)

하나님께서 이스라엘의 구원자로 보내신 삼손이 유다 지파에 붙잡혀 이방 민족에 넘겨진 것은, 이 세상을 구원하시기 위해 오신 예수 그리스도를 유대 민족이 붙잡아 이방 민족에게 넘기게 될 것이라는 계시이다. 그리고 그 계시대로, 예수님은 유다의 배신으로 유대 민족에게 붙잡혀 이방 민족에 넘겨지셨다.

여섯째, 삼손은 머리를 잘리고 능력을 상실하였다.

> 들릴라가 삼손에게 자기 무릎을 베고 자도록 하고, 사람을 불러 그 머리
> 털 일곱 가닥을 밀고 괴롭게 하여본즉, 그 힘이 없어졌더라.　　**(삿 16:19)**

삼손이 머리카락을 잘리고 능력을 상실한 것은, 그 후예도 엄청난 능력을
잃게 될 것이라는 계시이다. 그 계시대로 단의 후예, 한민족은 고조선의 광
활한 대륙을 모두 잃고 지극히 작은 나라로 전락하였다. 그리고 900번도 넘
는 외침을 끊임없이 당해 오며, 이웃 나라의 속국으로, 식민지로 전락하며
갖은 수난을 다 겪어 왔다.

승리의 상징인 녹보석(에메랄드)에 이름이 새겨진 단이었다. 그리하여 약속
의 땅(가나안)을 정복할 때, 독수리 깃발을 들고 4군 선봉에 섰다. 헬몬산 기슭
의 라이스를 정복하고 그 지명을 조상인 단의 이름으로 명명하였다. 내몽골
부터 땅끝 한반도에 이르는 광활한 대륙을 통일하고 한겨레를 이루었다. 그
런 전사의 후예들이, 머리카락 잘린 삼손 같은 신세로 전락한 것이다.

일곱째, 삼손은 블레셋 사람들에게 눈알이 뽑히고 노예가 되었다.

> 블레셋 사람이 그를 잡아, 그 눈을 빼고 끌고 가사에 내려가 놋줄로 매고,
> 그로 옥중에서 맷돌을 돌리게 하였더라.　　**(삿 16:21)**

이는 그의 후예도, 눈알 뽑힌 장님같이 되고 노예가 될 것이라는 계시이
다. 그 계시대로 인도 원수민들을 노예로 만든 인드라가 제석(帝釋)으로 탈바
꿈하고 한반도로 건너와 단군의 할아버지로 둔갑하였으나, 한민족은 눈알
뽑힌 장님같이 되어 아직도 알아보지 못하고 그의 정신적 노예가 되어 있다.

여덟째, 삼손의 머리털이 다시 자라났다.

> 그의 머리털이 밀리운 후에, 다시 자라기 시작하니라.   (삿 16:22)

삼손의 머리털이 다시 자란 것은, 한민족의 정체성과 능력이 다시 회복됨에 대한 계시이다. 지금 그 계시가 이루어지고 있다.

아홉째, 삼손은 블레셋의 신전을 무너뜨리고 그 안에 있던 블레셋 사람들을 모두 죽였다.

> 그 집이 곧 무너져 그 안에 있는 모든 방백과 온 백성에게 덮이니, 삼손이
> 죽을 때에 죽인 자가 살았을 때에 죽인 자보다 더욱 많았더라. (삿 16:30)

이는 단의 후예(한민족)를 통한 최후의 심판을 계시한 것이다. 한민족의 거룩한 신분이 밝혀진 것은 이미 그 심판이 시작되었다는 증거이다.

이처럼 삼손이 남긴 삶의 기록은, 하나님이 직접 쓰신 계시록과 같다.

단 지파의 이주

　단 지파는 삶의 터전을 버렸다. 소라와 에스다올은 평지여서 생업에 좋은 땅이었으나 그곳을 버리고 떠났다. 그들이 이주해 간 라이스는 헬몬산 기슭의 골짜기여서, 소라와 에스다올에 비하면 좋은 곳이라 할 수 없다. 그럼에도 단 지파는 이주할 수밖에 없었다. 어떤 생존 위기가 아니고서는 도저히 결정할 수 없는 이주를 한 것이다. 사람이 고향을 버리는 가장 큰 이유는 생존을 위한 불가피한 사정 때문이다. 그럼, 그들에게 어떤 위기가 닥친 것일까?

　그 위기는 블레셋에 의한 것이었다. 삼손은 최후를 마치며 자기 민족을 핍박하는 블레셋 사람들이 섬기던 신전을 무너뜨려, 그 안에 있던 수천 명의 블레셋 사람들을 죽였다.

　성서 기록에 의하면, 그 지붕에 있는 남녀만 해도 3천 명가량이라 했다. 그 정도 큰 규모의 신전이었던 것이다. 그러니 그 안에 있는 인원은 지붕에 있는 남녀보다 훨씬 더 많았을 것은 분명하다. 그중에는 모든 관청의 관리가 포함되어 있었다. 삼손을 조롱하고 처형하기 위해 인산인해를 이룬 것이다. 그런데 그 신전이 무너졌다. 건물 지붕에 있었던 수천 명의 무게도 건물 붕괴에 큰 몫을 했겠지만, 그 사건은 삼손에 의한 것이었다. 그리하여 모든 관리를 비롯한 수천 명의 블레셋 사람이 죽었다. 그 피해로 인해 블레셋의 분노가 폭발했을 것은 불 보듯 뻔한 일이다.

　블레셋의 그 분노가 단 지파의 이주 동기가 되었을 것이다. 블레셋 사람들이 수천 명의 목숨을 잃은 복수로 단 지파를 멸족시키려고까지 했을 테니 말이다. 더구나 그때는 이스라엘이 블레셋의 지배하에 있던 시기였고, 단 지파는 블레셋 영토 안에 포위되어 있었다. 유다 지파가 삼손을 잡아서 블레셋에 바친 사건에서 볼 수 있듯이, 단 지파는 다른 지파들로부터 도움을 받을 수도 없었다. 그래서 블레셋의 포위에 있던 지역을 탈출하여 이주할 수밖에 없었던 것이다. 단 지파는 이주할 땅을 찾기 위해 소라와 에스다올에서 가장 용맹한 자 다섯 명을 뽑아 정탐꾼으로 파견하였다. 그리고 역시, 소라와 에스다올에서 6백 명의 군사를 뽑아서 그 다섯 용사가 정탐한 라이스를 정복하기 위해 파견하였다.

이르세메스, 사알랄빈, 이들라, 엘론, 딤나, 에그론, 바일랏, 여훗, 브네브락, 메얄곤, 락곤, 욥바 등 다른 지역들에 사는 단 지파는 그냥 있고, 소라와 에스다올에서 먼저 이주를 서두른 것이다. 당시 소라와 에스다올에 거주한 단 지파의 상황이 매우 긴박했음을 보여주는 대목이다. 블레셋의 우선 공격 대상이, 소라와 에스다올이었던 것이다. 성서에 기록된바, '삼손의 형제와 아비의 온 집이 다 내려가서 그 시체를 취하여 가지고 올라왔다.'라고 하였다.

외아들이었던 삼손의 형제란 그의 동족인 단 지파를 뜻한다. 그런즉, 단 지파와 삼손의 일가친척들을 총동원하여 그의 시신을 옮겨왔다. 그리고 소라와 에스다올 사이에 묻었다. 그 이유로 블레셋은 소라와 에스다올에 사는 단 지파부터 멸족시키고, 삼손의 시신을 꺼내어 복수하려 했을 것이다.

삼손으로 인해 모든 관리를 비롯한 수천 명이 목숨을 잃고 막대한 재산 피해까지 당한 블레셋으로서는 충분히 그리고도 남음이 있었다. 그 긴박한 상황에서 소라와 에스다올에 살던 단 지파가 생존을 위한 탈출을 한 것이다. 단 지파가 블레셋의 포위에서 탈출한 것은 종족 보존을 위한 운명적 선택이었다. 그들이 이주한 후, 소라와 에스다올은 유다 지파의 영토에 복속되었다.

그 후, 다른 지역에 살던 단 지파도 이주하지 않으면 안 되었다. 소라와 에스다올을 노렸던 블레셋의 공격이 다른 지역의 단 지파로 향했을 것이기 때문이다. 단 지파가 거주했던 에그론 지역에서 바다까지, 아스돗 곁에 있는 모든 성읍과 그 촌락들까지 유다 지파의 영토에 복속되었다는 성서의 기록에서 그와 같은 역사적 사실을 확인할 수 있다.

> 유다 자손의 지파가 그 가족대로 얻은 기업은 이러하니라 … 평지에는 에스다올과 소라와 …
>
> (수 15:20, 33)

에그론에서부터 바다까지 아스돗 곁에 있는 모든 성읍과 그 촌락이었으며 … (수 15:46)

가인과 기브아와 딤나니 모두 열 성읍이요 … (수 15:57)

소라와 아얄론과 헤브론이니, 다 유다와 베냐민 땅에 있어 견고한 성읍이라. (대하 11:10)

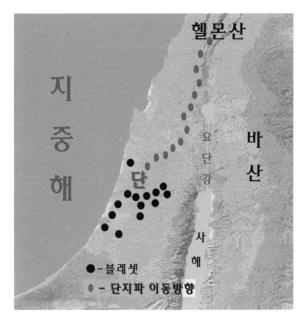

위 지도에서 검은 점은 단 지파를 포위한 블레셋 지역이고 붉은 점은 단 지파가 이주한 경로이다. 지도에서 보는 바와 같이, 단 지파 아래 방향으로는 블레셋이 겹겹이 둘러싸고 있다. 반면에 헬몬산 방향으로는 블레셋의 포위가 열려 있다. 그런즉, 단 지파는 블레셋의 포위가 열려 있는 헬몬산 방향으로 이동했다.

에브라임 산지에서

　기원전 10세기, 이스라엘 에브라임 산지에는 하나님께 모든 걸 의탁하고 사는 경건한 가정이 있었다. 그래서 집에 신당(가정 예배당)을 차리고, 여호와께 거룩히 예배드리는 것을 게을리하지 않았다.

　성서에 기록된바, 그 집은 미가의 집이었다.

　미가의 어머니는 여호와 하나님께 드린 은으로 하나님의 축복을 기원하는 상징적 신상을 만들기로 작정하고 말했다.

> 내 아들이 여호와께 복 받기를 원하노라. … 내가 내 아들을 위하여 한 신상을 새기며, 한 신상을 부어 만들 차로 내 손에서 이 은을 여호와께 거룩히 드리노라.
>
> (삿 17:2-3)

그 신상의 모양은 하나님의 언약을 상징하는 방패였다.

> 아브람아, 두려워 말라. 나는 너의 방패요, 너의 지극히 큰 상급이로다.
>
> (창 15:1)

> 그(여호와)는 너를 돕는 방패시요, 너의 영광의 칼이시로다. (신 33:29)

하나님께서 약속하시고 모세가 말했듯이, 이스라엘 백성들은 하나님을 방패로 여기었다.

> 여호와여, 주는 나의 방패시요, 나의 영광이시요, 나의 머리를 드시는 자니이다.
>
> (다윗의 고백 중에서, 시편 3:3)

그리하여 미가의 어머니는 하나님의 언약을 상징하는 방패 모양의 신상을 만들었다. 오늘날 교회가 예수 그리스도를 상징하는 십자가를 세우듯이, 그 방패 모양으로 하나님의 언약을 상징한 것이다.

또한, 하나님께 거룩한 제사를 드리기 위해 제사장이 입는 에봇과 드라빔(제사 도구)도 만들었는데, 그 드라빔의 모양은 하나님과 맺은 언약을 지켜 할례를 받은 자를 상징한 것이었다. 즉, '하나님과 맺은 언약을 지켜 내 아들은 난 지 여드레 만에 할례를 받았사오니, 내 아들 미가를 축복하소서.' 하는, 미가 어머니의 모성애가 반영된 상징이기도 했다.

미가는 모세의 손자 게르손의 아들 요나단을 제사장으로 들이고, 기쁨에 넘쳐 고백하였다.

> 레위인이 내 제사장이 되었으니, 이제 여호와께서 내게 복 주실 줄을 아노라.
>
> (삿 17:13)

그 후, 미가의 집 신당(가정 교회)에서는 매일같이, 여호와 하나님께 드리는 거룩한 예배가 거행되었다. 그러던 어느 날, 미가의 집에 단의 후손들이 나타났다. 당시 단 지파는 거할 땅을 구하는 중이었다.

> 단 자손이 소라와 에스다올에서부터 자기 온 가족 중 용맹 있는 다섯 사람을 보내어 땅을 탐지하고 살피게 하며 그들에게 이르되, "너희는 가서 땅을 살펴보라." 하매, 그들이 에브라임 산지에 가서 미가의 집에 이르러 거기서 유숙하니라.　　　　　　　　　　　　　　　　(삿 18:1-2)

그때, 단의 후예들은 미가의 제사장에게 당부했다.

> 청컨대, 우리를 위하여 하나님께 물어보아서, 우리의 행하는 길이 형통하겠는지, 우리에게 알게 하라.　　　　　　　　　　　　　　(삿 18:5)

제사장은 하나님의 언약을 상징한 방패 앞에 엎드려, 단의 후손들이 당부한 응답을 간구했다. 그리고 그 다섯 용사들에게 하나님의 응답을 전했다.

> 평안히 가라. 너희의 행하는 길은 여호와 앞에 있느니라.　　(삿 18:6)

제사장 요나단이 전한 하나님의 응답은 단의 후손들에게 큰 힘이 되었다. 아울러 미가의 신당에 있는 방패 모양의 신상들과 드라빔에 큰 관심을 가지게 되었다. 제사장이 그 앞에서 하나님의 응답을 받았으니 그들의 관심은 당연한 것이었다. 다섯 용사는 헬몬산 기슭의 라이스를 정복하러 가는 길에 다시 미가의 집에 들러 함께 간 군사에게 말했다.

> 이 집에 에봇과, 드라빔과, 새긴 신상과, 부어 만든 신상이 있는 줄을 너희가 아느냐? 그런즉, 이제 너희는 마땅히 행할 것을 생각하라.　(삿 18:14)

그리하여 단의 후예들은 하나님의 언약을 상징하는 그 모두를 취하고, 제사장 요나단까지 데리고 떠났다. 그 상징물을 가지고 있으면 모세의 지팡이와 같이 하나님이 늘 함께하실 것 같은 확신에서였다.

이 지도는 단의 후손이 이동한 경로이다. 단의 후손은 라이스를 정복하고 그곳에 새긴 신상을 세웠다. 그런데 성서에는 그 새긴 신상을 세웠다는 기록만 있고, 나머지 부어서 만든 신상과 드라빔에 대한 기록은 없다.

> 단 자손이 자기를 위하여 그 새긴 신상을 세웠고 … 하나님의 집이 실로에 있을 동안에, 미가의 지은바 새긴 신상이 단 자손에게 있었더라.
>
> **(창 18:30-31)**

그럼 나머지 부어서 만든 신상과 드라빔은 어디로 갔는가?

그 상징물들은 동방으로 떠난 단의 전사들이 가지고 왔다. 오늘날 용산 국립중앙박물관에 전시된 청동 방패와 팔주령, 간두령, 쌍두령들은 바로 그 제사 도구를 복제한 것이다. 단의 후손들은 미가의 집에서 가지고 온 그 제사 도구를 복제하여, 하나님을 상징하는 방패와 할례받은 백성의 상징, 하나님과 맺은 언약의 상징들로 청동 제사 도구를 만들었던 것이다.

● 미가의 신상 및 드라빔과 관련된 인물들

첫째 미가의 어머니

미가의 어머니는 여호와 하나님의 축복을 위해 아들에게 신상과 에봇, 드라빔을 만들어 주었다. 하나님께 드린 은으로 만든 것이다.

> 이 은을 여호와께 거룩히 드리노라.   (삿 17:3)

그런즉, 그 신상과 에봇, 드라빔이 하나님의 저주를 받을 금송아지와 같은 따위가 아니었음에는 분명하다.

둘째 미가

미가는 레위인을 제사장으로 맞아들이고 고백했다.

> 레위인이 내 제사장이 되었으니, 이제 여호와께서 내게 복 주실 줄을 아노라.   (삿 17:13)

마가가 이방 신을 섬기는 사람이었다면 레위인을 제사장으로 들이지도 않았을 것이며, 또 레위인을 맞아들이고 여호와의 축복을 확신하는 고백을 할 수도 없었다.

셋째 미가의 제사장

만약 미가의 신상과 드라빔이 하나님의 저주를 부르는 따위였다면, 레위인은 미가의 제사장을 하지 않았을 것이다. 그래서 미가는 아브라함의 방패가 되어 주겠다고 하신 하나님의 언약과 하나님은 이스라엘을 돕는 방패라고 한 모세의 유언을 반영하여 만든, 방패 등의 제사 도구들에 대한 설명을 하며 레위인을 설득했을 것이다. 그에 대한 증거는 레위인과 단 지파와의 대화에서 잘 나타난다.

넷째 단 지파

그들이 미가의 집에서 들은 레위인의 음성은 제사장의 기도하는 소리였으며, 그가 있는 곳은 미가의 집과 구별된 예배당이었을 것이다.

> 그들이 미가의 집에 가까이 올 때에 레위 소년의 음성을 알아듣고 그리로
> 돌이켜 가서 …
> (삿 18:3)

단의 후예들은 미가의 집에 들어가기 전에 그 예배당부터 찾아 들어간 것이다. 그들이 육신의 피로를 풀기 전에 예배당부터 찾았다는 데서 단 지파의 신앙을 확인할 수 있다. 그들이 거기서 하나님의 언약을 반영하여 만든 방패 등의 상징물을 보았을 것은 당연하다. 그리고 난생처음 보는 그 상징물에 관해 물었을 것이고, 제사장은 그에 대한 설명을 해 주었을 것이다.

성서에 기록된바, 단의 후예들은 그 제사장에게 물었다.

> 청컨대 우리를 위하여, 하나님께 물어보아서 우리의 행하는 길이 형통하
> 겠는지 우리에게 알게 하라.
> (삿 18:5)

제사장 요나단은 하나님의 응답을 그들에게 전했다.

> 평안히 가라. 너희의 행하는 길은 여호와 앞에 있느니라. (삿 18:6)

이처럼 하나님께 전적으로 의지하는 단 지파가, 하나님의 저주를 부르는 금송아지 같은 따위는 가져갈 수 없다.

이상에서 보는 바와 같이, 미가의 신상 및 드라빔과 관련된 인물들은 모두 하나님을 굳게 믿고, 삶의 모든 행사를 주님께 의지하는 자들이었다. 그런데 왜 미가의 신상이 우상으로 기록되었는가?

한 것은 미가의 신상이 하나님의 언약을 상징한 것임에는 분명한데, 미가와 그 어머니의 신앙에서 발상된 최초의 상징물이었기 때문이다.

즉, 미가의 신당(가정 교회)에 방패를 형상한 상징물을 걸어 놓고, 팔주령, 간두령, 쌍두령 등의 제사용품을 사용했다면, 그 상징적 의미를 모르는 사람의 기준에서는 당연히 우상으로 볼 수밖에 없었을 것이다.

중요한 것은 성서에 기록된 네 사람의 고백이다. 말은 사상의 표현인바, 행위의 결실은 곧 그 사상이 반영된 것이다. 그러므로 여호와 하나님께 드린 은으로 하나님께 복 받기를 고백하며 만든 신상이, 여호와 하나님의 저주를 부르는 금송아지 같은 따위였다고 하는 것은 실로 무지막지한 매도이다. 미가의 신상과 관련된 인물들의 고백은 한결같이 여호와 하나님께 의지하며 하나님께 복 받기를 간절히 원하는 것인데, 그들 모두를 이단자로 매도하는 것은 영적 분별력만이 아니라 보편적 상식마저 상실된 처사가 아닐 수 없는 것이다.

라이스 정복

단 지파의 다섯 정탐꾼이 발견한 라이스는 레바논산맥과 헬몬산맥 사이에 있는 골짜기에 있었다. 지형적으로 레바논 산으로 베니게를 막고, 헤르몬산으로 수리아를 막고 있었으므로 외부의 침입을 두려워할 필요가 없는 난공불락의 요새나 같았다. 그에 관해 성서에 다음과 같이 기록되었다.

> 다섯 사람(정탐꾼)이 떠나 라이스에 이르러 거기 있는 백성을 본즉, 염려 없이 거하여 시돈 사람같이 한가하고 평안하니, 그 땅에는 권세 잡은 자가 없어서 무슨 일에든지 괴롭게 함이 없고, 시돈 사람과 상거가 멀며, 아무 사람과도 상종하지 아니함이라.　　　　　　　　　　　　**(삿 18:7)**

라이스에 권세 잡은 자도 없었다는 것은 족장이나 군대도 없었다는 것을 의미한다. 단 지파는 그 보고를 받고 소라와 에스다올에서 6백 명의 군사를 파견했다. 단의 전사들은 라이스로 향하는 길에 에브라임 산지에 있는 미가의 집에 들러 하나님을 상징한 신상 및 제사 도구를 모두 취하고, 그 신당에 있던 제사장까지 데리고 떠났다. 그리고 라이스를 공격하여 그곳의 거민을 칼날로 쳐서 모두 죽이고, 그들이 살았던 부락까지 불태워 버렸다. 후환을 남기지 않기 위해서였다.

단 지파는 그 지명을 조상 단의 이름으로 바꾸어 명명하였다. 종족 보존을 위해 블레셋의 포위에서 탈출한 단 지파의 염원이 그 지명을 조상의 이름으로 명명하게 한 것이다. 그런데 그곳은 단 지파가 정착하기에는 너무 작았다. 당시의 라이스는 6백 명의 군사로 정복했을 정도로 크지 않은 고을이었다. 베드르홉 가까운 그 골짜기에, 이스라엘에서 두 번째로 큰 부족 집단이

들어가 정착할 수가 없었던 것이다. 그래서 그곳에 노약자를 비롯한 부녀자와 어린아이들을 남기고 군대와 소년들은 동방으로 떠났다. 단 지파는 전쟁에 나갈 때, 소년들을 앞세우는 전통이 있었던 것이다.

그 전통대로 단 지파는 소년들까지 데리고 온 겨레가 대대로 뿌리내리며 정착할 영토를 얻어, 자신들의 나라를 세우기 위해 떠났다. 자기 땅이 없이 블레셋의 영토 안에 갇혀 온갖 고난과 수모를 다 겪어 온 단 지파였다. 그리하여 민족의 영웅인 삼손을 잃고, 멸족 위기까지 몰렸다. 그 수난의 설움으로 인하여, 꿈에도 소원은 부족이 정착할 영토를 얻고 자신들의 나라를 세우는 것이었다.

기원전 10세기, 단 지파의 전사들은 그 꿈을 이루기 위해 어린 소년들까지 앞세우고 동방으로 떠났다. 고조선 일대인 요서, 요동 지방에는 아직 청동기가 나타나지 않았고 고인돌도 나타나지 않았던 시기였다. 단 지파의 전사들은 석기 시대에 머물고 있는 그 동방을 향해, 청동기 기술, 고인돌 문화, 창조주 하나님에 대한 믿음의 신앙 등의 선진 문명을 갖고 떠났던 것이다.

성서에서 사라진 단 지파

헬몬산 기슭의 단에는 단 지파의 노약자를 비롯한 부녀자와 아주 어린 아이들만 남아 있었다. 그리고 미가의 신당에서 가져온 신상이 세워졌고, 모세의 손자인 게르손의 아들 요나단이 남겨진 자들과 떠난 자들을 위한 제사장으로 있었다.

그때부터 헬몬산은 제사를 드리는 곳이라는 의미인 제의장소(祭儀場所)로 불리게 되었다. 그래서 요한 1서와 유세비우스도 헬몬산을 제사 드리는 장소로 언급하였다. 제롬도 헬몬산 남쪽에 제사 드리는 장소가 있다고 소개하였다.

남겨진 자들의 간절한 소망은 떠난 자들이 꼭 살아서 돌아오는 것이었고, 온 겨레가 대대로 뿌리내리며 살 수 있는 영토를 얻어 단이 임금이 된 '단군'의 나라를 세우는 것이었다. 하지만 세월이 흐르고 흘러도, 그들은 돌아오지 않았다. 그들은 남겨진 자들의 남편이었고 자식이었다. 그래서 기다리는 자의 마음은 더욱 애절했다. 그런데 기다리는 자들은 오지 않고, 이방 민족이 쳐들어와 그들을 포로로 끌고 갔다.

> 단 자손이 자기를 위하여 그 새긴 신상을 세웠고, 모세의 손자 게르손의 아들 요나단과 그 자손은 단 지파의 제사장이 되어, 이 백성이 사로잡히는 날까지 이르렀더라.
>
> (삿 18:30)

이스라엘이 이웃 나라에 포로로 끌려가고 전 세계로 흩어진 역사적 사건들이 있었듯이, 그 당시 단에 남겨진 백성은 아무런 저항 능력이 없었다. 장정은 물론 소년들까지 모두 데리고 동방으로 떠났으므로, 그곳에는 노약자를 비롯한 부녀자와 아주 어린 아이들만 남겨졌기 때문이다. 단 지파의 군사들이 동방으로 떠나지 않았더라면, 헬몬산에 남겨진 단의 백성들도 사로잡혀 가지 않았을 것이다.

　단 지파의 군대는 가나안 정복 때 4군 선봉에 서고, 6백 명의 군사로 라이스를 정복했을 정도로 싸움에 능했기 때문이다. 또한, 그곳은 레바논산과 헬몬산으로 베니게와 수리아를 막고 있는 요새였으므로, 단 지파의 군사들이 있었더라면 외침을 충분히 막아낼 수 있었다.

　그런데 그 백성은 모두 사로잡혀 갔다. 온 백성이 사로잡혔다는 것은 전쟁도 없이 포로가 되었다는 의미인데, 당시의 그곳에는 저항 능력이 전혀 없었기 때문이었다. 단에 남겨진 사내아이들이 성장하였다 해도 군대로서의 조직적 능력을 갖추기에는 역부족이었을 것이다. 그럼 그들은 어디로 끌려갔는가?

　그에 관한 단서는 두로의 왕 후람이 솔로몬에게 보낸 편지에서 찾을 수 있다. 그 편지 내용은 다음과 같다.

> 내가 이제 공교하고 총명한 사람을 보내오니, 전에 내 부친 후람에게 속하였던 자라. 이 사람은 단의 여자 중 한 여인의 아들이요, 그 아비는 두로 사람이라 능히 금, 은, 동, 철과 돌과 나무와 자색, 청색, 홍색 실과 가는 베로 일을 잘하며, 또 모든 아로새기는 일에 익숙하고 모든 기묘한 식양에 능한 자니, 당신의 공교한 공장과 당신의 부친, 내 주 다윗의 공교한 공장과 함께 일하게 하소서.　**(대하 2:13-14)**

　위에서 확인할 수 있듯이, 후람은 편지에서 '단의 여자 중 한 여인의 아들'이라고 했다. 이는 두로에 그 여인 말고도 단 지파의 여인들이 많이 있었음을 밝힌 것이다. 후람은 그 여인 중에 한 여인이 낳은 아들을 솔로몬에게 보냈다. 그리고 그 사람이 두로 왕 부친에게 속하였던 자라고 한 것은, 그 선대왕 때에 단의 후손들이 잡혀 와 있었음을 밝힌 것이다. 또한, 그 사람이 단 여인과 두로 남자 사이에서 태어났다는 것은 두로에 끌려간 단 여인들이 두로 남자와 결혼도 가능했다는 이야기이다. 두로는 지리적으로 단과 인접해 있던 베니게 사람들이 사는 나라였다. 그런즉, 헬몬산에 남겨진 단 지파의 백성들은 그 이방 나라인 두로에 끌려갔음을 짐작할 수 있다. 그렇게 단 지파의 존재는 이스라엘 역사서인 성서의 기록에서 사라졌다.

베냐민 전쟁

단 지파가 헬몬산 기슭의 라이스를 정복한 후, 베냐민 전쟁이 있었다. 그래서 베냐민 전쟁사에 단이라고 하는 지명이 기록된 것이다.

> 모든 이스라엘 자손이 단에서부터 브엘세바까지, 그리고 길르앗 땅에서 나왔는데, 그 회중이 일제히 미스바에서 여호와 앞에 모였으니, 온 백성의 어른, 곧 이스라엘 모든 지파의 어른들은 하나님 백성의 총회에 섰고 칼을 빼는 보병은 사십 만이었으며, 이스라엘 자손이 미스바에 올라간 것을 베냐민 자손이 들었더라. (삿 20:1-3)

당시는 삼손이 최후를 마친 직후여서 이스라엘에 사사가 없었다. 만약 그때 사무엘이 사사로 활동하고 있었다면, 당연히 그가 베냐민 전쟁을 주도했을 것이다. 하지만 그 시기는 사무엘이 사사로 활동하기 전이었다. 때문에 베냐민 전쟁사에는 사무엘이 등장하지 않는다. 이스라엘 각 지파의 두령들이 의견을 모아 그 전쟁을 이끌었던 것이다.

이스라엘의 역사서인 성경에 다음과 같이 기록되어 있다.

> 온 백성의 어른, 곧 이스라엘 모든 지파의 어른들은 하나님 백성의 총회에 섰고. (삿 20:2)

위 기록에서 '하나님 백성의 총회'는 당연히 하나님께서 세우신 사사가 주관하여야 한다. 그런데 그때는 사사가 없었으므로 각 지파의 두령들이 의견을 모았던 것이다. 그리고 성경에 기록된바, 하나님께서 직접 그 전쟁을 주도하시었다. 성경에 다음과 같이 기록되어 있다.

> 이스라엘 자손이 올라가서 여호와 앞에서 저물도록 울며, 여호와께 묻자
> 와 가로되 "내가 다시 나아가서 나의 형제 베냐민 자손과 싸우리이까?"
> 여호와께서 가라사대 "올라가서 치라." 하시니라.　　　　(삿 20:23)

> 이스라엘 자손이 묻자오되 "내가 다시 나가 나의 형제 베냐민 자손과 싸
> 우리이까, 말리이까?" 여호와께서 가라사대 "올라가라. 내일은 내가 그를
> 네 손에 붙이리라."　　　　(삿 20:28)

　그 전쟁은 도덕적으로 타락한 베냐민 지파를 응징하는 내전이었기에 이스
라엘의 갈등도 컸었다. 그 전쟁의 동기에 대해 성경은 다음과 같이 기록하고
있다.

> 그 집에 이르러서는 칼을 취하여 첩의 시체를 붙들어 그 마디를 찍어 열
> 두 덩이에 나누고 그것을 이스라엘 사방에 두루 보내매, 그것을 보는 자
> 가 다 가로되 "이스라엘 자손이 애굽 땅에서 나온 날부터 오늘날까지 이
> 런 일은 행치도 아니하였고 보지도 못하였다. 생각하고 상의한 후에 말하
> 자." 하니라.　　　　(삿 19:29-30)

　만약 그때 사무엘이 사사로 활동하고 있었더라면, 그가 하나님께 나아가
서 물었을 것이고 하나님은 그 사사를 통해 말씀하셨을 것이다. 하지만 그때
는 사무엘이 사사로 활동하지 않을 때였고, 또 사사도 없었을 때였으므로 백
성들이 직접 하나님께 나아가 의뢰하였다. 성서에 기록된바 사무엘의 성장
기는 단 지파에 의해 라이스가 정복되고 그 지명이 조상 단의 이름으로 명명
된 후였다. 성경에 다음과 같이 기록되어 있다.

사무엘이 자라매, 여호와께서 그와 함께 계셔서 그 말로 하나도 땅에 떨어지지 않게 하시니, 단에서부터 브엘세바까지의 온 이스라엘이 사무엘은 여호와의 선지자로 세우심을 입은 줄을 알았더라.　(삼상 3:19-20)

위 기록에서 알 수 있듯이 삼손이 최후를 마친 후에 단이 정복되었는데, 그 단의 지명이 사무엘의 성장기에 등장한다.

아울러 삼손이 최후를 마친 것과 그 후 단 지파가 동방으로 이동해 온 것도 그 시기이다. 삼손의 최후, 라이스 정복, 베냐민 전쟁, 사무엘의 활동 시기를 정확히 밝히는 것은 단 지파가 떠난 시기와 그들이 내몽골 적봉 일대에 도착한 시기를 밝히는 데 있어 그 역사적 의미가 있다.

단 지파가 빼앗긴 땅

단 지파가 떠난 후, 단 지파가 살았던 지역 대부분은 유다 지파가 차지했지만, 그중 일부는 블레셋의 치하에 넘어갔다. 단 지파는 블레셋의 보복을 피해 스스로 탈출하기도 했지만, 일부 지역에서는 블레셋에게 쫓겨나 삶의 터전을 빼앗기기도 했던 것이다. 그런 것을 사무엘 통치 시기에 도로 찾았다. 그에 관해 성경은 다음과 같이 기록하고 있다.

> 블레셋 사람이 이스라엘에게서 빼앗았던 성읍이 에그론부터 가드까지 이스라엘에게 회복되니, 이스라엘이 그 사방 지경을 블레셋 사람의 손에서 도로 찾았고, 또 이스라엘과 아모리 사람 사이에 평화가 있었더라.
>
> **(삼상 7:14)**

위 기록에서 블레셋이 이스라엘에서 성읍을 빼앗았다는 것은 단 지파에서 빼앗았다는 것이다. 그런즉, 이는 삼손에게 원한을 품은 블레셋 족속들이 삼손의 동족인 단 지파에 대한 보복이 극에 달했었음을 보여 주는 증거이다. 그렇게 블레셋에게 빼앗겼던 땅을 사무엘이 사사로 활동하던 시기에 도로 찾은 것이다. 그 후 다윗이 태어나고, 그에 의한 왕조가 시작되었다.

다윗의 병적 조사

단 지파의 공백은 다윗의 병적 조사에서도 나타난다.

> 다윗이 요압과 백성의 두목에게 이르되, "너희는 가서, 브엘세바에서부터
> 단까지 이스라엘을 계수하고 돌아와서, 내게 고하여 그 수효를 알게 하라."
>
> **(대상 21:2)**

성경 기록에 의하면, 그때 레위와 베냐민 종족을 빼고 칼을 뺄 만한 자의
수가 110만 명이라고 하였다. 그중에 유다 족속이 47만 명이었다.

가나안 정복 당시, 단의 후예들은 유다 지파에 이어 두 번째로 많은 부족
집단이었다. 만약 단의 후예들이 동방으로 이동하지 않았더라면, 유다 족속
에 못지않은 군대를 보유했을 것은 불 보듯 뻔한 일이다.

아울러, 병적 조사에서 나타난 인원은 위에 기록된 110만 명이 아니라
150만 명 정도는 되어야 한다. 그런데 단의 후예들이 빠지다 보니, 그같이
큰 공백이 생기게 된 것이다.

솔로몬 성전

유다와 단은 사자 새끼라는 계시를 가진 지파들로서, 인류 최초의 하나님 성소를 함께 지었다. 그런데 유다의 후손 솔로몬이 성전을 건축할 때 단의 후예들은 한반도로 이동한 후였다. 하지만, 헬몬산 기슭의 단에 남겨진 후예들이 있었다. 노약자와 부녀자, 소녀, 아주 어린 아이들을 그곳에 남겨 두고 떠났던 것이다. 단에 남겨진 그 백성들은 모두 포로가 되어 이웃 나라에 끌려갔다.

그리하여 단 여인과 두로 남자 사이에서 태어난 후손에 의해 솔로몬 성전이 건축되었다. 역시 인류 최초의 하나님 성전 건축도 두 지파가 함께 짓게 된 것이다. 그때가 솔로몬이 왕위에 오른 지 4년째 되는, 기원전 967년경이었다. 솔로몬 성전은 인류 사상 최초로 건립된 하나님 성전이라는 데 그 의미가 있다. 그리고 그 성전이 단 여인과 두로 남자 사이에서 태어난 자손에 의해 지어졌다는 것은 매우 중요한 암시가 있다.

만약 단 지파가 동방으로 오지 않았더라면 당연히 단 지파에 의해 그 성전이 지어졌을 것이다. 그런데 단 지파가 한반도로 떠나왔으므로, 헬몬산 기슭에 남겨진 단 지파 여인과 이방 민족 사이에 태어난 자손에 의해 그 성전이 지어진 것이다.

솔로몬 성전은 그러한 역사적인 사연을 안고 건축되었다. 어쨌거나 그 성전은 사자 새끼들인 유다와 단의 후손에 의해 지어졌다.

한편, 한반도에서는 단의 후예로 임금이 된 단군이 마니산, 태백산 등에 제단을 쌓고 거룩한 천제를 드렸다. 그리고 단의 후예와 함께 알타이산맥을 넘어온 무궁화와 더불어, 이 땅에 청동기 문명이 활짝 피어났다.

한민족과 알타이 민족

히브리인은 애굽으로 이주하여 4백 년 넘게 있었어도 고유의 언어를 그대로 가지고 있었다. 온 가족이 함께 이주하여 그 가족 공동체가 그대로 유지되었기 때문이다. 단의 후예도 온 가족이 함께 이주하였더라면 히브리 언어를 그대로 보존하였을 것이다. 하지만 그들은 가족을 남겨 둔 채, 소년들까지 앞세운 전사들만 떠나 왔다. 헬몬산 기슭에 남겨진 단의 가족이 어디론가 끌려가고, 그 자취마저 사라졌을 땐 돌아갈 가족마저도 없어졌다. 설사 돌아간다 해도 그곳은 종족을 일으켜 나라를 세울 만한 땅이 못 되었다. 그래서 동방으로 진격하여 알타이를 정복했다. 그런데 그 정복은 라이스 정복 때와는 달랐다.

라이스를 정복할 때는 남겨진 자들에게 후환을 남기지 않기 위해 모조리 죽이고 불태워 버렸지만, 알타이를 정복할 때는 그곳의 원주민 여인들을 취하였다. 종족 보존을 위한 인간의 본능에서 이루어진 운명적 선택이었다. 종족 보존을 위한 그 본능에서 블레셋의 포위를 벗어나 라이스를 정복하였고, 또 알타이를 정복하여 원주민 여인들을 취한 것이다.

알타이 바위에는 성관계하는 남녀와 그 남녀 사이에 있는 남근을 향해 화살을 날리며 공격하는 남자의 모습을 형상한 암각화가 있다.

좌측 사진에서 보는 바와 같이, 암각화에서 화살은 남근을 관통하였다. 인간의 성관계는 종족을 번성케 하는 숭고한 행위이기에 태초부터 보호되고 장려되어 왔다. 성관계에 있는 자를 살인하는 것은 가장 잔인한 행위인데, 더구나 성관계에 있는 남자의 생식기를 화살로 꿰뚫는 행위는, 차마 인간으로서 상상도 할 수 없는 야만적 행위이다. 하지만, 여인을 빼앗긴 자의 보복이라면 문제가 달라진다. 그렇다. 암각화는 여인을 빼앗긴 자의 분노와 저항을 나타낸 것이다.

암각화에서 화살은 공격하는 자의 마음을 상징한다. 그런즉, 화살을 날려 공격하는 자는 알타이 원주민 남자이며, 공격받은 남자는 단의 후손이다. 화살이 남근을 꿰뚫은 것은, 이방 민족(단)의 씨가 동족인 알타이 여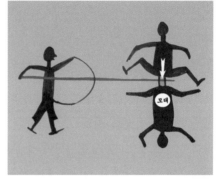

인의 모태에 뿌려지는 것을 막고 싶은, 원주민 남자의 분노와 저항적 심리를 표현한 것이다. 만약 1대 1의 복수라면, 남자의 심장을 쏘았을 것이다. 하지만 상대는 힘으로 겨룰 수 없는 거대한 집단이었다. 그래서 그 무리의 씨가 동족의 모태에 뿌려지는 것을 막고 싶은 저항적 심리를 암각화로 새겨 표현한 것이다. 힘으로 해결할 수 없는 분노를 낙서로 표출하듯이 말이다.

알타이 바위에는 성관계하는 남자와 여인을 공격하는 호랑이를 형상한 암각화도 있다. 우측 사진에서 보듯이 호랑이를 줄무늬로 상징했다. 그런데 호랑이는 여자의 뒤에 있는 남자를 공격한다. 분노의 대상은 남자인 것이다. 동족의 여인을 빼앗긴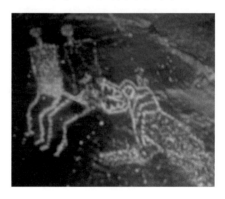

분노를 화살로 표현했듯이, 그 분노를 호랑이로 나타냈다. 알타이 바위에는 머리를 맞댄 남녀의 생식기가, 서로 반대 방향에 있는 암각화도 있다.

암각화에서 머리를 맞댄 것은 남녀의 만남을 뜻한다. 생식기는 종족을 탄생시키는 기관으로, 곧 그 종족을 상징한다. 그런데 종족을 상징하는 생식기가 서로 반대 방향에 놓인 것은 두 남녀가 서로 다른 종족이란 뜻인바, 이 암각화는 단의 후손과 알타이 여인의 만남을 이야기하고 있다. 이처럼 알타이에서 남녀의 성관계에 대한 독특한 형상을 한 암각화들이 나타난 것은, 그 시기 알타이 성 문화에 충격적 변화가 생겼다는 것을 말해 준다. 그리하여 그 변화에 충격을 받은 사람들의 분노와 저항적 심리를 바위들에 그와 같은 형상의 암각화를 새겨 놓은 것이다. 알타이 암각화 중에는 몰려오는 사람들과 그들에게 쫓기는 남자를 형상한 암각화도 있다.

좌측 사진에서 보는 바와 같이, 몰려오는 사람들을 대표하여 맨 앞에 서고, 크게 그려진 자의 모습에는 남자의 성기가 그려져 있다. 이처럼 무리를 대표한 자의 모습에 남근을 그린 것은 몰려오는 자들이 모두 남자들이란 것을 형상한 것이다. 그런즉, 몰려오는 남자들은 동방으로 이동해 온 단의 전사들이며, 그들에게 쫓긴 남자는 알타이 원주민 남자이다.

몰려오는 무리에게 쫓기는 자의 모습을 작게 그린 것은 상대적 약자였음을 나타낸 것이다. 모든 작품에 작가의 언어가 있듯이, 3,000년 전에 그 암각화를 새긴 작가는 그 시기 알타이에서 벌어진 역사적 사건을 말하고 있다. 한민족의 정체성과 관련된 알타이 암각화들은 장장식 박사, 임세권, 황보 교수들을 비롯한 많은 사람에 의해 이미 확인된 바 있다. 위 자료 사진은 장장식 박사가 알타이 유적지들을 답사하며 촬영한 것이다.

그렇게 알타이 원주민 여인들에게서 태어난 아기들은, 어머니로부터 알타이 말을 배우며 성장하였다. 인간은 태어나서 본능적으로 부모의 언어를 배우게 되지만, 알타이 여인과 히브리 남자는 서로 언어가 통하지 못했다. 그리하여 그 사이에서 태어난 아기는 엄마의 젖과 알타이 언어를 함께 소화하며 성장한 것이다.

오늘날 한국인과 알타이 사람들의 얼굴 모습이 서로 닮았을 뿐만 아니라 한민족의 언어가 우랄 알타이어계에 속한다고는 하나, 확실한 우랄 알타이어계가 아닌 특수한 언어로 구분되는 것도 바로 그 역사적 환경에서 비롯된 것이다.

그들은 왜 동방으로 이동하였는가?

단 지파가 성서에서 사라졌다.

예수 그리스도의 재림에 관한 예언과 계시를 받은 지파가 성서에서 사라진 것이다. 이 역시 단이 받은 계시가 이루어지도록 하기 위한 것이다. 단은 인류 역사의 주관자이신 창조주의 계획에 의해 은밀히 숨겨졌다가, 구원의 왕(사자)으로 오시는 예수 그리스도의 재림을 맞이하기 위해 정체를 드러내고 뛰어나오는 사자 새끼이므로, 상징적으로 예언된 '바산에서 뛰어나오는 사자 새끼'의 계시가 이루어져야 했던 것이다.

단의 후예가 동방으로 이동해 온 이유는 단의 정체성에 있다. 모든 행위의 원인은 그의 정체성에 있기 때문이다.

그럼 단은 누구인가?

첫째, 단의 이름은 히브리어로 심판자를 뜻한다.

둘째, 하나님은 야곱의 예언을 통해 단에게 심판 권세를 주시었다. "단은 이스라엘의 한 지파같이, 그 백성을 심판하리로다."

셋째, 단은 길의 뱀, 첩경의 독사와 같이 진리의 왕(예수 그리스도)에게 속한 진리의 심판자라는 예언을 가지고 있다. "단은 길의 뱀이요, 첩경의 독사로다."

넷째, 단은 주(예수 그리스도)의 재림(구원)을 기다린다는 예언을 가지고 있다. "여호와여, 나는 주의 구원을 기다리니이다."

다섯째, 단은 '사자 새끼'의 계시를 가지고 있다. 사자 새끼는 사자의 구원(예수 그리스도의 재림)을 이루어드리는 상징적 존재이다. "단에 대하여는 (하나님이)일렀으되, 단은 바산에서 뛰어나오는 사자의 새끼로다."

이와 같은 단의 정체성을 보면 답은 명백해진다. 즉, 단의 후예는 하나님의 언약과 계시를 이루기 위해 주의 구원이 이루어질 곳으로 떠났다는 것이다. 그럼 주의 구원이 이루어질 곳은 어디인가?

하나님이 말씀하시었다.

내가 종말을 처음부터 고하여 아직 이루지 아니한 일을 옛적부터 보이고 이르기를, 나의 모략이 설 것이니, 내가 나의 모든 기뻐하는 것을 이루리라 하였노라. 내가 동방에서 독수리를 부르며 먼 나라에서 나의 모략을 이룰 사람을 부를 것이라. 내가 말하였은즉, 정녕 이룰 것이요, 경영하였은즉 정녕 행하리라.   (사 46:11)

누가 동방에서 사람을 일으키며, 의로 불러서 자기 발 앞에 이르게 하였느뇨. 열국으로 그 앞에 굴복케 하며, 그로 왕들을 치리하게 하되 … (사 41:2)

너희가 동방에서부터 여호와를 영화롭게 하며, 바다 모든 섬에서 이스라엘 하나님 여호와의 이름을 영화롭게 할 것이라. 땅끝에서부터 노래하는 소리가 우리에게 들리기를, "의로우신 자에게 영광을 돌리세." 하도다.   (사 24:14-15)

번개가 동편에서 나서 서편까지 번쩍임같이 인자의 임함도 그러하리라.   (마 24:27)

… 하나님의 영광이 동편에서부터 오는데, 하나님의 음성이 맑은 물소리 같고 땅은 그 영광으로 인하여 빛나니.   (겔 43:2)

또 보매 다른 천사가 살아 계신 하나님의 인을 가지고, 해 돋는 데(동쪽)로부터 올라와 …   (계 7:2)

> …동방에서 오는 왕들의 길이 예비 되더라. (계 16:12)

이처럼 성서에는 주의 구원이 동방에서부터 이루어진다고 확실히 기록되어 있다. 결론적으로, 하나님이 마지막 때에 동방에서 독수리를 부르시겠다고 하신 말씀이다.

> 내가 동방에서 독수리를 부르며, 먼 나라에서 나의 모략을 이룰 사람을 부를 것이라. 내가 말하였은즉, 정녕 이룰 것이요, 경영하였은즉 정녕 행하리라. (사 46:11)

독수리는 단 지파의 상징이다. 약속의 땅(가나안)으로 진격할 때, 단 지파가 들었던 깃발이 바로 독수리가 그려진 깃발이었던 것이다. 그런즉, 하나님은 마지막 때에 이르러 성서에서 사라진 그 독수리를 동방에서 부르시겠다는 것이다.

고조선 일대에 '첩경의 독사'가 나타난 것이 그즈음이다. 기원전 10세기, 요단강 상류의 '단'에서 청동기 기술을 가진 단의 후예가 떠난 후, 고조선의 광활한 영토에 예언의 상징인 '길의 뱀(첩경의 독사)' 모양을 한 청동검이 나타난 것이다. 또한, 단 지파가 살았던 지중해 지역에 뿌리를 두었던 무궁화가 한반도의 국화로 피어났다. 뿐만 아니라, 단이 왕이 되어 세운 나라도 어둠을 심판하고 구원하는 아침의 나라로서, 단이 받은 예언과 일치한다.

> 내 심판은 발하는 빛과 같으니라. (호 6:5)

> 단은 이스라엘의 한 지파같이, 그 백성을 심판하리로다. (창 49:16)

지구상에서 이스라엘은 서편에 있고, 한반도는 동방에 있다. 그런즉, 하나님께서 단의 후예를 그 서편에서 동방으로 이동시키시어 '아침이 빛나는 나라'를 세우게 하신 것은, 동방에서 구원의 역사를 이루겠다는 성서의 예언을 이루시기 위함이다.

> 번개가 동방에서 나서 서방까지 번쩍임같이 인자의 임함도 그러하리라.
>
> (마 24:27)

단 지파가 동방으로 이동한 후에, 이스라엘은 동족상잔의 비극을 겪고 남북으로 갈라져 하나님의 심판을 받게 되고, 포로로 끌려가 노예가 되고, 또 식민지의 노예가 되고, 예수 그리스도를 십자가에 못 박고, 나라마저 잃고 전 세계에 흩어져 멸족 위기까지 이르게 되었다. 하나님께서는 그 환난들이 닥치기 전에 단 지파를 동방으로 옮기셨다. 이는 창세기에 기록된 예언을 이루기 위함이다.

> 여호와여, 나는 주(예수 그리스도)의 구원을 기다리나이다.   (창 49:18)

단의 후예로 임금이 된 단군은 태백산, 마니산 등에 제단을 쌓고 그 구원의 하나님께 거룩한 제사를 드렸고, 그 유적이 오늘날까지 전해져 오고 있다.
하나님께서는 아브라함과 약속하시었다.

> 내가 너로 큰 민족을 이루고, 네게 복을 주어 네 이름을 창대케 하리니, 너는 복의 근원이 될지라.
>
> (창 12:2)

> 내가 네 자손으로 땅의 티끌 같게 하리니, 사람이 땅의 티끌을 능히 셀 수 있을진대, 네 자손도 세리라.
>
> (창 13:16)

> 하늘을 우러러 뭇 별을 셀 수 있나 보라. 네 자손이 이와 같으리라. (창 15:5)

> 내가 내 언약을 나와 너 사이에 세워, 너로 심히 번성케 하리라. **(창 17:2)**

> 내가 너로 심히 번성케 하리니, 나라들이 네게로 좇아 일어나며, 열 왕이 네게로 좇아 나리라.　　　　　　　　　　　　　　　　**(창 17:6)**

> 내가 네게 큰 복을 주고, 네 씨로 크게 성하여 하늘의 별과 같고, 바닷가의 모래와 같게 하리니, 네 씨가 그 대적의 문을 얻으리라. 또 네 씨로 말미암아 천하 만민이 복을 얻으리니, 이는 네가 나의 말을 준행하였음이니라.　　　　　　　　　　　　　　　　　　　**(창 22:17~18)**

하나님은 아브라함의 아들인 이삭에게도 나타나 약속하시었다.

> 나는 네 아비 아브라함의 하나님이니 두려워 말라. 내 종 아브라함을 위하여 내가 너와 함께 있어 네게 복을 주어, 네 자손으로 번성케 하리라.　　　　　　　　　　　　　　　　　　　　**(창 26:24)**

하나님은 아브라함의 손자인 야곱에도 나타나 약속하시었다.

> 네 자손이 땅의 티끌같이 되어서 동서남북에 편만(遍滿)할지며, 땅의 모든 족속이 너와 네 자손으로 인하여 복을 얻으리라.　　　**(창 28:14)**

> 나는 전능한 하나님이니라. 생육하며 번성하라. 국민과 많은 국민이 네게서 나고, 왕들이 네 허리에서 나오리라.　　　　　　　**(창 35:11)**

위에서 보는 바와 같이, 하나님은 아브라함의 씨가 하늘의 별과 같고 바닷가의 모래와 같으며, 땅의 티끌과 같이 번성시키겠다고 약속하시었다. 그런데 현재 이스라엘 민족은 1천3백만 정도밖에 되지 않는다. 대한민국 경기도

인구 정도인 것이다. 그렇다면, 하나님의 약속은 이루어지지 않았는가? 정녕, 하나님의 언약은 거짓이었는가?

그렇지 않다. 하나님의 언약은 아브라함의 증손(단의 후손)을 통해 이루어졌기 때문이다. 그리하여 알타이산맥에서 한반도에 이르는 광활한 대륙에 아브라함의 피가 흐르고 있다. 나라와 나라의 국호는 서로 다를지라도, 이 광활한 대륙에 뿌려진 아브라함의 씨는 하늘의 별과 바닷가의 모래같이, 땅의 티끌같이 그 수를 헤아릴 수 없이 크게 번성하여 오늘날에 이르고 있는 것이다.

태어나 팔 일 만에 언약을 지킨 상징과 할례를 받은 씨의 상징이 청동기로 만들어지고, 한반도의 바위들에 암각화로 새겨진 것은 아브라함의 씨가 알타이산맥을 넘어 광활한 대륙에 씨를 뿌리며 한반도 땅끝까지 정복했다는 명명백백한 증거이다.

하나님은 아브라함의 씨로 말미암아 천하 만민이 복을 얻을 것이라며 다음과 같이 약속하셨다.

> 네 씨로 말미암아 천하 만민이 복을 얻으리니, 이는 네가 나의 말을 준행하였음이니라. **(창 22:18)**

오늘날 한민족(대한민국)에 의해 우주 질량의 진실, 우주 팽창의 실제 진실, 암흑 에너지의 진실, 암흑 물질의 진실, 우주 탄생의 진실, 블랙홀의 진실, 은하의 기원 및 형성의 진실, 중력의 진실, 미시세계의 진실 등이 세계 최초로 밝혀졌다. 그리하여 오랫동안 바늘구멍보다도 지극히 작았다는 빅뱅(특이점)에 갇혀 있던 인류의 의식을 구원하였다.

아브라함의 씨(단의 후손)인 한민족에 의해 전 세계 인류의 의식이 빅뱅(특이점) 안에서 해방된 것이다. 이는 하나님이 아브라함의 씨로 말미암아 천하 만민이 복을 얻을 것이라고 하신 언약이 이루어진 것이다.

오늘날 단의 후손인 한민족에 의해 인간의 육신을 조종하는 실체인 생체 정보 프로그램이 곧 영혼이란 사실도 세계 최초로 과학적으로 밝혀졌다. 또한, 모든 동식물의 생체 정보 프로그램이 곧 혼이라는 사실도 세계 최초로 과학적으로 밝혀졌다. 영과 혼의 차이점에 대해서도 세계 최초로 과학적으로 밝혀졌다.

그리하여 인류는 자기 육신을 조종하는 실체에 대해 과학적으로 깨달을 수 있게 되었을 뿐만 아니라, 그 생체 정보 프로그램을 다스려 질병을 치유하며 장수를 누릴 수 있는 4차원 의학의 시대를 개척할 수 있게 되었다. 이 역시 하나님이 아브라함의 씨로 말미암아 천하 만민이 복을 얻을 것이라고 하신 언약이 이루어진 것이다.

이 모든 증거에서 확인할 수 있듯이, 하나님은 창조와 말세의 구원에 이르기까지 철두철미하게 설계하시고 이루어 오신 역사의 주관자이시다. 단의 후예(한민족)는 그 위대한 역사의 완성을 위해 선택된 것이다.

단의 후예들과 그 정체성

① 심판자의 이름으로 이 세상에 태어났다.

② 심판과 구원의 3대 예언을 받았다.

③ 청동기 합금 기술을 비롯한 금, 은 가공 기술 등, 여러 방면의 기술에 능통했을 정도로 매우 지혜로웠다.

④ 출애굽기 당시, 하나님의 선택을 받고 인류 역사상 최초의 성소를 지으며, 제사용품을 만들었다.

⑤ 하나님의 택하심을 받고 승리와 심판의 상징인 녹보석에 단의 이름이 새겨졌다.

⑥ 인류 역사상 최초의 하나님 성전인 솔로몬 성전도, 단 여인이 낳은 후손에 의해 지어졌다.

⑦ 하나님의 말씀을 대언한 모세로부터 '바산에서 뛰어나오는 사자의 새끼'라는 계시를 받았다.

⑧ 가나안 정복 당시에, 독수리 깃발을 들고 4군 선봉에 섰을 정도로 싸움에 능숙했을 뿐만 아니라 리더십이 강했다.

⑨ 심판과 구원을 상징하는 태양의 이름(삼손)은 단의 후손으로서, 20년 동안 이스라엘의 사사로 활동했다.

⑩ 블레셋과의 전쟁에서 단련될 대로 단련되어 있었다.

⑪ 라이스를 정복하고 그 지명을 조상의 이름으로 바꾸어 명명했듯이, 자기 종족의 정체성에 대한 자긍심이 매우 높았다.

⑫ 무궁화로 지파의 존재를 상징했을 정도로 자기 지파의 상징성을 중시하였다.

단의 상징, 무궁화

성서에서 샤론의 꽃으로 전해진 무궁화는 원산지가 중동의 시리아라는 종명을 가지고 있다. 그 외에 아름다운 신을 닮았다는 뜻과, "신에게 바치고 싶은 꽃", "성스러운 땅에서 피어나는 꽃"이라는 뜻으로 불린다. 무궁화가 단 지파의 상징이 된 데는, 단의 출생과 관련된 사연이 있다.

야곱의 첫째 부인 레아에게는 여섯 아들이 있었다. 그리고 단은 서자이면서, 야곱의 둘째 부인 라헬의 장자가 되는 동시에, 야곱의 다섯째 아들이 된다. 야곱의 열두 아들 중에서 당연히 다섯 번째 서열에 속한 것이다. 그럼에도 야곱은 열두 아들에게 축복하면서, 단을 일곱 번째로 축복해 주었다. 서자에 대한 차별이었다. 라헬도 친자식인 요셉이 태어난 후로는 단을 서자로 취급하였다. 성서에 기록되어 있듯이 요셉은 부모의 사랑을 독차지하다시피 한 것이다. 단은 그 차별을 극복하기 위해 항상 자신이 다섯째 아들임에 큰 의미를 부여했다. 그것이 곧, 열두 지파의 서열이기 때문이었다. 서열을 중시하는 부족 사회에서 자기 권리를 지키기 위한 수단이기도 했다.

단 지파가 샤론의 장미로 불리는 무궁화를 단의 상징으로 한 까닭은, 무궁화 꽃잎이 다섯이라는 데 있다.

좌측 사진에서 보는 바와 같이, 무궁화의 다섯 꽃잎이 야곱의 열두 아들 중에 다섯 번째 아들인, 단의 후예를 의미한다는 것이다.

단의 후예는 한반도로 이동해 오는 과정에 정착하는

곳마다 무궁화를 심었다. 그것은 단의 후예들이 이곳에 머물렀다는 정체성을 알리기 위한 무언의 메시지였고, 떠나온 길을 알리기 위한 이정표였다. 헬몬산 기슭의 단에 두고 온 동족을 데리러 가기 위해 반드시 이정표가 필요했던 것이다.

그렇게 단의 후예는 시리아, 이란, 이라크를 지나, 중국 북부 알타이산맥을 넘어, 몽골 초원과 만주를 거쳐 한반도에 정착하였기에, 무궁화가 한민족의 국화가 되어 한반도를 아름답게 장식하게 되었다. 무궁화의 원산지인 중동 시리아 지방에는 현재 무궁화가 없다. 아이러니하게도 단 지파가 성서에서 사라졌듯이 무궁화도 기록만 남아 있을 뿐, 그 원산지에서 자취를 감춘 것이다.

유다와 단의 관계

하나님은 유다와 단을 통해, 인류 구원의 계획을 세우시었다.

> 내가 종말을 처음부터 고하며, 아직 이루지 아니한 일을 옛적부터 보이고 이르기를, 나의 모략이 설 것이니, 내가 나의 모든 기뻐하는 것을 이루리라 하였노라. **(사 46:10)**

그러므로 유다와 단의 관계를 살펴보면, 하나님의 '구원 계획'을 알 수 있다. 야곱의 열두 아들 중에 유다는 하나님을 찬송하기 위해 태어났고, 단은 하나님의 심판과 구원을 이루기 위해 태어났다. 유다와 단이란 이름에 그 계시가 있는바, 유다와 단은 태어나기 전부터 이미 택함을 받은 것이다.

> 이 백성은 내가 나를 위하여 지었나니, 나의 찬송을 부르게 하려 함이니라. **(사 43:21)**

> 단은 이스라엘의 한 지파같이, 그 백성을 심판하리로다. … 여호와여, 나는 주(예수 그리스도)의 구원을 기다리니이다. **(창 49:16-18)**

하나님께서 라헬의 태를 막으시고, 이방 여인 빌하의 몸에서 단이 태어나게 하신 것도, 이미 정해진 '구원 계획'을 이루시기 위함이었다. 야곱은 라헬에게 말했다.

> 그대로 성태치 못하게 하시는 이는 하나님이시니, 내가 하나님을 대신하
> 겠느냐.
> (창 30:2)

단은 그렇게 심판자로 태어났다. 야곱의 유언에서도 유다의 찬송과 단의 심판과 구원에 대하여 예언하였다. 그리하여 오늘날 인류가 하나님을 찬송하게 된 것은 유다를 통해 이루어졌고, 단을 통해 심판과 구원의 역사가 이루어지고 있다.

야곱의 열두 지파에서 유다와 단은 '사자의 새끼'라는 계시를 받았다. 유다가 사자의 큰 새끼라면, 단은 작은 새끼인 것이다. 따라서 유다는 열두 지파에서 가장 큰 부족을 이루었고, 단은 두 번째로 큰 부족을 이루었다.

성서에 기록된 바, 하나님은 사자의 새끼들인 유다와 단 지파를 택하시어, 하나님이 임하실 성소를 짓게 하시고 인류 역사상 최초로 지어진 그 성소에서 거룩한 예배에 사용될 제사 도구를 모두 만들게 하시었다. 그리고 사자가 자기 새끼들이 지은 집에 임하듯이, 하나님은 유다와 단이 지은 그 성소에 임하시었다. 솔로몬 성전도, 유다의 후손과 단 여인이 낳은 후손에 의해 지어졌다.

하나님은 열두 지파에게 보석을 정해 주실 때, 유다 지파에게는 홍보석을 정해 주시고 단 지파에게는 녹보석을 정해 주시었다. 그리하여 홍보석에 유다의 이름이 새겨지고, 녹보석에는 단의 이름이 새겨졌다.

그런즉, 유다의 이름이 새겨진 홍보석이 예수 그리스도의 보혈을 상징한다면, 단의 이름이 새겨진 녹보석은 승리의 심판, 정복자의 상징이며 거룩한 보좌의 상징이다. 예수 그리스도께서 유다의 줄기로 초림하시어, 인간의 죄를 대신 지고 십자가에 못 박혀 보혈을 흘리신 것은 홍보석의 계시가 이루어진 것이다. 아울러 정복자의 상징인 녹보석의 계시대로, 단의 후예는 동방으로 이동하여 내몽골부터 한반도 땅 끝까지 이르는 광활한 대륙을 정복하고 한겨레를 이루었다. 홍보석과 녹보석의 계시는 모두 이루어졌고, 또 이루어지고 있다.

하나님이 정해 주신 이스라엘 열두 지파의 진영에서 유다는 1군 진영의 선봉이었고, 단은 마지막 진영의 선봉이었다.

그렇게 처음과 나중의 선봉을 유다와 단 지파가 맡았듯이, 예수 그리스도의 초림과 재림도 유다와 단을 통해 이루어지는 것이다.

가나안을 정복할 때 유다는 땅의 왕권을 상징하는 사자가 그려진 깃발을 들었다면, 단은 하늘의 왕권을 상징하는 독수리가 그려진 깃발을 들었다. 단 지파가 이주한 후, 단 지파가 거주했던 지역들은 유다 지파에 복속되었다. 왕자가 왕권을 대행할 권리가 있듯이, 유다와 단은 '사자의 새끼'로서 사자의 왕권을 대행할 권리가 있다. 그리하여 유다는 '유다 왕국'을 세웠고, 단은 동방으로 이동하여 단의 후손이 임금이 된 '단군의 나라'를 세웠다.

다윗의 조부 오벳(하나님의 종이란 뜻)은 이방 여인 룻에게서 태어났다. 그리고 그 줄기에서 예수 그리스도가 탄생하시었다. 마찬가지로 이방 여인 빌하에게서 단이 태어나 심판과 구원의 계시를 받았다. 이방은 세상을 뜻하니, 그 세상과 연합하여 탄생한 줄기에서 세상을 구원할 그리스도가 탄생하시고 세상에 대한 심판과 구원의 계시를 받은 단이 태어난 것이다.

3부
정복자들

동방 대륙을 정복하다

　경향신문 2008년 8월 26일 자에, 최광식 고려대학 교수가 '고려대 한국 고대사 연구팀'을 이끌고 내몽골 적봉 지방에 가서, 한국형 암각화라고 일컫는 방패, 동심원, 마름모 암각화들을 확인했다는 기사가 실렸다.

　마름모는 집터 모양으로, 삶의 터전을 상징한 것이다. 지중해 연안을 떠나 동방으로 이동해 온 단의 후손들에게 무엇보다 갈급한 것은 삶의 터전이었다. 즉, 후손 대대로 뿌리를 내리며 살 수 있는 삶의 터전인 나라를 세우는 것이었다. 그 소망을 집터 모양의 마름모로 표현한 것이다.

　동심원은 태양을 상징한다. 태양은 어둠을 심판하고, 그 어둠에 묻힌 것들을 구원한다. 구원자라는 계시를 받고 태어나, 민족의 원수들을 심판한 삼손의 이름이 태양이란 뜻이듯이 말이다. 그런즉, 태양은 심판과 구원의 계시를 받은 단의 상징이 된다. 하나님을 상징한 방패와 함께 동심원과 마름모를 바위에 새긴 것은, 그처럼 자기 정체성과 간절한 소망을 표현한 것이다.

　⇧ 내몽골 적봉시 지가영자 암각화– 하나님을 상징한 방패와 할례받은 백성의 상징이 새겨졌다.

↑ 바위에 태양을 상징한 동심원이 새겨졌다. 이 암각화들이 한반도까지 내려오는 데 3백여 년이 걸렸다. 즉, 서로 다른 문화권에 있던 대륙을 하나의 문화권으로 통일하는 데 3백여 년이 걸린 것이다.

위 사진의 유적은 경상북도 고령군 양전동 암각화이다.

기원전 10세기경 내몽고에 나타난 하나님의 상징, 태양의 상징, 할례를 받은 백성의 상징 등의 암각화가, 그때로부터 3백여 년이 흘러서 드디어 한반도에 나타난 것이다.

　위 사진에서 보듯이 하나님을 상징하는 방패가 포항 칠포리 바위에도 암각화로 새겨졌다.

남원 대곡리 암각화에도 새겨진 방패 ▌

고령 안화리 암각화에 새겨진 방패 ▌

경주 석장동 암각화에 하나님을 상징하는 방패와 함께, 할례받은 백성의
상징이 새겨져 있다.

울산 천전리 암각화에 태양을 상징하는 동심원과 삶의 터전을 상징하는
마름모 모양의 암각화들이 새겨져 있다.

함안 도항리 암각화에 새겨진 태양의 상징들.

와당에도 태양을 상징했는데, 좌측 와당은 구름이 떠 있는 하늘의 태양을 상징했다. (유금와당박물관 소장)

옆의 와당도 태양을 상징했다.

(국립박물관 소장)

아브라함의 후손들은 대대로 할례를 받아 온 언약의 백성이었다. 동방으로 이동하여 한반도에 정착할 때까지도 하나님과의 그 언약을 지켜온 것이다. 그래서 그들은 이 땅의 바위들에 할례를 받은 남근을 암각화로 새겨 놓았다. 할례를 받은 백성의 상징으로 청동 방울을 만들어 제사장이 사용했듯이, 그 거룩한 제사가 있었던 장소의 바위에도 언약의 상징을 새긴 것이다.

위 암각화는 경상북도 경주시 석장동 바위에 새겨져 있는데, 하나님과 언약을 맺은 백성의 상징으로 할례를 받은 남근을 묘사했다. 쪼으기와 갈기로 그려진 암각화의 파인 부분을 따라 그리니, 오른쪽 암각화의 형태가 선명해 보인다. 암각화의 밑 부분에 세 개의 빛살이 새겨진 것은, 단에 관한 야곱의 3대 예언을 상징한 것이다. 즉, 심판과 구원에 관한 3대 예언이다. 암각화는 여러 가지 모양의 형태로 묘사되는데, 이는 다양한 신분을 가진 사람들의 다양한 소망을 반영한 것이다.

위에서 본 것과 같이, 하나님과 언약을 맺은 백성의 상징은 다양한 신분을 가진 사람들의 다양한 소망을 반영하여 다양한 형태로 묘사되었다.

위 암각화에서 하나님을 상징하는 방패 옆에 할례를 받은 백성의 상징을 새긴 것은, 하나님께서 언약의 방패가 되어 주시고 그 언약이 영원히 이루어 지길 간절히 바라는 소망을 반영한 것이다.

> 네가 부를 때에는 나 여호와가 응답하겠고, 네가 부르짖을 때에는 말하기를 "내가 여기 있다." 하리라. (사 58:9)

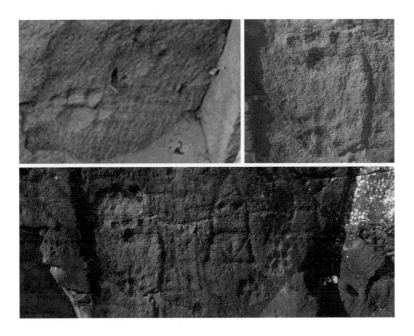

사자 발자국은 단의 정체성이다.

'단은 바산에서 뛰어나오는 사자의 새끼'라고 하신 하나님의 말씀을 대언한, 모세의 계시를 반영한 것이다. 또한, 사자의 발자국은 단이 바산에서 뛰어나가 맞이하게 될 사자(구원의 왕)를 상징한 것이기도 하다. 그런즉, 위 바위에 할례를 받은 백성을 상징한 암각화(경주 석장동) 주변에 사자의 발자국을 새긴 것은, 단에 대한 야곱의 예언을 상징한 것이다.

> 여호와여, 나는 주(그리스도)의 구원을 기다리니이다.　　　**(창 49:18)**

마름모의 상징

좌측 암각화에 새겨진 마름모는 집터를 상징한 것이다. 아울러 삶의 터전인 집뿐만 아니라, 마을, 고향, 조국의 영토를 상징하였다. 오랜 세월 블레셋의 포위에 갇혀 온갖 수모와 멸시를 다 받으며, 그 설움에 한 맺힌 단의 후예들이었다. 그래서 그들은 동족이 정착할 삶의 터전을 얻는 것이 꿈에도 소원이었다.

> 단 지파는 이때에 거할 기업의 땅을 구하는 중이었으니, 이는 그들이 이스라엘 지파 중에서 이때까지 기업의 땅 분배함을 얻지 못하였음이라.
>
> **(삿 18:1)**

단 지파는 이스라엘 열두 지파에서 두 번째로 큰 족속이다. 그리고 약속의 땅 가나안 정복에서 4군 선봉에 섰다. 그럼에도 땅 분배를 받지 못했다.

왜일까?

이스라엘의 역사서인 성경에 의하면, 열두 지파는 제비뽑기를 통해 땅을 나누어 가졌다. 또, 후에 당시의 상황에 따라 재조정되기도 했다. 이처럼 분할된 각 지파의 영토는 지난날 요셉의 축복 예언에서 언급되었던 내용과 모세의 예언에 거의 일치하는 것을 확인할 수 있다. 즉, 가나안 땅을 약속하신

분도 하나님이실 뿐만 아니라, 그 일을 성취하여 마침내 각자에게 분배하신 분도 역시 하나님이시라는 사실이다. 아울러 단 지파가 정착할 곳은 가나안이 아니었다.

성경에 기록된 계시와 언약을 이루려면 단 지파는 가나안에 정착할 것이 아니라 동방으로 이동해야 했던 것이다.

단의 전사들은 헬몬산 기슭의 작은 고을인 라이스를 정복하고 그 지명을 조상 단의 이름으로 바꾸어 명명한 후, 그곳에 노약자와 부녀자와 어린이들을 남기고 동방으로 이동해 왔다. 수십 년에 걸친 멀고 긴 노정이었다.

그 고난의 세월에, 그들은 삶의 터전을 얻는 것이 절박했다. 또한, 그 지경을 넓히길 소원했고 하나님께서 그 삶의 터전을 지켜 주시길 간절히 바랐다. 조상들은 그 소망을 마름모로 형상하여 암각화에 새겼다.

> 원컨대 주께서 내게 복에 복을 더하사, 나의 지경을 넓히시고, 주의 손으로 나를 도우사, 나로 환난을 벗어나 근심이 없게 하옵소서. **(대상 4:10)**

그렇다. 암각화에 새겨진 마름모는 삶의 터전인 집이며, 고향이며, 조국을 상징한 소망의 반영이다. 그 소망이 내몽골 일대의 바위와 한반도 땅 끝까지 이르는 광활한 대륙의 바위들에 암각화로 새겨진 것이다.

또한 마름모는 제단을 상징한다. 이 땅을 하나님이 임하시는 신단수(神壇樹)로 받았다는 뜻이다. 단군이 쌓은 강화도 마니산 제단은 원형 기초에 네모의 제단이 쌓아졌는데, 이는 단 지파의 상징인 동심원과 마름모를 합친 것이기도 하다.

발자국의 상징

앞에서 밝혔듯이 단의 후예가 정착할 땅을 찾아다닐 때, 에브라임 산지에서 만난 제사장에게 물었다.

> "청컨대 우리를 위하여 하나님께 물어보아서, 우리의 행하는 길이 형통할는지 우리에게 알게 하라." 제사장은 그들의 부탁대로 하나님의 응답을 전했다. "평안히 가라. 너희의 행하는 길은 여호와 앞에 있느니라."
>
> (삿 18:5-6)

그 후, 단의 후예들은 헬몬산 기슭의 라이스를 정복하였고, 동방으로 이동하여 내몽골에서부터 한반도에 이르는 광활한 대륙을 통일하고 한겨레를 이루어, 아침이 빛나는 나라를 세웠다. 에브라임 산지에서 만난 제사장의 말대로 여호와 하나님께서 그들의 길을 형통케 하신 것이다. 그래서 단의 후예들은 암각화에 하나님을 상징하는 방패, 할례받은 백성의 상징들과 더불어 발자국을 새겼다.

그 발자국을 남기는 걸음걸음을 하나님의 보호와 인도를 받아, 그 길이 형통하길 바라는 간절한 소망에서였다. 인간의 발자국은 곧 삶이고 운명이므로, 하나님의 보호와 인도를 받으며 그 발자국을 남기고자 하는 믿음에서였다.

> (주께서)내 걸음을 넓게 하셨고, 나로 실족하지 않게 하셨나이다.
>
> **(삼하 22:37)**

삼위일체 하나님의 상징

위 암각화에서 역삼각형 안에 한 점이 있다. 이는 三位를 三角으로 형상하고, 一體를 一점으로 나타낸 것이다. 즉, 삼위일체 하나님을 상징하였다.

역삼각형에서 윗선을 성부(하나님)로 상징하였으며, 아래 좌우 선은 성자와 성령으로 상징하였다. 단군의 삼일신고(三一神誥)는 삼위일체 하나님을 고하여 밝힌다는 뜻이며, 암각화에 그 삼위일체 하나님을 상징한 것이다. 아울러 삼각형을 아래로 향한 것은 제사를 드릴 때 삼위일체 하나님이 임재하시길 바라는 소망을 상징한 것이다.

주변에 단의 상징인 사자 발자국을 새긴 것은, 역시 야곱의 예언을 상징한 것이다.

> 여호와여, 나는 주의 구원을 기다리니이다. (창 49:18)

암각화에 나타난 모세의 계시

경상북도 경주시 석장동에 가면 형산강 기슭의 절벽 윗부분에 암각화(경상북도 기념물 98호)가 새겨져 있다. 이 암각화는 지금으로부터 약 2,700년 전에 새겨졌는데, 거기에는 하나님을 상징하는 방패형 문양과 할례를 받은 언약의 백성임을 상징하는 문양 등이 새겨져 있다. 그리고 암각화에는 모세의 계시를 상징하는 문양이 새겨져 있다. 성서에서 모세는 하나님의 말씀을 대언하며 다음같이 계시하였다.

> 단에 대하여는 (하나님이)일렀으되, 단은 바산에서 뛰어나오는 사자의 새끼로다.
>
> (신 33:22)

암각화는 이 계시를 다음과 같은 그림으로 설명하였다.

하나님께 거룩한 제사를 드린 제터였던 절벽에는 하나님을 상징하는 방패, 할례받은 백성의 상징, 사자의 발자국들이 새겨져 있는데, 흰색 테두리 안에 모세의 계시를 상징한 암각화가 있다.

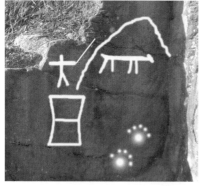

암각화는 쪼으기와 갈기로 그려졌는데, 암각화가 새겨진 패인 부분을 알아보기 쉽게 흰 돌로 긁어서 표시하였다. 암각화가 새겨진 부분을 따라 그리니, 그림이 선명하게 나타났다. 좌측 암각화에서 보이는 것과 같이, 하나님을 상징한 방패 위에 팔과 다리를 벌리고 大 자를 형상한 사람이 서 있다. 그리고 산 안에 네발짐승이 있고, 아래에 사자의 발자국이 있다. 좌측 암각화에서 사자의 발자국은 산에 들어가 있는 네발짐승이 사자임을 밝히기 위한 수단으로 그려진 것이다.

앞에서 설명하였듯이, 하나님을 상징한 방패 위에 서 있는 사람은 大 자를 형상하고 지시봉을 들고 서서 자기 정체와 모세의 계시를 밝히고 있다. 그 내용은 다음과 같다.

① 大 자는 하나님을 상징하는 一 자와 人 자가 합하여 이루어졌는바, 이는 하나님이 선택한 사람이라는 뜻이 된다. 즉, 하나님의 택함을 받은 단의 상징이다.

"나는 하나님이 선택한 자, 단이다!"

② 大 자는 오엽화(五葉花)인 무궁화 꽃잎과 같은 모양을 갖고 있으므로, 야

곱의 열두 지파에서 다섯째인 단의 상징이 된다.

"나는 야곱의 열두 지파 중 다섯째 지파인 단이다!"

③ 大 자 사람은 지시봉으로 가리키는 방향에서 온 사람이다. 지리적으로 그 방향은 지중해이다.

④ 大 자를 형상한 사람이 방패 위에 서 있는 것은, 모세의 계시에서 '단에 대하여는(하나님이)일렀으되' 부분이 상징된 것이다.

⑤ 大 자 사람이 지시봉으로 가리키는 앞에 산이 그려져 있고, 그 안에 네 발달린 짐승이 있으며, 아래에 사자의 발자국이 있는 것은, 사자가 그 산에 들어가 있다는 뜻이다.

"이 산에 들어가 있는 동물은, 그 아래 발자국의 주인이다!"

⑥ 사자를 몸통이 없이 가늘게 그린 것은, 그 사자가 새끼라는 것을 나타내기 위한 수단으로 형상한 것이다. 그런즉, 이는 '단은 바산에서 뛰어나오게 될 사자의 새끼'라는 모세의 계시를 상징한다.

"단은 바산에서 뛰어나오는 사자의 새끼이다!"

이처럼 암각화는 모세의 계시를 매우 상세하게 밝히고 있다. 단은 바산에 들어가 숨어 있다가, 이 세상의 마지막 때에 오실 구원의 왕(사자)을 맞이하기 위해 뛰어나오는 그 사자의 새끼라고.

하나님은 한반도(한민족)의 잃어버린 역사를 모두 밝히면, 우주의 모든 진실도 밝혀주시겠다고 약속하셨다. 그리고 그 약속은 이루어졌다.

나는 세계 최초로 우주 질량의 진실, 우주 팽창의 실제 진실, 암흑 에너지의 진실, 암흑물질의 진실, 우주 탄생의 진실, 블랙홀의 진실, 은하의 기원 및 형성의 진실, 중력의 진실, 미시세계의 진실 등을 모두 밝힌 것이다.

이처럼 창조주 하나님이 성경에서 사라진 단의 후손(한민족)에게 창세 이래 단 한 번도 봉인을 뜯지 않은 비밀의 문을 열어 주신 것은, 성경에 기록된 계시와 언약들을 모두 이루실 때가 되었기 때문이다.

청동기 시대

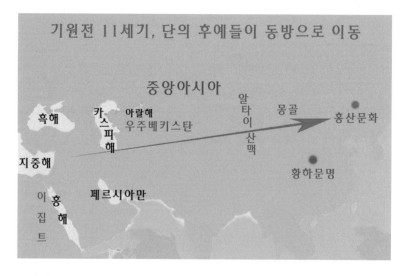

기원전 11세기, 단의 후예들이 동방으로 이동

중앙아시아

흑해　카스피해　아랄해 우주베키스탄　알타이산맥　몽골　홍산문화

지중해　페르시아만　황하문명

이집트　홍해

당시 고조선 일대는 홍산 문화와 그 밖의 부족 문화들로 서로 다른 문화권에서 존재하였다. 그러다가 알타이산맥을 넘어 몽골 초원에서 기마 민족으로 변신하고 나타난 단의 후예들에 의해, 비로소 한겨레가 되어 고조선이 건국되며 청동기 시대가 열렸다. 그럼 그 유물들을 살펴보자.

내몽고에서 심판과 구원의 3대 예언을 상징하는 청동검을 만든 거푸집이 출토되었다.

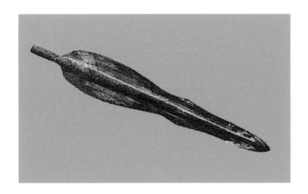

위 청동검은 내몽고 적봉시 일대에서 출토되었다.

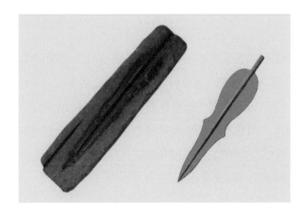

위 청동검을 설명하면 다음과 같다.

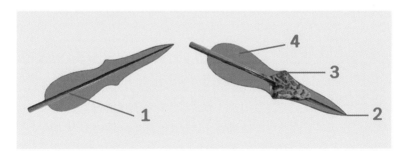

① 검의 가운데 직선 1번은, 단이 받은 예언에서 길이며 첩경(지름길)이다. 이는 진리의 상징이다.

② 검의 중간 돌기 부분 2번은, 위 오른쪽 검에서 보는 바와 같이 뱀의 머리를 형상한 것이다.

③ 검의 끝 선 3번은, 뱀의 혀로서 심판의 상징이기도 하다.

④ 검의 뒷부분에서 불룩한 모양의 4번은, 먹이를 삼킨 뱀의 배를 상징한 것이다. 즉, 온 겨레가 뿌리내리며 정착할 수 있는 광활한 영토와 나라를 상징하였다.

위 청동검은 단에 대한 예언과 정확히 일치한다.

> 단은 길의 뱀이요, 첩경의 독사로다.　　　　　　　　　　　(창 49:17)

고구려 고분의 벽화에 뱀의 몸을 가진 사람이 태양을 들고 있는 것과 중국의 고분들에서 뱀의 몸을 가진 사람의 모습이 나타나는 것도 이와 일맥상통한다. 중국의 고서인 산해경(山海經)에 고조선을 천독(天毒)이라 하였는바, 이는 하늘로부터 독사라는 계시를 받은 사람들이 세운 나라라는 뜻과 일치한다. 그 고서에 지적한 東海之內(한반도), 北海之隅(발해) 지방에서 위 청동검들이 대량 출토된 것은 역사적으로 일맥상통한다.

산해경(山海經) 원문은 다음과 같다.

東海之內, 北海之隅, 有國名曰, 朝鮮.天毒, 其人水居, 偎人愛之.

원문을 볼 때, 저자는 고조선인들이 물 있는 곳에 살고, 사람을 가까이하며 사랑한다고 하였다. 저자가 고조선인들의 풍습과 성품까지도 잘 알고 있다는 것이다. 그런 그가 본 한반도와 발해는 조선이라는 국호를 가진 하나의 통일국가였다. 그리고 그 백성의 수령들은 길의 뱀(첩경의 독사)을 상징한 청동검을 들고 하늘에 거룩한 제사를 드리는 제사장이었다. 단군이 왕권을 가진 제사장이었듯이 지방 수령들도 천제를 주관하는 제사장들이었다. 이 모든 상황은 그 청동검이 존재했던 시기와 고조선이 존재한 시기, 산해경이 기록된 시기와 모두 정확히 일치한다. 그래서 산해경의 저자는 고조선은 하늘로부터 첩경의 독사라는 계시를 받은 사람들이 세운 나라라고 인식했을 것임이 분명하다.

요녕성 조양시 십이대영자 지방에서 출토됨 |

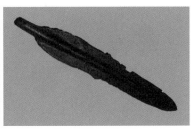
북한 평안남도 개천군 용흥리에서 출토됨 |

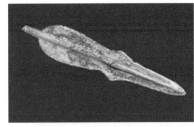
충청남도 부여군 송국리 유적에서 출토됨 |

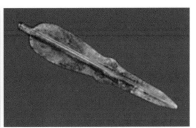
전라남도 여천 적량동에서 출토됨 |

● 청동검이 출토된 지역

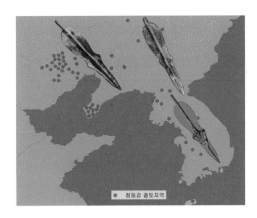
● 청동검 출토지역

좌측에서 보는 바와 같이, 단에 관한 3대 예언을 상징한 청동검은 내몽고에서부터 한반도에 이르는 광활한 대륙에서 출토되었다. 그리고 바위에 새겨진 암각화들은 청동 제사 도구들로도 만들어졌다.

하나님과 아브라함이 맺은 언약의 상징으로 만들어진 위 유물은, 전라남도 화순군 대곡리에서 출토되었다.

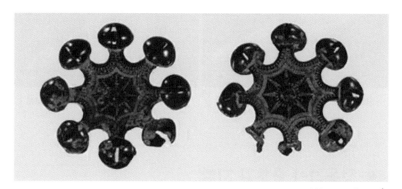

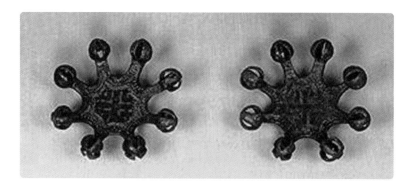

충청남도 예산에서 출토된 팔주령의 가운데에는 十 자 문양이 있다. 十 자

는 동서남북 사방을 상징한 것이다. 이는 아브라함의 후손으로 인해, 천하 만민이 복을 받게 되리라는 하나님의 언약을 상징한 것이다.

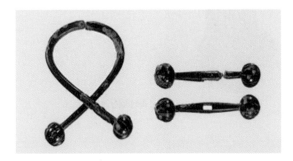

팔주령과 한 세트로 출토된 위 청동 제사 도구(쌍두령)도, 하나님과의 영원한 언약을 상징한 것이다.

포경 수술을 받은 남근의 모양으로, 할례를 받은 백성을 상징한 위 유물(간두령)은 경주 죽동리에서 출토되었다.

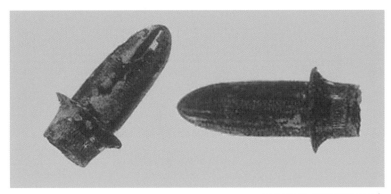

전남 함평군 초포리에서 출토 |

충남 예산에서 출토 ┃

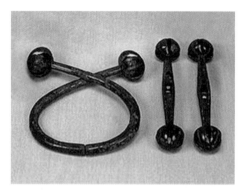

충남 예산에서 출토 ┃

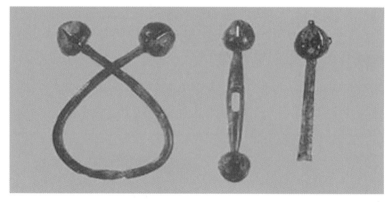

전남 함평군 초포리에서 출토 ┃

　이처럼 성경에서 단의 후손들이 사라진 후, 그들에 대한 이야기는 동방 대륙의 바위에 새겨지고 청동기로 만들어졌다.

단군신앙의 추적

한민족이 누구인지 알기 위해서는 당연히 단군의 정체를 밝히는 것이 무엇보다 중요할 것이다. 가문의 정체성이 그 조상에 있듯이, 한민족의 국조를 먼저 알아야 그 후손이 누구인지도 알 수 있을 테니 말이다.

그럼 단군은 누구인가? 그 정체는 당연히 그가 남긴 증거에 있을 것이다. 증거란 곧, 그 증거를 남긴 행위 당사자의 정체이기 때문이다. 수사관들이 사건 현장에서 머리카락 한 올이라도 얻기 위해 샅샅이 수색하는 것도 바로 그 증거물이 행위 당사자의 정체이기 때문이다. 아울러 중요한 것은 단군이 이루어 놓은 유적 같은 증거물이다. 그 증거는 행위의 결과물이며, 그 행위가 바로 그의 정체이기 때문이다. 아울러 그의 정체는 곧 한민족의 정체이다. 그렇다면 이 한반도에 단군이 이루어 놓은 유적은 어떤 것이 있는가?

우선 태백산과 강화도 마니산에 단군이 쌓은 제단이 있다.

태백산 제단 |

마니산 제단 |

좌측 사진은 단군이 마니산 제단에 오르내린 길이다. 단군은 이처럼 높고 험한 산길을 오르며 거룩한 천제를 드린 것이다. 그럼 그는 과연 어느 신에게 그토록 지극정성으로 제사를 드렸는가? 그에 대한 답은 단군이 남긴 삼일신고(三一神誥)에 있다.

삼일신고(三一神誥)란, 문자 그대로 '삼위일체 신을 고한다.'라는 뜻이다. 그리하여 삼일신고에서는 창조주를 유일하신 하나님으로 밝히고, 성품을 다하여 간구하면 하나님 아들이 강림하신다고 주장하며, 신령하고 신령한 성령에 대하여 증거하고 있다. 즉, 성부, 성자, 성령, 삼위일체 하나님을 고하여 밝힌 것이다. 삼일신고에 다음과 같은 기록들이 있다.

神在無上一位 有大德大慧大力 生天
主無數世界 造兟兟物 纖 塵無漏

위 뜻은 다음과 같은 내용이다.

> 신이 계시되
> 그 위에 아무도 없으니
> 가장 높으신 하나님이시니라.
> 하나님은 큰
> 덕과 큰 지혜
> 큰 힘으로 우주를 창조하시고
> 무수한 세계를 관장하시는 주인이시니라.

> 하나님은 만물을 지으셨으되
> 티끌같이 작은 것 하나 빠뜨림이 없으셨노라.

위의 뜻은 다음과 같은 내용이다.

> 밝고 밝으시며 신령하시고 신령하신
> 그 이름 감히 헤아릴 수 없거늘
> 소리로 기운 내어 소원을 기도하며
> 절친(絶親)토록 가까이 하면 보리라.
> 스스로 성품을 다하여 간구하면
> 하나님의 아들이 강림하실지니
> 너는 머리 뇌로 깨달아 알게 되리라.

위 증거에서 뇌로 깨닫게 된다는 것은 하나님의 성령이 임하여 깨닫게 해준다는 뜻이다. 그런즉, 삼일신고(三一神誥)는 성부, 성자, 성령, 삼위일체 하나님에 대하여 정확히 증거하고 있다.

人物 同受三眞 曰性命精 人全之 物偏之
인물 동수삼진 왈성명정 인전지 물편지

위 뜻은 다음 같은 내용이 된다.

> 사람은 만물과 함께
> 동일한 생명을 받았으나
> 세 가지 참된 것을 가졌으니
> 그것은 영, 혼, 육, 3일체이니라.
> 그래서 사람은

하나님의 성품을 가진

생명체(영적 존재)로 정해졌거늘.

아울러 사람은 완전한 존재로서

완전치 못한 만물의 영장이 되었노라.

단군이 쌓은 강화도 마니산 제단은, 영, 혼, 육, 3일체 인간의 상징을 반영한 제단으로서 위에 기록된 단군의 사상을 증거하고 있다.

爾觀森列星辰 數無盡 大小明暗 苦樂不同

一神造群 世界 神勅 日世界使者

割七百世界 爾地自大 - 丸世界

中火震盪 海幻陸 遷 乃成見象

神呵氣包底 煦日色熱 行翥化遊栽 物繁殖

위 기록의 뜻은 다음과 같은 내용이다.

너희는 보아라.

나무가 빽빽한 숲같이 펼쳐진

저 하늘의 별들은

그 이름과 태어난 때를 헤아릴 수 없고

그 수가 헤아릴 수 없이 많아 다함이 없나니

크고 작으며 밝고 어두우며

괴로움과 즐거움이 한 가지가 아니노라.

하나님이 이 모든 것을 지으셨나니

모든 무리와 세계에 말씀을 선포하시어

날과 세계를 사람이 다스리고 부리게 하셨노라.

일곱으로 분할하여 온갖 세계를 지으셨나니

너희가 스스로 크다고 여기는 이 땅은

하나의 새알 모양으로 둥근 세계니라.

불 가운데 벼락같이 씻어 내고

바다를 변화시키고, 육지를 옮겨

지금의 형상이 나타났나니

하나님의 말씀과 기운이

땅과 바다 밑까지 감싸고

빛과 열로 따뜻하게 하여

땅 위를 다니거나 하늘을 나는

생물을 지으시고 노닐게 하셨으며

땅에 심어 자라는 만물들이 번성케 하셨노라.

위 증거에서 爾地自大 -丸世界 라는 기록을 주목해야 한다.

왜냐하면 이 내용은 "너희가 스스로 크다고 여기는 땅이, 하나의 새알 모양으로 둥근 세계(지구)."라고 밝힌 인류 역사상 최초의 기록이기 때문이다.

또 단군은 천국에 대해서 다음 같이 기록하였다.

天神國 有天宮 階萬善 門萬德 一神攸居 羣靈諸哲

護侍 大吉祥 大光明處 惟性通功完者 朝永得快樂

위 뜻은 다음 같은 내용이다.

하늘에 하나님의 나라가 있고

그 천국에 궁전이 있나니

만 가지 선행으로

그 천국의 계단에 오르고

만 가지 덕으로

그 궁전의 문 안으로 들어갈 수 있나니

하나님이 사시는 천국은

천사들 모두가 밝은 모습으로 서로 도우며

하나님을 모시고 사는 거룩한 곳이니라.

그곳은 크게 길하고 상서로우며
큰 빛의 밝음이 있는 곳이거늘
생각과 성품을 다하여 구원받은 자는
영원한 새날을 맞이하여 복락을 누리리라.

이처럼 삼일신고(三一神誥)는 삼위일체 하나님과 인간의 존재성과 천지창조, 천국에 대해서까지 매우 구체적으로 기록하였다. 위 기록에서 마지막 부분인 조영득쾌락(朝永得快樂)은 단군이 세운 '아침이 빛나는 나라', 고조선의 염원이기도 하다. 그리고 아침의 빛은 어둠을 심판하며 그 어둠 속에서 방황하는 생명에 밝음의 지혜를 주고 구원하는 상징이기도 하다.

아울러 조상들은 천국과 영생에 대한 신앙을 갖고 있었다. 그래서 중국의 고서에 기록된바, 공자는 "중국에 도(道)가 행해지지 않으니, 나는 군자가 죽지 않는 나라인 동이(東夷)에 가고 싶다."라고 하였다. 단군의 삼위일체 하나님과 3일체 인간 사상은 그의 천부경에서도 찾아볼 수 있다. 아래 내용은 천부경의 핵심인 머리 부분의 내용이다.

一 始 無 始 一 析 三 極 無 盡 本
天 一 一 地 一 二 人 一 三

위의 뜻은 다음과 같은 내용이다.

하나에서 창조되었으되
무에서 창조되었나니
그 하나를 분석하면
삼위일체 하나님이시라.
극진히 다하였으되
무에서 다하여 근본이 생겼나니
하늘의 영 하나는 하나로되
땅의 혼 하나가 합치니 둘이 되고

> 사람 하나를 더하니
> 三일체가 되었느니라.

단군은 천부경의 마지막 부분에 人中天地一 이라고 밝혔다.

이는 사람 안에서 하늘과 땅이 하나가 되었다는 뜻이다. 즉, 영, 혼, 육이 3일체가 되었다는 사상이다. 천부경은 一始로 시작하여 終一로 마친다. 이는 처음이고 마지막이신 하나님의 정체성과 일치한다.

결론적으로 단군은 삼위일체 하나님을 창조주로 믿고 그 신에게 천제를 드린 제사장이며 통치자였다. 또한 3일체 인간 사상과 천국 구원 사상을 가지고 있었다.

이것이 바로 단군의 정체성이다. 아울러 단군의 그 신앙적 사상은 내몽골부터 한반도에 이르는 바위에 하나님을 상징하는 방패, 할례를 받은 백성의 상징, 태양을 상징하는 동심원, 삶의 터전을 상징하는 마름모 등으로 새겨지고, 또 그 상징들은 청동기로 만들어져 거룩한 제사의 도구로 사용되었다.

● 왜곡된 삼일신고

현재 단군의 정체성은 심히 왜곡되어 있다. 그것은, 단군의 정체성이 반영된 삼일신고에 인간의 그릇된 생각이 더해지며 본 의미의 진실이 가려졌기 때문이다. 그리하여 단군이 많은 증거를 가지고 밝히고자 한 창조주 하나님, 성령 하나님, 성자 하나님이 증명되지 못하고 엉뚱한 방향으로 해석되었다. 그 대표적인 예가 자성구자 강재이뇌(自性求子 降在爾腦)이다. 이를 한자 그대로 해석하면 '스스로 성품을 다하여 간구하면, 하나님 아들이 강림하심을 뇌로 깨닫게 된다.'라는 뜻이다. 여기서 뇌로 깨닫게 된다는 것은 성령에 의해 깨닫게 됨을 밝힌 것이다.

그런데 이를 '스스로의 본바탕에서 하나님의 씨앗을 구하라, 너의 머릿골에 하나님이 내려와 계시니라.' 하고 왜곡해 놓았다.

이지자대 일환세계(爾地自大 - 丸世界)도 중요한 예라고 할 수 있다. 이것도 한자 그대로 해석하여 표현하면 '너희가 스스로 크다고 여기는 이 땅은, 하나의 새알 모양으로 둥근 세계니라.' 하는 뜻이다. 그리고 이는 인류 역사상 지구의 모양을 최초로 밝힌 한민족의 고귀한 지식적 자산이 된다. 그런데 이를 '너희의 땅덩어리가 큰 듯해도, 칠백 세계 중의 한 덩이에 불과하다.'라고 왜곡해 놓았으니 참으로 안타까운 일이 아닐 수 없다.

삼일신고(三-神誥)는 제목의 문자 뜻 그대로, 삼위일체 하나님이 증명되어야 함이 마땅하다. 하지만 지금까지의 삼일신고는 제목의 뜻과는 다른 방향으로 해석되고 왜곡되었다. 예를 들어 이름은 김 씨인데, 내용은 박 씨로 왜곡시켜 놓은 것이다. 이제 단군의 정체성은 올바로 회복되어야 한다. 그것이 곧, 한민족의 정체성을 되찾는 길이다.

● 왜곡된 신화

기원전 18세기 무렵, 시베리아 남북부와 투르키스탄 등지에서 유목민으로 살던 아리아족은 목초지를 따라 생존을 위한 민족 대이동을 하며 인드라를 전쟁의 신으로 섬기었다. 그 인드라가 인도에 상륙하여 원주민을 노예로 삼고, 불교에 수용되어 제석으로 탈바꿈한 후, 한반도로 건너와서 단군의 조상으로 둔갑하여 한민족을 정신적 노예로 만들어 버렸다. 한민족의 족보가 말살되고 뿌리가 왜곡된 것이다.

단군신화에서 일연 스님은 다음과 같이 기록했다.

"고기(古記)에 이르기를, 옛날에 환인(桓因, 제석)의 서자 환웅(桓雄)이 항상 천하에 뜻을 두고 인간 세상을 바랐다."

위에서 보는 바와 같이 제석은 환웅의 아버지이며, 단군의 할아버지가 된다. 인도 원주민을 노예로 만든 인드라가 제석으로 탈바꿈하고, 또 단군의 조상으로 둔갑하여 한민족을 정신적 노예로 만든 것이다. 그래서 한민족은 조상이 누군지 모른다. 자신이 누군지도 모른다. 그러다 보니 남이 섬기던

신(神)도 자기 신(神)이고, 남의 조상도 자기 조상이고, 남의 역사까지도 자기 역사라고 우기기까지 한다.

분명 이것은 매우 엄중한 사건이다. 한민족의 족보를 잃어버린 도난 사건이다. 한민족의 조상이 말살되고 뿌리가 왜곡된 사기 사건이다. 한민족을 정신적 불구로 만든, 실로 엄청난 역사적 사건인 것이다. 그런즉, 한민족의 족보는 왜곡된 신화에서가 아니라, 이 땅에서 대대손손 뿌리내리고 살아온 한민족의 정체성과 국조 단군이 이 땅에 남긴 유적 및 유물에서 그 진실을 찾아야 한다. 이것은 사건의 진상을 밝히기 위한 수사의 기본 원칙이기도 하다.

● 왜곡된 신단수

단군신화에 "신단수 아래에 내려와서 이곳을 신시(神市, 신의 나라)라 불렀다." 하고 기록했다. 단의 후예가 건국한 고조선을 신단수(神壇受)라 하였는데, 신단수(神壇受)의 본 의미는 영토를 지칭한 것이다. 즉, 이 땅을 신(神)이 강림하는 제단(壇)으로 받았다는(受) 뜻을 함축해서 표현한 것이다.

그것을 단군신화에서는 신(神)이 박달나무라는 의미인 신단수(神檀樹)로 왜곡시켰다. 단군신화에서 왜곡된 신단수(神檀樹)를 문자 그대로 풀이하면, 신(神)이 박달나무가 되었거나, 박달나무가 신이 되었다는 뜻이다. 물적 증거가 전혀 없이 왜곡된 것이다.

하지만 이 땅을 신(神)이 강림하는 제단(壇)으로 받았다는(受) 뜻인 신단수(神壇受)의 증거는 많다. 그 증거는 다음과 같다.

첫째, 고조선의 광활한 영토를 신단수(神壇受)로 받은 것은 야곱의 예언으로부터 약속된 것이다.

> 여호와여, 나는 주(그리스도)의 구원을 기다리나이다. (창 49:18)

이는 제단에서 주의 구원을 간구하며 이루게 될 단의 운명을 예언한 것이다.

둘째, 예언의 상징인 '첩경의 독사' 모습의 청동검이 고조선 일대의 광활한 영토에서 나타난 것은, 그 예언이 이루어졌다는 명백한 증거이다.

셋째, 단군의 삼일신고(三一神誥)에 그 증거가 있다.

> ### 昭昭靈靈 不敢名量 聲氣願禱 絶親見 自性求子 降在爾腦

> 밝고 밝으시며, 신령하시고 신령하신
> 그 이름 감히 헤아릴 수 없거늘
> 소리로 기운 내어 소원을 기도하며
> 절친(絶親)토록 가까이하면 보리라.
> 스스로 성품을 다하여 간구하면
> 하나님의 아들이 강림하시리라
> 너는 머리 뇌로 깨달아 알게 되리라.

단군의 삼일신고(三一神誥)는 성부, 성자, 성령, 삼위일체 하나님을 고하여 밝힌다는 뜻인바, 스스로 성품을 다하여 간구하면 하나님의 아들이 강림하신다는 것은 야곱의 예언과 일치되는 증거이다.

> 여호와여, 나는 주(그리스도)의 구원을 기다리니이다. **(창 49:18)**

넷째, 강화도 마니산과 태백산에 오늘날까지 보존되어 오는 제단들은 이 땅이 신단수(神壇受)의 영토임을 명백하게 증명해 준다. 단군은 그 제단에서 이 땅을 거룩한 제단으로 주신 하나님께 천제를 드리며 '주의 구원'을 간구했다.

다섯째, 고조선 청동검이 처음 만들어진 내몽골 일대의 바위들과 한반도 일대의 바위들에 새겨진 마름모는 제단의 상징이기도 한, 이는 하나님이 임하시는 이 땅을 제단으로 받았다는 신단수(神壇受)의 뜻이다.

여섯째, 강화도 마니산 제단은 단의 상징인 동심원과 마름모가 합쳐져 쌓인 모습으로, 이 역시 신단수(神壇受)의 증거가 된다.

일곱째, 성서에서 하나님을 상징하는 방패가 고조선 일대 바위에 암각화로 새겨졌을 뿐만 아니라, 청동기로도 만들어져 거룩한 제사의 상징물로 사용된 것도 이 땅을 신단수(神壇受)로 받았다는 증거가 된다.

위 증거들에서 확인할 수 있듯이 고조선은 신단수(神壇受)의 나라로서 제사장 제도였다. 그럼, 왜곡된 단군신화의 신단수(神檀樹)를 본 의미의 신단수(神壇受)로 회복시켜 보자.

단군신화의 왜곡된 신단수(神檀樹)

"신단수(神, 박달나무) 아래에 내려와서 이곳을 신시(神市, 신의 나라)라 불렀다."

본 의미의 신단수(神壇受)

"이 땅을 신(神)이 강림하는 제단(壇)으로 받았다는(受) 뜻인 신단수(神壇受)로 받고, 이곳을 신시(神市, 신의 나라)라 불렀다."

어떤가? 이제야 말이 되지 않는가. 진정 그렇다.

고조선의 광활한 영토는 신단수(神壇受)의 땅인바, 고조선은 신단수(神壇受)의 나라인 제사장 제도였다. 그 율법적 제도하에서 고조선은 '동방예의지국'으로 널리 이름을 떨칠 수 있었던 것이다.

창조주 하나님께서 단의 후예들을 동방으로 이동시키시고 이 땅을 신단수(神壇受)로 주신 것은, 성경에 기록된 예언과 언약을 이루기 위함이시다. 성경에 계시된바, 단은 유다와 더불어 '사자의 새끼'이다. 사자가 자기 새끼들을 통해 임하신다는 계시를 가진 지파인 것이다. 그래서 유다 지파와 함께 인류의 첫 성소와 성전을 지었다. 단군이 삼일신고(三一神誥)에서 "스스로 성품을 다하여 간구하면, 하나님의 아들이 강림하신다."라고 밝힌 것도 그 명백한 증거이다. 그리고 단은 하나님의 보좌인 녹보석의 상징이다. 그리스도가 임재하실 때에 앉으실 보좌의 상징인 것이다.

> 인자가 자기 영광으로 모든 천사와 함께 올 때에, 자기 영광의 보좌에 앉으리니.
> (마 25:31)

그런즉, 신단수(神壇受)는 성경에 기록된 동방의 구원을 이루기 위해 받은 제단이며, 그 구원을 이루시기 위해 임재하실 그리스도의 보좌로 받은 제단이다. 하나님께서는 마지막 때에, 동방에서 독수리를 부르시겠다고 하시었다. 약속의 땅(가나안)에 들어갈 때, 독수리 깃발을 들고 선봉에 섰던 단의 후예들을 동방에서 부르시겠다는 것이다.

● 일편단심

일편단심(一片壇心)은 한 조각 단의 마음이란 뜻에서 비롯된 말이다.

비록 야곱의 열두 지파에서 한 조각이 되어 떨어져 나왔지만, 단의 마음은 변함이 없다는 뜻인 것이다. 그리하여 단의 후예들은 한반도에 정착하면서도 제단을 쌓고 천제를 드리는 등, 조상 대대로의 하나님을 변함없이 섬기었다. 현재 기록된 일편단심(一片丹心)은 한 조각 붉은 마음이란 뜻으로, 전혀 다른 표현이다.

● 단오

단오는 음력 5월 5일로, 5가 두 번 겹치는 날이다.

5는 열두 지파 중 다섯째인 단의 정체성을 뜻하는 상징적 숫자로, 단의 후예는 그 5가 겹치는 음력 5월 5일을 단의 날로 정했다. 그래서 그날은 가장 복된 날이 되는바, 조상들은 단오를 '신의 날'로 불렀다. 이 땅을 신단수(神壇受)로 주신 하나님의 은혜를 잊지 않기 위한 의지의 표현에서였다. 옛사람들이 단오를 수릿날(신의 날), 천중절(하늘의 날)이라고 부른 것은 그런 의미에서 유래된 것이다.

고조선인들은 매해 단옷날이 오면, 이 땅을 신단수(神壇受)로 주신 하나님께 감사하고 한해 풍년과 민족의 복을 기원하였다. 고을마다 돌단 위에 번제물을 올리고 천제를 드리며, 한해 풍년과 함께 완전한 수인 5복을 기원하였다. 그리고 단심 줄 놀이, 씨름, 그네, 널뛰기 등 민속놀이를 즐기며 단오를 민족의 축제로 기념했다. 그런즉 단오는 단의 날로서 단오(壇五)로 쓰임이 마땅하다.

현재 단오는 끝을 의미하는 단(端) 자에 낮을 뜻하는 오(午) 자로 쓰이고 있다. 그리고 해석은 음력 5월의 초닷새 날을 뜻한다고 한다. 한마디로 맞지 않은 해석이다. 그 해석대로 한자를 쓰려면, 홀수를 의미하는 단(單) 자에 다섯 오(五)자를 써야 할 것이다. 이같이 맞지 않는 해석을 한 것은, 단을 저주한 정체를 감추기 위함이다. 현재 단오는 한자 뜻풀이 그대로, '단의 날'은 끝났다고 저주한 것인데, 그것을 감추자고 하니 현재와 같이 맞지 않는 해석을 해 버린 것이다.

호랑이 민족

포효하는 호랑이 모습에 호랑이의 척추와 근육질을 형성하며, 수려하게 뻗어 나간 산맥들을 가진 영토는 지구상에서 유일하게 한반도뿐이다.

이 땅을 가리켜 예로부터 '호랑이 나라'라고 불렀다.

청동기 시대의 암각화에도 여러 번 등장한 호랑이는 한민족에게 있어 신앙과 같은 존재이다. 그래서 한 해를 시작하는 음력 정월을 호랑이 달로 정하고, 그달의 호랑이 날(인일)은 상인일(上寅日)로 불렸다. 호랑이를 산군(山君), 산령(山靈), 산신령(山神靈)이라고도 불렀다.

중국의 후한서(後漢書) 동이전에는 다음과 같이 기록되어 있다.

"범에게 제사 지내고, 그것을 신으로 섬겼다."

산해경(山海經)에 이르기를, "동이(東夷)의 군자국(君子國)에서는 의관을 갖추고 칼을 차고 있으며, 짐승을 키우고, 두 마리의 무늬 있는 범을 곁에 두고 부린다."

또한 조선 시대의 '오주연문장전산고'에는 "호랑이를 산군(山君)이라 하여 무당이 진산(鎭山)에서 도당제를 올렸다."는 기록도 있다.

매년 정초가 되면 궁궐을 비롯하여 일반 민가에서도 호랑이 그림을 그려, 대문이나 중문에 붙이고 귀신을 쫓아 주기를 기원하였다. 단옷날이면 궁중에서 쑥으로 호랑이를 만들어 신하에게 하사하기도 했다.

민속에는 '호랑이 부르는 법'도 있었다고 한다. 인일(寅日)에 호랑이의 털 한 줌을 취하고, 오일(午日)에 망자의 얼굴을 덮었던 종이를 취해 '호랑이 부적'을 그린 후, 호주를 일곱 번 암송한 다음 그 '호랑이 부적'을 태운 지 49일 지나서, 산에 올라 호랑이 털을 불어 뿌리면, 호랑이가 나타나 길을 인도하고 흉을 다 물리친다는 것이다.

산신도를 보면, 산신 앞에 위엄 있게 엎드린 호랑이가 있다. "산의 군자 호랑이는 엎드려 있어도, 모든 헤아림이 그 속에 있다."라는 말과 같이, 인간 세상의 길흉화복을 관장하는 모습이다. 무겁게 다문 입 양쪽으로는 제왕의 절대 권세를 드러낸 날카로운 이가 보인다. 호랑이의 상서로움을 나타내는 꼬리는 일편단심(一片丹心)의 상징인 소나무 사이로 길게 뻗어 하늘에 닿아 있다. 지금도 호랑이 날인 '인일'은 '사람의 날'로 불리며, 이날은 결혼식, 약혼식 등 잔칫날로 택일되고 있다. 반면 이날은 귀신이 싫어하는 날이라고 하여 귀신에게 빌거나 섬기는 일은 금지하고 있다. 그런즉, 호랑이는 한민족과 깊은 연관이 있다.

첫째, 호랑이를 가리키는 지칭인 동방 인(寅)은, 동방으로 이동해 온 단의 후예의 정체성과 연관된다.

둘째, 호랑이 지칭인 동방(寅)에서 아침이 밝아오는바, 단의 후예들이 그 동방에 '아침이 빛나는 나라'를 세운 것도 일치한다.

셋째, 동방에서 밝아오는 아침은 어둠을 심판하고 어둠에 묻힌 것들을 구원한다. 이는 심판과 구원의 계시를 가지고 동방으로 이동해 온, 단 민족의 정체성과 일치된다.

예로부터 백성들이 악인을 가리켜 '호랑이가 물어가 심판받을 자'라고 했듯이 말이다.

넷째, 포효하는 호랑이 모습과 단 민족이 나라를 세우고 정착한 한반도의 모습이 일치한다.

다섯째, '호랑이 영토'의 심장에 나라의 수도를 세운 것도 연관성이 있다.

여섯째, 한반도의 모태가 되는 위치인 강화도에 제단을 쌓고 천제를 드린 것도 연관성이 있다.

일곱째, 한반도가 대륙을 당장 집어삼킬 듯이, 포효를 터트리는 호랑이 모습인 것같이, 한민족은 광활한 대륙을 정복하고 통치하였기에 그 역사도 호랑이의 상징성과 일치한다.

여덟째, 제왕의 상징이며 정의의 심판자의 상징을 가진 호랑이는, 심판과 구원의 계시를 받은 단의 정체성이다.

아홉째, 삼면이 바다로 이루어지고 3천 리로 이루어진 이 땅은, 단이 받은 3대 예언과 일치한다.

● 왜 하필이면 호랑이였을까?

단군신화에서 그렇게 인내가 부족하고 어리석었던 짐승이라면, 다른 동물들도 얼마든지 많은데 왜 하필이면 호랑이를 택했는가 하는 것이다.

호랑이를 지칭하는 인(寅)은 동방을 가리키므로 호랑이 나라로 불리었던 한반도의 상징이며, 이는 곧 포효하는 호랑이, 이 땅에 나라를 세우고 그 심장에 나라의 수도를 정한 한민족의 상징이다. 그래서 오늘날까지도 호랑이날(인일)을, '사람의 날'이라고도 칭하며, 결혼, 약혼 등 잔칫날로서 길일이라고 한다. 이 상징성만으로도, 단군신화에서 곰이 아닌 호랑이가 사람이 돼야 했었다. 하지만 곰은 한민족을 상징할 만한 근거가 전혀 없다. 그럼에도 단군신화에서 호랑이는 사람이 못 되었다. 호랑이가 가지고 있는 상징성을 볼 때, 당연히 호랑이가 사람이 돼야 했었는데 말이다. 무엇 때문이었을까?

그들은 단의 정통성을 말살하기 위해, 단 후예의 상징성을 갖고 있는 호랑이를 저주해 버렸다. 호랑이 민족을 곰의 후손으로 바꾸어 버렸다. 그리하여 이 민족의 얼은, 수천 수백 년이 넘는 기나긴 세월 동안 '곰의 겨울잠'에 깊이 빠져들고 말았다. 그 결과 포효하는 호랑이가 정복했던 광활한 대륙을 모두 잃고, 수난의 역사를 거듭해 왔다. 단군이 곰을 추앙하는 부족에게서 탄생했다는 근거도 없다. 만약 단군이 곰 신앙을 가진 부족에게서 탄생했다면, 그 부족은 단군의 외척으로서 당연히 권력의 중심에 진입하게 되고, 그들의 신앙적 가치관은 후세에 지대한 영향을 미치게 된다. 그런데 오늘날의 현실은 어떤가?

웅녀의 조상이라고 일컫는 곰은 여전히 한반도의 산야에서 서식하고 있지만, 누구도 곰을 신격화하지 않는다. 반대로 호랑이는 비록 단군신화에서 사람이 되지 못했으나 여전히 신격화되고 있다. 호랑이 이름이 가지고 있는 그 상징대로 군림하고 있는 것이다. 애석하게도 이 땅의 호랑이는 모두 전멸했다. 하지만 포효하는 호랑이(한반도의 영토)와 더불어, 이 겨레 마음속의 호랑이는 죽지 않았다. 다만 '곰의 겨울잠'에 깊이 빠져 있을 뿐이다. 신화에서 단군은 산신이 되었다고 했다. 웅녀의 몸에서 태어난 단군이 산신이 된 것이다. 정녕 그렇다면, 오늘날까지 전해 오는 산신도에 곰이 그려져야 마땅하다. 그런데 산신도에는 그 산신의 조상이라 할 수 있는 곰이 아닌 호랑이가 그려져 있다.

강화도 마니산의 저주

한때 한민족은 광활한 대륙을 정복하고 통치했던 위대한 민족이었다. 그런데 그 광활한 영토와 백성을 모두 잃고, 나라마저 빼앗기기를 거듭하며 900번도 넘는 침략을 받아 왔다. 이웃 나라의 속국이 되어 자기 나라의 왕도 마음대로 세울 수 없었다. 그 이웃 나라에 조공을 바치는 것도 모자라 민족의 아리따운 딸들까지 성 노리개로 바쳐야 했다.

나라가 두 동강 난 것도 모자라, 형제가 형제를 죽이는 동족상잔으로 수백만이 죽었는바, 그 저주의 싸움은 지금까지도 계속된다. 이 절반의 영토 안에서조차 지역과 지역이 갈라지고 패거리로 갈라져, 저마다의 성을 쌓고 서로를 견제하며 싸운다. 머나먼 외국에 나가서까지도 서로 패거리를 지어 저들끼리의 성을 쌓고 저들끼리 싸운다. 모이기만 하면 끼리끼리 당을 지어 성을 쌓고 서로를 견제하며 싸우는 것이다. 그렇게 당을 지어 자기들만의 성을 쌓은 자들이 고조선을 무너뜨렸고, 고구려를 무너뜨렸고, 고려를 무너뜨렸고, 조선을 무너뜨렸다. 한민족이 세운 나라마다 모두 무너뜨렸다.

자기 조상을 말살한 원흉을 조상으로 섬기며 해마다 축제를 벌인다. 위대한 족보와 역사를 가지고도 그 모든 것을 잃어버린 채, 정신 나간 행위와 주장을 하며 주변국들로부터 '혐한'을 불러일으킨다.

그 모든 저주는 한반도의 모태, 강화도 마니산에 있는 참성단에서 잉태된다. 고조선을 건국한 통치자로서 대제사장이기도 했던 단군이 쌓은 마니산 제단은 하나님께 거룩한 제사를 드리던 제단이다. 그런데 불순한 목적을 가진 세력들이 이 민족의 정통성을 말살할 목적으로 단군신화를 왜곡하여 만들어 낸 것처럼, 그 신성한 제단에 참성단(塹城壇)이라고 하는 저주의 주문을 걸었다.

참성단의 참성은 구덩이 참(塹)에 성(城)을 의미하는 자를 쓰고 있는바, 이 참성(塹城)은 '음부의 성', '사망의 성', '지옥의 성'이라는 저주를 갖고 있다. 그리고 단은 제터 단(壇) 자를 쓰는데, 이는 제단이라는 뜻과 그 제단에서 천제를 드린 종교적 통치자로서 대제사장이기도 했던 단군을 뜻하는 의미를 갖고 있다. 사람의 이름이 바뀌면 그의 운명도 바뀌듯이 참성단(塹城壇)의 저주는 한민족에게 그대로 이루어졌고 또 이루어지고 있는바, 그것을 해석하면 다음과 같다.

첫째, 단군의 전통성을 그 음부의 성에 가두었다. 그리하여 한민족은 단군의 역사와 전통을 모두 잃고 왜곡된 역사 속에서 자기 존재도 모른 채 살아오게 되었다.

둘째, 구덩이 참(塹)은 사망의 무덤을 뜻한다. 그리하여 고조선의 광활한 영토와 백성들을 모두 잃게 되었다. 즉, 그 사망의 구덩이가 광활한 영토와 백성을 다 삼켜 버린 것이다.

셋째, 지옥의 성으로서 외침을 불러들이고 그 왜적들로부터 고통을 당해야 하는 저주의 주문이다.

그러므로 그 제단에 오르는 제물은 이 세 가지 저주를 부르는 주문이 되는바, 한민족은 900번도 훨씬 넘는 외침을 당하고 고통받는 수난을 되풀이해 왔다. 그리고 그때마다 참성단에 제를 드렸다. 참성단이란 의미가 저주의 주문인 줄도 모르고 그 같은 행위를 거듭했다.

말을 타고 대륙을 달리며 호령했던 이 민족의 기상이 참성단(塹城壇)이라고 하는 음부의 성에 갇히면서, 광활한 영토와 백성을 모두 잃고, 거듭되는 침략에 시달려야 하는 신세로 전락한 것이다. 그리하여 몽골군에게 고려 수도였던 개성을 빼앗기고(1232-1270) 지옥의 성, 참성단(塹城壇)이 있는 강화도로 쫓겨 와, 39년간 최후의 지탱을 하면서 나중에는 자기 백성의 아리따운 딸들까지 그들의 성노예로 다 내주어야 했다.

1627년의 정묘호란과 1636년의 병자호란 등 두 차례나 만주족에게 쫓기어 그 음부의 성에 갇히기도 했다. 단군의 성스러운 제단이 있는 강화도가 왕들의 마지막 피난처가 된 것이다. 나라가 망할 때마다 강화도가 왕들의 도피처가 된 것은 그곳에 음부의 성, 참성단이 있기 때문이다. 사람이 죽으면 무덤에 묻히고 죄인은 지옥에 가듯이, 그 음부의 성은 죽음의 성, 지옥의 성이라는 저주의 성이기 때문인 것이다.

왜적들의 끊임없는 침략으로 백성들의 원한도 극에 달했다. 1360년에 강화도를 침입한 왜적들은 300여 명의 백성을 살해하고, 쌀 4만여 섬을 약탈해 갔으며, 1371년에는 고려의 병선 40여 척을 불태워 버렸다. 그때마다 고려 정규군이 맞서 싸웠으나, 전멸하거나 도망가기 일쑤였다. 그러다 보니 나중에는 왜적들이 장기간 주둔하며 주인 행세를 하면서, 백성들의 토지를 빼앗아 소작을 주고, 소작료를 받아 가기까지 했다. 참성단(塹城壇)이 불러들인 저주의 비극이었다.

그렇게 저주가 끊이질 않는 지옥의 성에 유배되어 온 왕족들이 불에 타 죽고, 또 사약을 받아 마시고 죽거나, 잔인하게 살해되는 등의 비극도 끊이질 않았다. 조선 말기에 들어와서도 프랑

스, 미국, 일본 군함들이 강화도로 쳐들어왔고, 끝내는 그 음부의 성에서 조선 최후의 비극을 맞이하여야 했다. 결국 국운은 쇠하고 외침을 끌어들이는 간신의 무리에 의해 나라를 빼앗기기를 거듭하고도 모자라, 나라와 민족이 둘로 갈라져 총부리를 맞대고 있으며 지옥의 성에 갇혀 고통을 받고 있다.

이 나라가 지역과 당파와 패거리로 갈라져 서로 성을 쌓고 싸우길 즐기는 속성도 그 참성단(塹城壇) 저주에서 비롯된다. 주변국에서 한민족의 역사를 말살하고 주권을 침해하는 행위가 끊이지 않고 계속되는 것도 그 저주의 연속이다. 음부의 성에 얼이 빠져 선조의 뿌리를 잊어버리고, 자기 존재도 모르는

이 민족을 업신여기고, 그 같은 도발을 계속하는 것이다.

　그렇게 참성단(塹城壇)이라는 이름은 저주를 불러오는 주문으로서 오랜 세월 한민족의 국운을 삼켜버린 주원인이 되었다. 참성단(塹城壇)의 이름이 성을 파서 단을 쌓았다는 데서 유래되었다고 하는 것은 전혀 이치에 맞지 않는 거짓이며, 이 민족에게 그 저주의 주문을 걸기 위해 지어낸 술수이다. 단군 신화를 왜곡하여 지어냈듯이 말이다. 더구나 마니산의 제단은 한반도의 모태에 있는 제단이며, 인류 역사의 주관자이신 창조주 하나님께 제사를 드리던 곳이다. 그 거룩한 제단을 저주의 함정으로 바꾸어 놓았으니, 당연히 국운이 끊기고 저주를 받을 수밖에 없었다.

　그 저주의 구덩이에 빠져 이 민족이 당해 온 피해 중에, 가장 심각한 피해는 사라지고 왜곡된 역사이다. 그리하여 이 민족의 후예는 자기가 누구인지조차도 모르고, 조상의 역사까지 잊어버린 채 살아온다. 그리고 남겨진 것은 국조 단군을 동물의 후손으로 비하한 왜곡된 신화와 참성단(塹城壇)이라는 저주의 주문이다. 영광의 역사는 모두 잊고, 참성단(塹城壇)과 함께 시작된 저주의 역사만 간직한 것이다.

강화도 마니산 |

한민족은 태양 민족이다!

단의 후예들은 동방 대륙을 정복하면서, 바위들에 하나님을 상징하는 방패와 함께 태양을 상징하는 동심원을 새겨 놓고 그 앞에서 거룩한 제사를 드렸다.

⇧ 내몽골 적봉시 지가영자 암각화– 하나님을 상징한 방패와 할례받은 백성의 상징이 새겨졌다.

⇧ 바위에 태양을 상징한 동심원이 새겨졌다. 이 암각화들이 한반도까지 내려오는 데 3백여 년이 걸렸다. 즉, 서로 다른 문화권에 있던 대륙을 하나의 문화권으로 통일하는 데 3백여 년이 걸린 것이다.

함안 도항리 암각화에 태양을 상징하는 동심원이 새겨졌다.

울산 천전리 암각화에 태양을 상징하는 동심원과 삶의 터전을 상징하는
마름모 모양의 암각화들이 새겨져 있다.

　위 사진의 유적은 경상북도 고령군 양전동 암각화이다. 이처럼 단의 후손들은 바위에 하나님을 상징하는 방패와 더불어 태양을 상징하는 동심을 새기고, 그 앞에서 거룩한 제사를 드렸다. 그리고 동방의 광활한 대륙을 정복했다. 조상들은 바위뿐만 아니라, 이 땅의 흙으로 빚어진 와당-기와들에도 태양을 상징하는 동심원을 새겼다.

위 와당은 구름이 떠 있는 하늘의 태　위 와당도 태양을 상징했다. (국
양을 상징했다. (유금와당박물관 소장)　립박물관 소장)

　단의 후손으로서 이스라엘의 전설적 영웅인 삼손의 이름은 태양이라는 뜻이다. 하나님으로부터 이스라엘의 적을 심판할 민족의 구원자라는 계시를 받고 태어나, 태양의 이름으로 지어진 것이다.

그 삼손의 후손들이 동방 대륙을 정복하며 바위들에 태양을 상징하는 동심원을 새겨 놓았을 뿐만 아니라, 이 땅의 흙으로 빚어진 와당(기와)들에도 동심원을 새겨 놓은 것이다.

위 와당은 평양에서 출토된 유물로서 현재 서울 종로구 부암동에 있는 '유금 와당박물관'에 소장되어 있다. 보는 바와 같이 와당의 가운데 태양을 상징하는 동심원이 새겨져 있다. 이 와당에는 다섯 개의 꽃잎 문양이 있다. 무궁화와 동일 수의 꽃잎이다.

단의 후손들이 살았던 지중해 연안의 샤론 평원은 이 무궁화 원산지이다. 그래서 이스라엘 역사서인 성경에 샤론의 꽃으로 기록되어 있다. 삼손(태양)의 후예들이 그 무궁화와 함께 동방으로 이동해 온 것이다. 와당에 새겨진 꽃잎들이 W 모양의 고대 히브리 문자를 이고 있는데, 꽃잎 사이마다 十 모양의 고대 히브리 문자가 있다. 이 상징적 문양들과 고대 히브리 문자들은 '무궁화와 함께 동방에 올바로 도착했다'라는 뜻이 된다.

위 유물도 평양 일대에서 발견된 와당인데, 현재 용산 국립중앙박물관 3 층 기증관에 전시되어 있다. 사진에서 보는 바와 같이, 와당의 가운데 태양을 상징하는 동심원이 있고 그 둘레를 고대 히브리 문자들이 둘러싸고 있다.

좌측 와당도 평양에서 출토되었는데, 유금와당박물관에 소장되어 있다. 사진에서 보는 바와 같이, 역시 와당의 가운데 태양을 상징하는 동심원이 있고 그 둘레에 고대 히브리 문자들이 둘러싸고 있다.

평양 장수원리에서 출토된 좌측 와당에는 삼손의 가족사를 형상하고 있는데, 역시 가운데 삼손의 이름을 상징하는 태양이 새겨져 있다.

태양을 상징하는 동심원은 한반도 도처에서 출토된 청동 제사 도구들에도 동일한 모습으로 새겨져 있다.

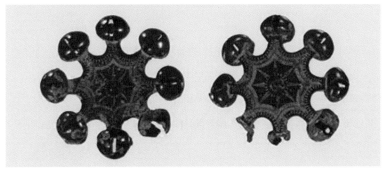

위 유물(팔주령) 가운데 태양의 형상이 새겨져 있다. 태양은 어둠을 심판하고 그 어둠에 묻힌 것들을 구원한다는 상징성이 있다. 즉, 심판과 구원의 상징이다. 이는 단이 받은 계시와 일치한다. 그래서 단의 후예들은 동방의 광활한 대륙을 하나의 문화권으로 통일하고 한겨레를 이루어 어둠을 심판하는 아침의 나라, 고조선을 세운 것이다. 그리고 그 내용을 이 땅의 흙으로 빚은 와당에까지 새긴 것이다. 그런즉, 한민족은 심판과 구원의 상징인 태양 민족이다. 세상에는 태양신을 믿는 족속은 많으나, 스스로를 태양이라고 간주한 민족은 단의 후손인 한민족뿐이다.

두 민족의 공통점

I. 성서와, 삼일신고(三一神誥)

앞에서 구체적으로 해석하고 밝혔듯이, 삼일신고(三一神誥)에 다음과 같이 기록되어 있다.

> 신이 계시되 그 위에 아무도 없으니 가장 높으신 하나님이시니라.
> 하나님은 큰 덕과 큰 지혜 큰 힘으로 우주를 창조하시고,
> 무수한 세계를 관장하시는 주인이시니라.
> 하나님은 만물을 지으셨으되 티끌같이 작은 것 하나 빠뜨림이 없으셨노라.

그럼 성서에는 창조주 하나님을 어떻게 증거하였을까?
성서에 다음같이 기록되어 있다.

> 너희는 눈을 높이 들어 누가 이 모든 것을 창조하였나 보라. 주께서는 수효대로 만상을 이끌어 내시고 각각 그 이름을 부르시나니 그의 권세가 크고 그의 능력이 강하므로 하나도 빠짐이 없느니라.　　(사 40:26)

두 선지자의 증거는 너무도 닮아 있다.

> 하나님이 말씀하시었다. 나 외에 다른 신이 없느니라.　　(사 44:6)

이 말씀은 삼일신고의 증거와 완전히 일치한다.

> 신이 계시되
> 그 위에 아무도 없으니
> 가장 높으신 하나님이시니라.

성서는 하나님을 영(靈)이라고 증거하는바, 단군의 삼일신고에 다음같이 기록되어 있다.

> 밝고 밝으시며, 신령하시고 신령하신
> 그 이름 감히 헤아릴 수 없거늘
> 소리로 기운 내어 소원을 기도하며
> 절친(絶親)토록 가까이하면 보리라.
> 스스로 성품을 다하여 간구하면
> 하나님의 아들이 강림하시리라.
> 너는 머리 뇌로 깨달아 알게 되리라.

위 기록에서 특히 주목해야 할 것은 하나님 아들의 강림에 대한 증거이다. 이는 단이 받은 계시와 일치한다.

> 여호와여, 나는 주의 구원을 기다리나이다.　　　　　(창 49:18)

성서에 다음과 같은 기록들이 있다.

> 마음을 다하고 성품을 다하여, 그를 구하면 만나리라.　　　(신 4:29)

> 여호와의 친밀함이 경외하는 자에게 있음이여.　　　(시 25:14)

> 여호와께서 내 주(예수 그리스도)에게 말씀하시기를, "내가 네 원수로 네 발판 되게 하기까지 너는 내 우편에 앉으라 하셨도다.　　(시 110:1)

위에서 증명되었듯이 단군은 성품을 다하여 간구하면 하나님 아들이 강림하신다고 기록하였을 뿐만 아니라, 강화도 마니산과 태백산 등에 제단을 쌓고 거룩한 제사를 드리며 주의 구원을 기리었다. 그리고 위 증거에서 머리(뇌)로 깨달아 알게 될 것이라고 한 것은 성령이 임하여 지혜를 준다는 뜻인 바, 성서에 다음과 같이 기록되어 있다.

> 보혜사 곧 아버지께서 내 이름으로 보내실 성령, 그가 너희에게 모든 것을 가르치고, 내가 너희에게 말한 모든 것을 생각나게 하시리라. (요 15:26)

삼일신고에 무불재 무불용(無不在 無不容)이라는 증거가 있다. 이는 영체이신 하나님이 사람의 눈에 보이지 않으므로 없는 듯하지만, 사람과 같은 얼굴 형상을 가진 존재이시라는 증거이다. 그런즉, 사람이 얼굴 형상을 가진 것은 하나님의 형상으로 지어졌기 때문이다. 그에 관해 성서는 다음과 같이 기록하였다.

> 하나님이 가라사대, "우리의 형상을 따라, 우리의 모양대로, 우리가 사람을 창조하고, 그로 바다의 고기와 공중의 새와 육축과 온 땅과 땅에 기는 모든 것을 다스리게 하자. (창 1:26)

단군은 삼일신고(三一神誥)에서 다음같이 밝혔다.

사람은 만물과 함께
동일한 생명을 받았으나
세 가지 참된 것을 가졌으니
그것은 영, 혼, 육, 3일체이니라.
가로되 사람은
성품을 지닌 생명체로
정기를 가졌나니
사람은 완전한 존재로서
완전치 못한 만물의 영장이 되었노라.

성경 창세기에 다음같이 기록되어 있다.

> 하나님이 자기 형상, 곧 하나님의 형상대로 사람을 창조하시되 남자와 여
> 자를 창조하시고 하나님이 그들에게 복을 주시며 그들에게 이르시되, "생
> 육하고 번성하여 땅에 충만하라. 땅을 정복하라. 바다의 고기와 공중의
> 새와 땅에 움직이는 모든 생물을 다스리라." 하시니라.　　**(창 1:27-28)**

위에서 확인하였듯이, 단군은 삼일신고에서 삼위일체 하나님과 천지창조, 3일체 인간에 대해 구체적으로 증명하였는바, 이는 성서의 기록들과 공통점을 가지고 있다.

2. 신앙적 풍속의 공통점

강화도 마니산과 태백산에는 단군이 제사를 드린 제단이 있다. 한민족은 돌로 제단을 쌓고 하나님께 거룩한 제사를 드린 신앙적 풍속을 가지고 있었던 것이다.

그럼 이스라엘 민족은 어떨까? 성서에 다음과 같은 기록이 있다.

> 노아가 여호와(하나님)를 위하여 단을 쌓고, 모든 정결한 짐승 중에서와
> 모든 정결한 새 중에서 취하여 번제로 단에 드렸더니.　　**(창 8:20)**

> 그가 자기에게 나타나신 여호와를 위하여, 그곳에 단을 쌓고.　　**(창 12:7)**

> 하나님이 그에게 지시하신 곳에 이른지라, 이에 아브라함이 그곳에 단을
> 쌓고.　　**(창 22:9)**

> 야곱과 그와 함께 한 모든 사람이 가나안 땅 루스 곧 벧엘에 이르고, 그가
> 거기서 단을 쌓고 그곳을 엘 벧엘이라 불렀으니.　　　　(창 35:6-7)

이처럼 한민족과 이스라엘민족은 단을 쌓고, 하나님께 제를 드리는 신앙적 풍속을 가지고 있었다.

ㅋ. 제사 풍속의 공통점

돌로 단을 쌓고 제사를 지낸다. 그리고 두 민족은 사람이 죽으면 향을 피우고 베옷을 입는다. 성경에 다음과 같이 기록되었다.

> … 다윗이 장로들과 더불어, 굵은 베를 입고, 얼굴을 땅에 대고 엎드려 …
> 　　　　(대상 21:16)

> 궁내대신 엘리아김과 서기관 셉나와 제사장 중 어른들도, 굵은 베옷을 입
> 으니라.　　　　(사 37:2)

한민족은 사람이 죽으면 베옷을 입고 '아이고- 아이고-' 하며 곡을 하는데, 역시 이스라엘 민족도 사람이 죽으면 곡을 한다.

ㄴ. 식습관의 공통점

마늘과 부추는 예로부터 한민족과 이스라엘사람들이 즐겨 먹었는바, 그에 관해서 성경에 다음과 같이 기록되어 있다.

> 우리가 애굽에 있을 때에는 값없이 오이와 수박과 부추와 파와 마늘들을
> 먹은 것이 생각나거늘.   (민 11:5)

이처럼 한민족과 이스라엘 사람들은 예로부터 마늘, 고추 등 매운 음식을
즐겨 먹었던 것이다.

5. 전통 풍속의 공통점

집 주변에 돌담을 쌓는다. 한국의 시골 마을에서 흔히 볼 수 있는 돌담 집
을 이스라엘의 북부나 중부에서도 볼 수 있다. 한민족은 전통적으로 놋그릇,
숟가락, 부삽, 불집게 등을 사용하였는바, 성경에 다음과 같이 기록되었다.

> 또 가마들과 부삽들과 불집게들과 숟가락들과, 섬길 때에 쓰는 모든 놋그
> 릇을 다 가져갔으며.   (왕하 25:14)

한민족은 스스로를 백의(白衣)민족이라 하는데, 이스라엘 민족도 전통적으
로 흰옷을 즐겨 입었다. 그리고 두 민족의 여자들은 물동이를 이고 다녔다.
삽과 호미를 사용하여 땅을 일구어 농사를 짓고, 맷돌질하며 도리깨질하는
것도 같다.

한국인들은 웃어른께 큰절할 때 집안이나 밖을 가리지 않고 땅에 엎드려
절을 하는데, 유대인도 땅에 엎드려 절을 한다. 그에 관해 성경은 다음같이
기록하고 있다.

> 때에 요셉이 나라의 총리로서 그 땅 모든 백성에게 (곡식을)팔더니, 요셉
> 의 형들이 와서 그 앞에서 땅에 엎드려 절하매.   (창 42:6)

> 요셉이 아비 무릎 사이에서 두 아들을 물리고, 땅에 엎드려 절하고 .
>
> (창 48:12)

한민족의 최대 명절은 한가위, 곧 추석인데 유대인의 최대 명절은 초막절이다. 추석은 8월 보름이다. 그리고 유대인은 7월 보름이 초막절이다. 그런데 유대 음력은 우리 음력보다 한 달 늦으므로 결국 같은 날이 된다.

6. 언어의 공통점

한민족은 아버지를 아비라고도 하는데, 히브리어도 아버지를 아비(Abbi)라고 한다. 히브리어로 아버지는 '압(Ab)'인데, 호칭의 접미사가 붙게 되면 '아비(Abi)'가 되는 것이다. 성경에도 아비란 표현이 많이 등장한다.

아비-에셀(아버지는 도움이시다)	(삿 6:11)

아비-아달(부유한 아버지)	(삼상 22:20)

아비-술(벽의 아버지)	(대상 2:28)

아비-야(여호와는 아버지시다)	(대상 7:8)

이 외에도 많은 표현들이 있다.

그리고 한국인들은 어머니를 어미라고도 하는데, 이 역시 히브리와 같다. 히브리어로 어머니는 '엠(Em)'인데, 이 호칭의 접미사를 붙이면 '에미(Emi)'가 되는 것이다. 또한 한국인들은 긍정을 표시할 때 "암" 또는 "아무렴"이라고 하는데, 유대인들은 "아멘"이라고 한다.

7. 고조선 유적 및 유물들의 일치성

농사꾼의 집에는 농기구가 있고, 목수의 집에는 공구가 있으며, 운동선수의 집에는 운동기구들이 있다. 그 집에 누가 사는가에 따라 그 집에 남겨질 유품들이 정해지고 남겨지게 되는 것이다. 그래서 그 집의 물건들을 보고 그 집 주인에 대해 알 수 있다. 마찬가지로 고조선 청동기 시대의 유적 및 유물들은 단군의 정체성과 일치된다. 단군이 고조선이라고 하는 대제국을 건설한 '집터'였던 광활한 대륙의 바위들에는, 단군이 삼일신고(三一神誥)에서 밝힌 하나님을 상징하는 방패가 암각화로 새겨졌다. 그리고 방패는 청동기로도 만들어져, 단군이 밝힌 하나님을 섬기는 제사 도구로 사용되었다.

하나님과 맺은 언약을 지켜, 할례를 받은 백성의 상징도 암각화로 새겨졌을 뿐만 아니라, 청동기(간두령)로도 만들어져 제사 도구로 사용되었다. 하나님과 맺은 언약을 상징하는 청동기(팔주령, 쌍두령)들도 만들어져 제사 도구로 사용되었다. 단에 대한 계시를 상징하는 청동검도 만들어져 제사 도구로 사용되었다. 이 유적 및 유물들은 단군의 '집터'였던 고조선 일대에서 동일한 모습으로 나타났다. 한 세트를 이룬 청동 제사 도구들이 한반도 여러 지역에서 동일한 모습으로 나타나기도 했다. 이는 그 시대의 조상들이 단군과 동일한 신앙을 가지고, 동일한 하나님께 동일한 목적으로 제사를 드렸다는 증거이다.

단의 후손으로 임금이 된 단군은 왕권을 가진 대제사장이었는바, 지방 수령들도 제사장 권한을 가지고 있었다. 그들은 한민족의 조상들이다. 그들이 동일한 하나님에게 동일한 목적으로 제사를 드렸다는 것은, 그 하나님과 맺어진 어떤 동일한 약속이 있다는 것을 의미한다. 성경에 기록된바, 하나님은 단의 증조부인 아브라함과 언약을 맺으시었다.

> 내가 너로 심히 번성케 하리니, 나라들이 네게로 좇아 일어나며, 열 왕이 네게로 좇아 나리라. 내가 내 언약을 나와 너와 네 대대 후손의 사이에 세워서 영원한 언약을 삼고, 너와 네 후손의 하나님이 되리라. **(창 17:6-7)**

하나님은 아브라함의 후손들인 이삭, 야곱 조상들에게도 나타나시어 후손 대대로 축복해 주실 것을 약속하시었다. 고조선 청동기 시대에 나타난 유적 및 유물들은 그 동일한 하나님과 맺어진 동일한 약속이 후손 대대로 반드시 꼭 이루어지길 간절히 바라며 제사를 드린 증거이며, 단군은 그 거룩한 제사를 주관한 대제사장이었다.

8. 남녀 관계의 공통점

고대 근동 지역은 성적으로 매우 문란한 사회였는데, 이스라엘은 남녀 관계에 대해 매우 엄격했다.

> 남자가 유부녀와 통간(通姦)함을 보거든, 그 통간한 남자와 여자를 둘 다 죽여 이스라엘 중에 악을 제할지니라.　　　　　　　　(신 22:22)

이와 마찬가지로 한민족도 예로부터 남녀 관계가 엄격했다.

기원전 300년경, 공자의 7대손 공빈(孔斌)은 동이열전(東夷列傳)에서 고조선에 대하여 다음같이 밝혔다.

"먼 옛날부터 동쪽에 동이라는 나라가 있었다. 그 나라에 단군이라는 훌륭한 임금이 태어나니, 아홉 개 부족이 그를 받들어 임금으로 모셨다. … 남자와 여자가 따로 거처해 섞이지 않으니, 이 나라야말로 동쪽에 있는 예의바른 군자의 나라(東方禮義之國)가 아니겠는가. 이런 까닭으로 나의 선부자(先府子, 할아버지) 공자께서 '그 나라에 가서 살고 싶다'고 하시면서 '누추하지 않다'고 말씀하셨다."

9. 단군

단군의 본 의미는 壇君이다. 단군은 그 상징성에 있어서, 제사장이 하늘의 신(神)이 구원의 왕(君)으로 임재하길 기린다는 계시를 갖고 있다. 단군이 하나님께 천제를 드렸던 강화도 마니산 제단과 태백산 제단은 그 확실한 증거가 된다. 또한, 이는 야곱의 예언과도 일치한다.

> 여호와여, 나는 주(예수 그리스도)의 구원을 기다리나이다.　　(창 49:18)

10. 군자불사지국(君子不死之國)

예로부터 이 땅을 군자불사지국(君子不死之國)이라 하였는데, 이를 그대로 뜻풀이하면 왕의 아들이 죽지 않는 나라이다. 즉, 영원히 살아 계시는 하나님의 독생자 예수 그리스도의 나라임을 계시적으로 상징한 것이다. 이 땅을 신시(神市, 하나님의 나라)라고 한 것도, 신단수(神壇수)라고 한 것도, 다 같은 의미에서 비롯된 것이다.

왕권을 가진 제사장으로서 멜기세덱과 같은 상징성을 가진 단군이 스스로를 군자라 칭하며 거룩한 제사를 드린 것은, 구원의 왕(예수 그리스도)이 이 땅에 강림하시길 기리기 위해서이다. 단군이 삼일신고에서 '성품을 다해 간구하면 하나님 아들이 강림하신다.'라고 밝힌 것이 바로 그 증거가 된다. 성서에 계시된 사자의 새끼로서, 합당한 칭을 하고 제사를 드린 것이다. 공자는 다음같이 말했다.

"군자가 죽지 않는 나라인, 동이(고조선)에 가고 싶다."

4부 고대 역사의 증거들

고대 문명의 교체

 선사 시대 사람들이 사용했던 석기 유물들은, 이 땅에서 창조되고 변화, 발전되어 온 토착 문명을 가장 확실하게 보여 주는 증거들이다. 그 이유는 석기 유물들이 오랜 세월에도 그 모양이나 질이 거의 그대로 보존되어 있기 때문이다.

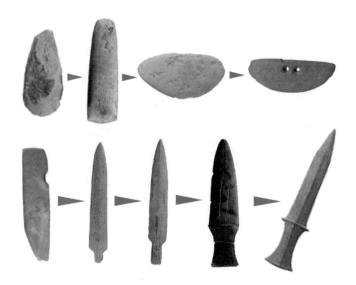

 위 유물들에서 확인할 수 있듯이, 이 땅의 돌들은 거의 원석에 가까운 형태에서 시작하여 농기구로, 사냥 도구로, 전쟁 수단인 무기로까지 발전하였다. 그리고 그 돌들은 스스로 변화한 것이 아니라, 이 땅에 뿌리내리며 세대와 세대를 이어 온 사람들에 의해 가공되며 발전된 것이다.

옆에서 보는 바와 같이, 신석기 시대를 장식한 간돌검은 그 디자인이 매우 세련되고 화려하기까지 하다. 그런데 간돌검의 모양이 단에 대한 계시를 상징한 청동검의 모습과 완전히 다른 형식이다. 상식적으로 그 고토에 뿌리내리며 돌을 생존 수단으로 진화시켜 간돌검을 만든 사람들이 만든 청동검이라면, 당연히 그 디자인도 간돌검의 모양과 같아야 한다. 하지만 그들이 태곳적부터 발전시키며 완성한 간돌검과는 전혀 다른 디자인의 청동검이 나타났다.

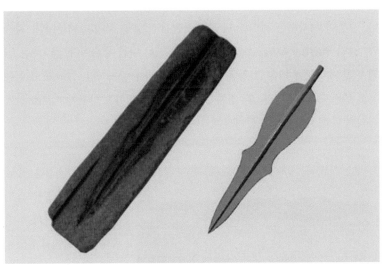

내몽골 적봉시 일대에서 예언의 상징(청동검)을 만든 거푸집이 발견되었다.

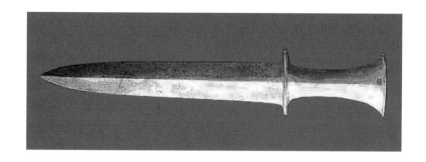

　위에서 보는 바와 같이, 선사 시대 사람들이 돌을 갈아서 칼을 만든 수준
은 매우 세련되어 있다. 그런데 간돌검의 모양이 청동검의 모습과 완전히 다
른 형식이다. 이는, 그 청동검이 오랜 세월 돌을 진화시켜 간돌검을 완성한
선주민들에 의해 만들어지지 않았다는 증거이다. 사람에겐 습관이란 것이
있다. 그리고 그 습관에서 행위가 나온다. 그러므로 간돌검을 사용하던 사람
들이 청동검을 주문하거나 만든다면, 눈과 손에 익숙한 간돌검 모양일 것이
다. 그들이 생각하는 검이란 당연히 간돌검 모양일 것이기 때문이다. 하지
만, 길의 뱀(첩경의 독사)을 상징한 청동검은 전혀 다른 모습이다. 즉, 이는 전
혀 다른 세력들에 의해 그 청동검이 만들어졌다는 증거이다. 그리고 그 청동
검은 한반도까지 전파된 후, 점차 그 정체성이 쇠퇴하고 나서야 비로소 간돌
검의 모양과 비슷하게 만들어졌다.

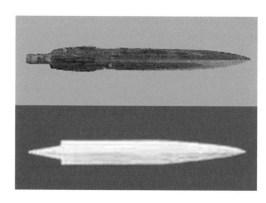

　　　　　　　좌측 유물들은 충남
부여 연화리에서 출토
된 한국형 동검과 부여
송국리 무덤에서 출토된
간돌검의 모습이다. 유
물들에서 보는 바와 같
이, 고조선식 동검은 본
래의 상징적 모습을 잃
어버리고 나서야 간돌검과 비슷한 모습으로 만들어졌다. 이는 고조선 청동

검이 단에 대한 예언의 상징으로 만들어졌다가, 점차 그 정체성이 사라졌다는 증거이다. 한민족의 정체성이 사라졌듯이 말이다.

고조선 시기의 청동기들에서 중국식 청동기들과는 달리 아연이 검출되었다. 일반적으로 청동이란 구리에 주석을 혼합한 것인데, 고조선 일대에서 사용된 청동기들은 거기에 아연을 혼합하여 합금한 것이다. 사실 그 당시의 청동기에 아연을 합금하는 것은 결코 쉬운 기술이 아니었다. 아연은 섭씨 900도에서 끓으며 증기로 날아가 버리는데, 그 이상의 온도(1,000도)까지 열을 가해야만 주물을 부어 만들 수 있으므로 당시로써는 매우 높은 수준의 기술이었다. 오랜 세월 속에 축적된 경험이 없이는 불가능한 기술이었던 것이다.

단의 후손은 이집트를 떠날 때, 이미 금, 은, 동, 놋 제련 기술을 가지고 제사 도구들을 만들었으므로 상당히 높은 청동 제련 기술을 가지고 있었음이 틀림없다.

중국을 비롯한 동아시아 나라들의 청동기 유물에서 거의 찾아볼 수 없는 아연 합금 성분을 가진 청동기들이 나타난 것은, 고조선이 주변국들의 영향을 전혀 받지 않은 세력에 의해 건국되었다는 것을 짐작하게 한다. 청동검의 모양이 중국식 동검과는 완전히 다른 모양의 형태로, 고조선 일대의 광범위한 영토에서만 나타난 것도 그 증거이다.

기원전 10세기, 성서에서 사라진 단의 후예가 유일신으로 섬긴 하나님을 상징하는 방패가 기원전 10세기에 내몽골 적봉 일대의 바위에 암각화로 새겨졌을 뿐만 아니라, 청동기로도 만들어져 그 유일신에게 제사 드리는 상징물로 사용된 것도 그 증거이다. 아울러 청동기 시대의 유적 및 유물들은 거의 단의 정체성과 일치된다.

위 지도에서 붉은 점들은 단에 대한 계시가 상징된 청동검이 출토된 지역들이다.

위 유물들은 한반도 전역에서 출토된 선사 시대의 토기 중에 대표적인 것들이며, 보는 바와 같이 선사 시대에도 토기 생산 기술이 상당히 발전되어 있다.

홍산(紅山)은 중국 내몽골 자치구 적봉시의 동북쪽에 위치하고 있는데, 철 성분이 많아서 붉은색을 띠고 있다. 이 홍산 주변에서 신석기 유적과 유물들이 많이 발굴되었다. 그래서 그 산 이름을 따서 '홍산 문화'라는 명칭을 쓰게 된 것이다. 홍산 문화의 대표적 특징은 돌무덤이다. 돌을 자르거나 쌓아 묘실을 짜고, 거기에 시신과 유물을 안장한 것이다. 우하량 적석총과 동산취 적석 제단의 연대는 기원전 3500년경이고, 적봉 초모자 석축 제단의 연대는 기원전 3000년경이며, 한반도 돌무덤의 기원은 기원전 700년경이다. 그러니까, 당시까지만 해도 홍산 문화는 한반도와 별개의 문화였다.

중국의 경우를 보면, 은나라 이전에는 땅을 파서 묘실을 만들고 시신과 유물을 안장했다. 그러다가 주나라 때에 이르러 나무로 묘실을 만드는 방법이 유행되었다. 홍산 문화의 묘장법과는 대조적인 모습이다.

그림에서 보는 바와 같이, 홍산 문화에서 중국과 한반도는 배제되어 있다. 중국과 한반도에는 홍산 문화에 속하지 않는 사람들이 살고 있었던 것이다. 서로 다른 문화권에 속한 사람들이 한 국가 체제에 종속된 일원이었다고 하는 것은 모순된 논리이다.

고고학에서 묘장법을 중요시하는 것은, 그것을 통해 그 민족의 전통과 문화 수준을 알 수 있기 때문이다. 비행기가 추락하면 거기에 장치되었던 블랙박스를 통해 사고 원인을 알아낼 수 있듯이, 그 묘실에 보관된 유물들은 그 시대의 블랙박스에 보관된 매우 소중한 자료인 것이다. 홍산 문화의 돌무덤들에서 출토된 유물들로 옥기, 토기류가 있는데, 그 디자인이나 가공은 매우 세련되어 있다.

● 홍산 문화의 신앙

홍산 문화 유적에서 출토된 다양한 여신상들이 밝혀 주듯이, 당시 사회는 모계 지배 구조를 가진 부족 공동체였다. 따라서 그 시대 사람들은 여신을 섬기는 신앙을 가지고 있었다.

요녕 능원현 우하량 주량북산 정상에 지어진 묘에는 아주 다양한 여신상들이 모셔져 있다. 그 유적은 북쪽 18m 되는 곳에, 남북 175m, 동서 159m의 큰 평지에 있는데, 중간에 사당으로 통하는 통로가 있다. 성대한 종교의식이 행하여졌던 흔적인 것이다. 이는 그 시대 사람들의 신앙관을 밝혀 주는 명백한 증거이다.

일부 사람들은 홍산 문화가 고조선의 뿌리라고 한다. 정녕 그렇다면 그곳에 여신상이 아니라, 한민족의 국조인 단군의 신앙과 사상을 반영하는 유적 및 유물들이 있어야 한다. 하지만 그곳에는 단군이 증명한 삼위일체 하나님을 섬긴 흔적이 전혀 없다. 단군의 3일체 인간 사상도 없다. 아울러 고조선 시기의 청동기들과 암각화, 와당들에서 나타난 한민족의 정체성도 홍산 문화에서는 전혀 찾을 수 없다.

이 같은 역사적 증거들은, 단의 후손에 의해 서로 다른 문화권에 있던 이 동방의 광활한 대륙이 하나의 문화권으로 통일되었음을 말해 주고 있다.

단의 후손이 살았던 고대 근동 지역에 청동기 문화가 한창일 때, 동방은 아직 석기 시대에 머물러 있었다. 그런즉, 단의 전사들이 동방 대륙을 정복하며, 이 땅의 석기 시대에 종지부를 찍었다.

황허문명

　황허문명은 중국 황허의 중하류 지역에서 나타난 문명으로, 세계 4대 문명으로 일컫는다. 그래서 중국의 역사학계는 중국의 문명이 황허문명에서 시작되었다고 주장했었다. 그러다 내몽골 적봉 일대에서 홍산 문화가 나타나자, 황허문명의 기원설을 철회하고 '다중심 문화론'을 인정하게 되었다. 그런즉, 홍산 문화가 전성기를 누릴 때 중국에서도 황허문명이 한창이었다.

　황허문명에서 하(夏), 상(商), 주(周) 등의 고대 국가들이 출현하였다. 그리고 춘추전국시대를 거치며, 황허 유역은 중국 문화의 중심 지대가 되었다.

은(殷)나라

은(殷)나라는 역사적 유적 및 유물들의 증거에 의해 사실상 중국 최초의 국가(기원전 1600~기원전 1046)로 인정되는 나라이다. 은(殷)나라 이전에 하(夏)나라가 존재하였다고는 하나, 그와 관련된 유적이나 유물이 발견된 적이 없으므로 고고학적인 인정을 받지 못하는 것이다.

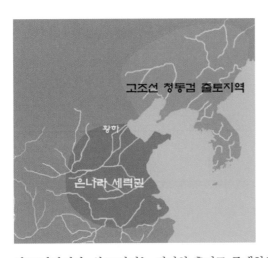

지도는 고조선 청동검이 출토된 지역과 은나라의 세력권을 반영한 것이다. 은(殷)나라의 대표적 유물로는 갑골문이 있으며, 은(殷)의 수도였던 은허의 발굴을 통해 수많은 유물이 출토되었다.

은(殷)의 원래 명칭은 상(商)나라이다. 상(商)나라는 전기와 후기로 존재하였는데, 은(殷)은 후기(기원전 1300~기원전 1046) 상(商)나라의 도읍이었다. 그리하여 은(殷)나라와 상(商)나라라는 두 명칭을 갖게 되었다.

주(周)나라

황허문명에서 탄생한 상(殷)나라에 이어, 주(周)나라는 기원전 10세기경부터 기원전 256년까지 존재하였다. 중국은 주(周)나라에 들어와 봉건제도를 실현하였다.

주(周)나라를 개국한 우왕은 친족들과 개국 공신들에게 영토를 나눠주고 다스리게 하였는데, 그것이 독립적인 국가를 형성하고 유지하는 봉건제도가 된 것이다. '춘추 시대'의 봉건 국가들은 주(周)나라 왕실의 전통성을 인정하고, 그 안에서 서로의 패권을 치열하게 다투었다.

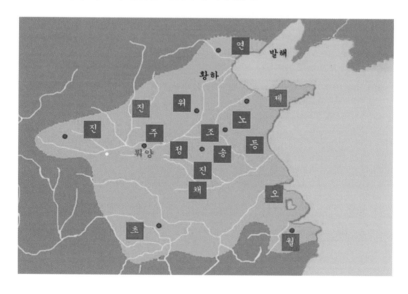

지도는 춘추 시대의 초기 영역이다. 연나라가 고조선의 청동검 세력 범위를, 아직 넘지 못한 때의 영역이다. 기원전 770년, 주(周)나라가 뤄양으로 천도하기 이전의 시대를 '서주 시대'라고 하며, 그 이후를 '동주 시대'라고 한다. 동주 시대에서 또 춘추 시대와 전국 시대로 나누어진다.

그러므로 춘추 시대가 시작되기 이전에 이미 고조선 일대에서 '길의 뱀(첩 경의 독사)'을 상징한 청동검이 광범히 퍼져 있었다. 즉, 단 후예들의 영향력이 광활한 대륙을 하나의 문화권으로 통일하고, 이미 고조선을 건국한 후였다.

춘추 시대는 주(周) 왕조가 뤄양으로 도읍을 옮긴 후로부터, 진나라의 대 부인 한(韓), 조(趙), 위(魏)의 성씨를 가진 세력들이 진나라를 분할하여 제후로 독립된 기원전 403년 전까지 시대를 말한다. 그 후, '분할 국가'들이 하나로 통일된, 기원전 221년까지의 시기를 '전국 시대'라고 한다.

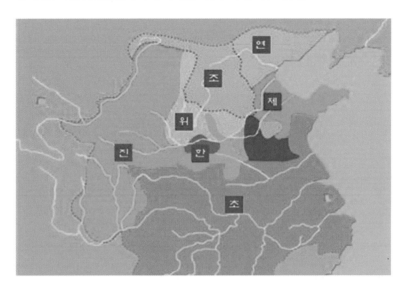

위 그림은 전국 시대의 지도이다. 춘추(春秋)는 공자가 쓴 노(魯)나라의 역사서 춘추(春秋)에서 유래되었고, 전국(戰國)은 한(韓)나라의 유향이 쓴 '전국책'에서 유래된 것이다.

고조선

황허문명에서 주(周)나라가 태동할 무렵인 기원전 10세기, 단의 후예들이 헬몬산 기슭의 라이스를 정복하고, 그 지명을 조상 단의 이름으로 명명한 후 동방으로 이동하였다.

그 과정에 알타이에서 수십 년 정착하며 알타이 언어를 익히고, 또 몽골 초원에서 '기마민족'으로 변신하였다.

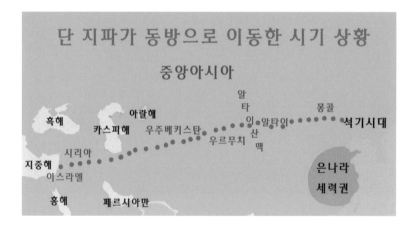

당시 고조선 일대는 홍산 문화와 그 밖의 석기 문화로 서로 다른 문화권에서 존재하였다. 그러다가 알타이산맥을 넘어 몽골 초원에서 기마민족으로 변신하고 나타난 단의 후예들에 의해, 비로소 한겨레가 되어 고조선을 건국하게 되었다. 그리하여 고조선 일대의 광활한 영토에서 단에 대한 계시를 상징한 청동검이 나타났다.

청동검 출토지역

지도에서 보듯이 단에 대한 계시를 상징한 청동검은, 그 상징대로 홍산 문화의 지역을 넘어 한반도까지 정복했다. 서로 다른 문화를 가지고 있던 지역을 하나로 통일하여 비로소 한겨레를 이루었던 것이다. 인더스 문명이 몰락한 인도에 상륙한 아리아족은 원주민을 무참히 학살하고 노예로 만들었지만, 단의 후예들은 거룩한 예언의 상징인 '길의 뱀(첩경의 독사)' 모양을 한 청동검으로 대륙을 통일하고, 고조선이라는 대제국을 건설한 것이다. 그런즉, 홍산 문화 지역은 한민족의 모태와 같다고 할 수 있다. 그 모태에 거룩한 예언을 가진 단의 씨앗이 들어와 한겨레를 탄생시켰으니 말이다. 기원전 10세기경이었다. 그후, 성서에서 하나님을 상징하는 방패와 삼손 이름(태양)을 상징하는 동심원과 할례받은 백성의 상징과 모세의 계시가 고조선 일대의 바위들에 암각화로 새겨졌다. 히브리 열두 지파에서 다섯째 지파인 단의 후예들이 동방으로 이동해 와, '아침이 빛나는 나라'를 세웠다는 상징적 형상도, 고대 히브리 문자와 함께 와당에 새겨졌다. 아울러 삼손 이야기도 그의 이름(태양)을 상징하는 동심원과 함께 와당에 새겨졌다. 하나님을 상징하는 방패와 할례받은 백성의 상징 등이 청동기로도 만들어져 거룩한 제사의 상징물로 사용되었다. 한민족의 국조인 단군은 태백산, 마니산 등에 제단을 쌓고 삼위일체 하나님께 거룩한 제사를 드렸다. 그리고 삼일신고와 천부경에서 삼위일체 하나님을 증명하였을 뿐만 아니라, 인류 역사상 최초로 지구가 타원형의 모양이란 것과, 3일체 인간 사상을 밝혔다.

위 유적 및 유물들은 기원전 10세기 이후에 단의 후손들과 함께 나타났다.

동방 대륙 정복의 비결

단에 대한 계시를 상징한 청동검이 중국 동북부 지역에 처음 나타난 것은 기원전 10세기경이다. 그리고 한반도에 기원전 7세기경에 나타났다. 그런즉, 3백 년의 차이가 있다. 이는 단의 후예들이 동방 대륙을 통일하는 데 3백년의 시간이 걸렸다는 증거가 된다. 그럼 단의 후예들이 그 광활한 대륙을 통일할 수 있었던 비결은 뭘까?

당시 한반도와 중국 동북부 지역은 석기 시대 사람들이 살고 있었다. 즉, 돌로 가공된 쟁기를 들고 사냥을 하거나 농사를 짓는 사람들이 부족 공동체를 이루며 살고 있었다. 그런데 그들 앞에 말 타고 청동기를 든 군대가 나타났다. 그 군사들이 들고 있는 청동 거울은 햇빛에 반사되어 찬란한 빛을 뿜었고, 또 그들이 흔드는 청동 방울의 청아한 소리는 천상에서 들려오는 것처럼 널리 울려 퍼졌다. 또한, 그들은 햇빛에 찬란히 반사되는 청동검까지 들고 있었는데, 하늘에서 막 지상에 내려온 천군의 모습을 방불케 했다.

좌측 지도는 당시 동방 대륙에 나타난 청동검, 청동 거울, 청동 방울, 청동 제사 도구들의 일부를 상징적으로 보여 주고 있다. 돌로 사냥을 하고 농사를 짓던 원주민들은 그

들의 위풍당당한 모습 앞에 머리도 제대로 들 수 없었고 감히 대적할 엄두도
낼 수 없었다. 그리하여 단의 후예들은 서로 다른 문화권에 있던 동방 대륙
을 통일하고 한겨레를 이루었다. 아울러 이 땅의 석기 시대는 막을 내리고,
청동기 시대가 열리게 되었다.

연대 속의 역사와 증거

사건의 실마리를 풀기 위해서는 시간과 행위, 증거를 밝히는 것이 중요하다. 그 시간에 그는 무엇을 했으며, 그 장소에 남겨진 증거와 어떤 연관이 있는가 하는 것이다. 그렇다면 그 시기의 연대와 행위, 증거를 가지고 고조선과 중국의 실체를 밝혀 보자.

1) 고조선과 주나라의 개국

기원전 10세기경, 주나라의 개국과 비슷한 시기에 단에 대한 계시의 상징인 '길의 뱀(첩경의 독사)' 모양을 한 청동검이 요서, 요동 지방에 나타났다. 이는 기원전 10세기 말, 단의 후예들이 헬몬산 기슭의 단을 떠나 알타이산맥을 넘고 몽골 초원을 지나, 동방으로 이동해 온 시기와 일치한다.

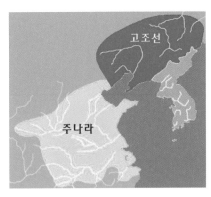

당시 고조선과 주나라 두 지역에서 생산된 청동검은 서로 다른 모양을 가지고 있다. 역사의 블랙박스라고 할 수 있는 묘실 문화도 다르다. 고대 지나족은 땅을 파서 묘실을 만들고 시신과 유물을 안장하였고, 주나라 때에 이르러서야 나무로 관을 짜서 묘실을 만들어 시신과 유물을 안장하였다. 반면에 고조선 일대의 사람들은 돌을 쌓아 묘실을 만들고 거기에 시신과 유물을 안장하였다. 이 같은 증거들에서 분명히 알 수 있는 것은, 기원전 10세기 이전까지 지나족은 고조선 일대에 아무런 영향력도 끼치지 못했다는 것이다.

2) 고조선과 춘추 시대

기원전 770년, 북방 민족의 침입을 받은 주나라는 뤄양으로 도읍을 옮겼다. 그리고 그때부터 주나라는 쇠퇴하기 시작했다. 세금도 그 지방 제후들에게 바치며 내분의 소용돌이 속에 빠지게 되었다. 주나라는 중앙집권체제를 상실하고 사실상 유명무실하게 된 것이다. 반면 고조선식 청동검은 두만강, 압록강을 넘어 한반도에까지 나타났다. 중국이 내분에 휩싸여 있을 때 고조선은 승승장구한 것이다.

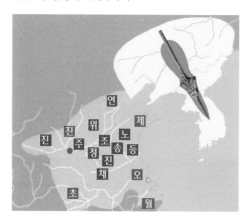

당시를 춘추 시대라 한다. 그때까지도 중국은 고조선에 영향력을 끼칠 만한 형편이 못 되었다. 타민족의 침입을 받아 도읍을 옮기고 내분에까지 빠져든 처지에, 한창 승승장구하던 고조선에 간섭한다는 것은 도저히 있을 수 없는 일이었다. 더구나 주나라의 왕실마저 폐지되고, 완전히 조각난 상태였으니 말이다.

3) 공자와 고조선

기원전 552년에 공자가 태어났다. 공자에 의해 '춘추 시대'라 불린 그 시기, 중국의 정세는 몹시 어지러웠다. 수많은 나라로 갈기갈기 찢어져, 서로

죽이고 먹히는 약육강식의 세력 다툼이 치열했다. 타락한 세상에서 도탄에
빠진 백성의 고통도 끊이질 않았다. 그래서 공자는 동이(고조선)에 가고 싶다
고 하였다. 공자가 살았던 노(怒)나라는 한반도 건너편에 위치한 지역으로,
배를 타고 건너올 수 있었던 것이다.

후한(後漢) 시대 허신(許愼)은 설
문해자(說文解字)에서 다음과 같
이 밝혔다.

"공자가 '중국에 도(道)가 행해
지지 않으니, 나는 군자가 죽지
않는 나라인 동이(東夷)에 가고
싶다.'라고 말하면서 뗏목을 타
고 바다로 나간 것은 참으로 이
유 있는 일이라 하겠다."

기원전 300년경, 공자의 7대손 공빈(孔斌)은 동이열전(東夷列傳)에서 고조선
에 대하여 다음같이 밝혔다.

"먼 옛날부터 동쪽에 동이라는 나라가 있었다. 그 나라에 단군이라는 훌륭
한 임금이 태어나니, 아홉 개 부족이 그를 받들어 임금으로 모셨다. 일찍이
그 나라에 자부선인(紫府仙人)이라는 도통한 학자가 있었는데, 중국의 황제가
(그에게서)글을 배우고 내황문(內皇文)을 받아 돌아와 염제(炎帝) 대신 임금이 되어
백성들에게 생활 방법을 가르쳤다. 그 나라 사람인 순(舜)이 중국에 와서 요
(堯)임금의 뒤를 이어 임금이 되어 백성들에게 윤리와 도덕을 가르쳤다. (중략)
그 나라는 비록 크지만 남의 나라를 업신여기지 않았고, 그 나라의 군대는
비록 강했지만 남의 나라를 침범하지 않았다. 풍속이 순후(純厚)해서 길을 가
던 이들이 서로 양보하고, 음식을 먹는 이들이 먹을 것을 서로 미루며, 남자
와 여자가 따로 거처해 섞이지 않으니 이 나라야말로 동쪽에 있는 예의 바른
군자의 나라(東方禮義之國)가 아니겠는가. 이런 까닭으로 나의 선부자(先府子·할
아버지) 공자께서 '그 나라에 가서 살고 싶다'라고 하시면서 '누추하지 않다'
라고 말씀하셨다."

역사적인 사건들의 연대를 통해 조목조목 알 수 있듯이, 고조선과 주나라는 서로 비슷한 시기에 개국해 중국이 춘추전국시대의 혼란기를 거치며 치열한 세력 다툼을 벌일 때, 고조선은 내몽골에서부터 한반도에 이르는 광활한 대륙을 통일하고 한겨레를 이루었다. 그 후, 진나라에 의해 중원이 통일되고 고조선은 내분에 휩싸여 스스로 정체성을 버리고 분열을 자초했다. 그때부터 중원을 비롯한 외세의 끊임없는 간섭을 받으며, 각개격파되기 시작했다.

일맥상통 한민족 역사

① 아브라함의 증손자로 태어났다.

② 야곱의 서자로, 열두 아들 중에 다섯째로 태어났다.

③ 하나님의 섭리 가운데, 심판자(단)의 이름으로 태어났다.

④ 심판과 구원의 계시를 받았다.

> 단은 이스라엘의 한 지파같이, 그 백성을 심판하리로다. 단은 길의 뱀이
> 요, 첩경의 독사로다. 말굽을 물어 그 탄 자를 뒤로 떨어뜨리로다. 여호
> 와여, 나는 주(예수 그리스도)의 구원을 기다리니이다.　　**(창 49:16-18)**

⑤ 이집트에서 노예살이하던 이스라엘 백성들을 해방하고 인도한 모세의 이
름은 매우 흔한 이집트식 이름이다.

⑥ 기원전 15세기에서부터 이집트를 비롯한 지중해, 중동 지역에서는 청동
기 문명이 번창했다. 반면에 한반도를 비롯한 동방 대륙은 석기 시대에 머
물러 있었다. 한편, 청동기 문명을 가진 단의 후예들이 이집트를 떠나 홍
해를 건너오고 있었다.

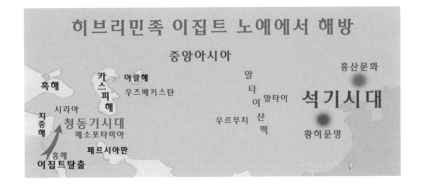

⑦ 광야에서 하나님의 성소가 지어질 때, 하나님의 선택을 받은 단의 후예들은 그 성소에 필요한 금, 은, 놋 기구들을 비롯한 모든 것을 만들었다.

⑧ 하나님께서 이스라엘 열두 지파에게 보석을 정해 주시고, 그 보석에 지파의 이름을 새기게 하셨을 때, 단의 이름은 녹보석에 새겨졌다. 녹보석은 승리한 정복자(심판자)의 상징이다. 사도 요한이 계시록을 기록하며 환상 중에 본 하나님의 보좌는 녹보석이다. 예수님은 이 세상에 재림하실 때 그 영광의 보좌에 앉으시겠다고 하시었다. 이는 단에 대한 예언과 일치된다.

> 여호와여, 나는 주(예수 그리스도)의 구원을 기다리니이다.　**(창 49:18)**

⑨ 약속의 땅, 가나안을 정복할 때, 단의 후예들은 독수리 깃발을 들고 4군 선봉에 섰다. 하나님은 이 세상의 마지막 때에, 동방에서 그 독수리를 부르시겠다고 하시었다.

> 내가 종말을 처음부터 고하며, 아직 이루지 아니한 일을 옛적부터 보이고 이르기를, 나의 모략이 설 것이니, 내가 나의 모든 기뻐하는 것을 이루리라 하였노라. 내가 동방에서 독수리를 부르며, 먼 나라에서 나의 모략을 이룰 사람을 부를 것이라. 내가 말하였은즉 정녕 이룰 것이요, 경영하였은즉 정녕 행하리라.　**(사 46:10-11)**

⑩ 하나님의 말씀을 대언한 모세로부터 바산에서 뛰어나오는 사자의 새끼라는 계시를 받았다.

> 단에 대하여는 (하나님이)일렀으되, 단은 바산에서 뛰어나오는 사자의 새끼로다.　**(신 33:22)**

바산은 이스라엘에서 동방의 산이며 과실이 많은 땅이라는 뜻이다. 그런즉, 동방을 상징하는 바산의 주인, 사자가 열매를 거두러 오실 때에 이르러, 그 거룩한 주인을 맞이하기 위해 단의 후예들이 정체를 드러내고 바산에서 뛰어나온다는 계시이다.

> 여호와여, 나는 주(예수 그리스도)의 구원을 기다리니이다.　**(창 49:18)**

⑪ 단의 후예들은 정착할 땅이 없어, 블레셋 영토 안에서 온갖 수난과 설움을 다 겪었다.

⑫ 성경에 기록된바, 여호와의 사자가 기묘(예수 그리스도) 이름으로, 단의 후손 마노아의 부부를 찾아오시어 삼손이 태어나게 하시고, 삼손에게 심판과 구원의 권세를 주시었다. 이는 심판자의 이름으로 태어나 심판과 구원의 계시를 받은 단의 정체성과 일맥상통한다.

⑬ 삼손은 20년간 이스라엘의 사사로 활동하며 자기 민족을 핍박하던 블레셋을 심판하였다. 맨손으로 사자 새끼를 찢어 죽인 힘으로, 혼자서 수천 명의 적(블레셋)을 죽였으며, 최후의 마지막 순간에 이방 신을 섬기는 신전을 무너뜨려, 그 안에 있던 수천 명의 블레셋 사람을 몰살시켰다.

⑭ 단 지파와 더불어 이스라엘의 전설적 영웅이었던 삼손이 최후를 마친 후, 단의 후예들은 블레셋의 포위에 있던 소라와 에스다올을 비롯한 거주지를 떠나 정착할 땅을 얻기 위해 다섯 명의 용사들을 정찰병으로 파견하였다. 그들이 에브라임 산지에서 만난 미가의 제사장에게 하나님의 뜻을 간구했다. 제사장은 하나님의 언약과 할례받은 백성을 상징한 제의용품들이 있는 예배당 안에서, 단의 후예들이 당부한 응답을 하나님께 간구하고, 그 다섯 용사에게 전했다.

> 평안히 가라. 너희의 행하는 길은 여호와 앞에 있느니라.　　(삿 18:6)

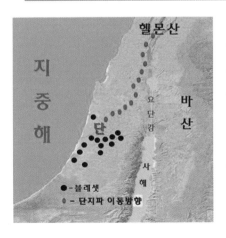

그 후 단의 후예들은 하나님의 응답이 내린 그 예배당에 있던 상징물들(하나님의 언약을 상징한 방패 등)을 모두 취하고, 그 제사장까지 데리고 떠났다. 좌측 지도에서 검은 점은 단 지파를 포위한 블레셋 지역이고, 붉은 점은 단 지파가 이주한 경로이다. 지도에서 보는 바와 같이, 단 지파 아래로는 블레셋이 겹겹이 둘러싸고 있다. 반면에 헬몬산 방향으로는 블레셋의 포위가 열려 있다. 그런즉, 단 지파는 블레셋의 포위가 열려 있는 헬몬산 방향으로 이동했다.

⑮ 단의 후손들은 헬몬산 기슭의 라이스를 정복하고, 그 지명을 조상 단의 이름으로 명명했다.

⑯ 단에 노약자를 비롯한 부녀자와 아주 어린이들만 남기고, 단의 전사들은 소년들까지 데리고 단의 나라를 세울 땅을 얻기 위해 동방으로 떠났다.

⑰ 단의 후손들이 떠난 지역은 유다 지파와 블레셋이 차지했다. 사무엘 시대에 이르러 블레셋이 차지한 그 영토를 도로 찾았다.

⑱ 단 지파가 살았던 지중해 연안에는 고인돌 문화가 이미 자리 잡고 있었다. 반면에 한반도를 비롯한 동방 대륙에는 아직 고인돌이 나타나지 않았다.

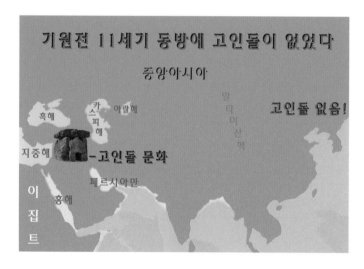

단 지파가 살았던 지중해 연안에 고인돌 문화가 한창일 때, 동방에는 아직 고인돌이 없었다. 아울러 그 고인돌 문화를 가진 단 지파가 동방을 향해 오고 있었다.

⑲ 헬몬산 기슭에 남겨진 노약자와 여인, 소녀, 어린아이들은 이웃 나라인 두로에 사로잡혀 갔다. 그리하여 동방으로 진격한 단의 전사들은 돌아갈 곳마저도 사라졌다. 두로에 사로잡혀 간 단의 여인들은 두로 남자와 결혼

하여 아이를 낳았다. 훗날 그렇게 태어난 단 여인의 아들에 의해 솔로몬 성전이 지어졌다.

⑳ 동방으로 진격한 단의 전사들은 알타이를 정복하고, 알타이 원주민 여인들과 결혼하여 후손을 낳아 인원을 증강하였다. 그곳에서 태어난 후손들은 알타이어를 배우며 성장하였다. 그래서 한민족이 사용하는 언어는 우랄 알타이어계에 속한다. 하지만 완전한 우랄 알타이어계는 아니다. 히브리어와 알타이어가 섞여 특수한 언어가 생겨난 것이다.

㉑ 단의 후손들은 몽골 초원에 도착하여 그곳에 머물며 기마 민족으로 변신하였다. 또 그곳에서 몽골 원주민 여인들을 취하여 자손을 낳았다. 그 후손들은 몽골 언어를 배우며 성장했다. 그리하여 오늘날 한민족이 사용하는 언어 중에, 몽골어에서 전래된 단어가 외래어로 사용되고 있는 단어는 약 500여 개 정도 된다고 한다. 사돈을 맺는다는 말은 몽골어로 친척을 맺는다는 뜻이다. 산에 올라 소리치는 '야호'는 몽골어의 '가느냐'에서 유래됐다고 한다. 그래서 몽골에 가면 택시 기사에게 '야호'라고 하면 알았다는 뜻으로 고개를 끄덕인다. 인두, 송골매, 올가미, 바른쪽, 조랑말 등의 언어도 몽골어에서 비롯된 것인데, 몽골 사람들은 말을 '멀', 조랑말을 '조르멀', 얼룩말은 '알락머르'라고 부른다. 그리고 망치는 '만치' 등으로 발음한다. "자, 나한테 얘기해"라는 말은 몽골어로 "자 나다테 예리"로 거의 비슷하다고 할 수 있다.

㉒ 한민족은 아버지를 아비라고도 하는데, 히브리어도 아버지를 '아비(Abbi)'라고 한다. 히브리어로 아버지는 '압(Ab)'인데, 호칭의 접미사가 붙게 되면 '아비(Abi)'가 되는 것이다. 성경에도 아비란 표현이 많이 등장한다.

아비-에셀(아버지는 도움이시다)	(삿 6:11)
아비-아달(부유한 아버지)	(삼상 22:20)
아비-술(벽의 아버지)	(대상 2:28)
아비-야(여호와는 아버지시다)	(대상 7:8)

이 외에도 많은 표현이 있다. 그리고 한국인들은 어머니를 어미라고도 하는데, 이 역시 히브리어와 같다. 히브리어로 어머니는 '엠(Em)'인데, 이 호칭의 접미사를 붙이면 '에미(Emi)'가 되는 것이다. 또한 한국인들은 긍정을 표시할 때 "암" 또는 "아무렴"이라고 하는데, 유대인들은 "아멘"이라고 한다.

㉓ 한국인들은 웃어른께 큰절할 때, 집안이나 밖을 가리지 않고 땅에 엎드려 절을 하는데, 유대인도 땅에 엎드려 절을 한다. 그에 관해 성경은 다음같이 기록하고 있다.

> 때에 요셉이 나라의 총리로서 그 땅 모든 백성에게 (곡식을)팔더니, 요셉의 형들이 와서 그 앞에서 땅에 엎드려 절하매   **(창 42:6)**

> 요셉이 아비 무릎 사이에서 두 아들을 물리고, 땅에 엎드려 절하고   **(창 48:12)**

한민족의 최대 명절은 한가위, 곧 추석인데, 유대인의 최대 명절은 초막절이다. 추석은 8월 보름이다. 그리고 유대인은 7월 보름이 초막절이다. 그런데 유대 음력은 우리 음력보다 한 달 늦으므로 결국 같은 날이 된다. 이 외에도 한민족과 유대인은 신앙 풍속, 제사 풍속, 전통 풍속, 식사 풍속에서 많은 공통점이 있다.

㉔ 단의 전사들은 동방 대륙을 정복하며 내몽골 적봉 일대의 바위들에 삼손(태양), 단의 정체성을 상징하는 동심원 등을 암각화로 새겼다.

㉕ 단의 후손들은 내몽골 적봉 일
　대에서, 단에 대한 계시를 상징
　하는 청동검을 만들었다.

㉖ 기원전 10세기 후, 단의 후예들
　과 함께 나타난 그 예언의 상징
　(청동검)은 요서, 요동, 한반도에
　이르는 광활한 대륙을 통일하고
　한겨레를 이루었다.

㉗ 에브라임 산지에 있는 미가의 집 예배당에서 가져온 그 상징물들(하나님의
　언약을 상징하는 방패 등)의 모형은 한반도에서 청동 제사 도구로 만들어졌다.

㉘ 성경에 기록된바, 하나님은 아브라함의 후손으로 말미암아 천하 만민이
　복 받게 될 것이라고 하셨는데, 아브라함의 증손자인 단의 후예(한민족)는
　세상을 널리 이롭게 한다는 홍익 사상의 상징으로 팔주령을 만들었다.

　　　　　좌측 사진(리움, 미술관)에서 가
　　운데 十 자는 동서남북을 상징
　　하는바, 이는 천하 만민을 복되
　　게 한다는 홍익 사상을 나타낸
　　것이다.

㉙ 삼손(태양), 단의 정체성으로 청동 거울을 만들었다.

㉚ 하나님의 언약을 상징하는 방패를 내몽골과 한반도의 바위들에 암각화로
　새기었다.

㉛ 내몽골과 한반도 바위들에, 할례받은 백성의 상징도 암각화로 새기었다.

㉜ 한반도 바위들에도 단의 정체성을 상징하는 동심원을 암각화로 새기었다.

㉝ 하나님과 단의 정체성을 상징하는 사자 발자국을 암각화에 새기었다.

㉞ 경상북도 경주시 석장동 형산강 기슭의 절벽에, 모세의 계시를 상징하는 암각화를 새기었다.

㉟ 한반도 도처에서 출토된 와당들에도 삼손(태양), 단의 정체성인 동심원을 새기었다.

㊱ 와당에 삼손 이야기를 새기었다.

㊲ 와당에 고대 히브리 문자를 새기었다.

㊳ 와당에 고대 히브리 문자와 단의 정체성을 상징하는 오엽화(무궁화) 꽃잎을 새겼다.

㊴ 와당에 이스라엘 열두 지파의 다섯째인 단 지파의 정체성을 상징하는 오엽수를 새기고, 그 단의 후예들이 해 돋는 동방으로 와서 '아침이 빛나는 나라'를 세웠다는 상징적 문양을 고대 히브리 문자와 함께 새기었다.

㊵ 조상 단에 대한 예언의 상징으로 아침이 빛나는 나라, 고조선을 건국하였다.

㊶ 단의 후손으로 아침이 빛나는 나라, 고조선의 임금이 된 단군은 한민족의 국조가 되었다.

㊷ 단군은 삼일신고에서 삼위일체 하나님을 증명하였다. 단군은 삼일신고에서 스스로 성품을 다하여 간구하면, 하나님 아들이 강림한다고 밝혔다. 이는 단에 대한 예언과 일맥상통한다.

> 여호와여, 나는 주(예수 그리스도)의 구원을 기다리니이다.　**(창 49:18)**

단군은 지구가 새알 모양으로 타원형이란 것을 인류 역사상 최초로 밝혔다. 단군은 3일체 인간 사상을 밝혔다.

㊸ 단군은 태백산, 마니산 등에 제단을 쌓고 삼위일체 하나님께 거룩한 제사를 드렸다.

강화도 마니산 천제단 |

5부

진실의 언어

영생의 꽃

무궁화(無窮花)의 뜻은 다함이 없는 꽃이라는 의미로 영생을 상징한다. 그래서 무궁화는 한 꽃이 피었다가 시들면, 그 옆에 새로운 꽃이 부활하며 피어나기를 반복한다. 마치 예수 그리스도의 부활처럼 말이다. 이는 예수 그리스도를 샤론의 꽃으로 부르는 것과 일치한다. 또한 이 꽃이 "신에게 바치고 싶은 꽃", "성스러운 땅에서 피어나는 꽃"으로 불리는 것도 일맥상통한다. 샤론은 히브리어로 '평원'이란 뜻이다. 단 지파가 살았던 지중해 연안에 이 샤론 평원이 있다.

히브리 원어에서 '샤론의 수선화'를 영어로 번역할 때에 'Rose of Sharon'이라 썼는데, 이것이 무궁화의 영어 이름인 것이다. 무궁화는 원산지가 중동의 시리아라는 종명을 가지고 있다. 하지만 중동 시리아 지방에는 현재 무궁화가 없다. 아이러니하게도 단 지파가 성서에서 사라졌듯이, 무궁화도 기록만 남아 있을 뿐 그 원산지에서 자취를 감춘 것이다. 단의 후손들이 나타난 동방 대륙에 그 무궁화도 함께 나타났다. 단의 후손들이 알타이산맥을 넘어 한반도로 이동해 온 노정에 무궁화가 만발하고 있는 것이다.

성경에 기록된바, 예수 그리스도는 이 세상에 다시 오실 때 동방에서부터 임하시겠다고 약속하셨는데, 예수의 꽃이라고 불리는 무궁화가 동방에 만발하며 대한민국의 국화가 된 것이다. 무궁화의 꽃잎은 다섯 개로, 이스라엘 열두 지파의 다섯째인 단의 정체성을 상징한다. 그리고 단은 열두 지파에서 유일하게 예수 그리스도의 구원을 기다린다는 계시를 받았다. 이와 같은 일치성들은 다음과 같은 의미가 있다.

① 무궁화는 부활의 꽃으로 예수 그리스도를 상징한다.
② 무궁화는 예수의 재림을 맞이하기 위해 동방으로 왔다.
③ 무궁화는 오엽화(五葉花)로 이스라엘 열두지파의 다섯째인 단의 상징이 된다.
④ 무궁화는 예수님의 구원을 기다린다는 계시를 받은 단의 후손과 함께, 예수 그리스도의 재림을 맞이하기 위해 동방으로 이동해 왔다.

이 땅의 흙으로 빚어진 좌측의 와당에는 단의 후손들이 샤론의 꽃(무궁화)과 함께 동방으로 올바로 이동해 와서, 아침이 빛나는 나라 고조선을 세웠다는 내용이 고대 히브리 문자와 함께 새겨져 있다. 이처럼 모두 일맥상통한다.

무궁화는 아욱목 아욱과 무궁화속 식물로 200여 종이 있다. 세계적으로 동아군(東亞群), 하와이군, 북미군, 중남미군, 남아군(南亞群), 인도군, 아프리카군의 7개 지역으로 분포되어 있는데, 무궁화는 동아군에 속하는 식물이다.

이 무궁화의 원산지가 학명으로 시리아라고 되어 있지만, 실지 시리아에는 무궁화가 없다. 학자들이 의문을 제기하는 것도 이 때문이다. 그래서 영국의 식물학자 포르브스와 헨스라이는 무궁화의 원산지가 인도와 중국이라고 주장했다. 러시아의 부레이스 제네델은 중국이라고 단정했다. 일본의 무라고시는 인도와 중국과 서아시아라고 주장했다.

이처럼 서로 다른 주장을 하는 것은 무궁화의 원산지인 중동 시리아 지방에 현재 무궁화가 없기 때문이다. 아이러니하게도 단 지파가 성서에서 사라졌듯이, 무궁화도 기록만 남아 있을 뿐, 그 원산지에서 자취를 감춘 것이다. 하지만 그 지역이 무궁화의 원산지였다는 명백한 증거들이 있다. 옛 앗시리아 왕궁의 벽면에는 무궁화 문양이 조각되었는데, 이 왕궁은 기원전 2천 년경에 지어졌다. 현재 그 무궁화 조각은 시리아 수도인 다마스커스 박물관의 정면을 장식하고 있다. 그 박물관의 돌출 부분도 무궁화 잎사귀로 장식되어 있다. 앗시리아 제국이었던 이라크 성벽들도 무궁화 잎 모양의 문양으로 장식되어 있다. 최근엔 지중해 지역의 시리아와 인접한 고대 그리스에서 기원전 25년에 만들어진 은화가 발견되었는데, 거기에도 무궁화가 새겨져 있다.

그때는 지금처럼 비행기도 없고 기차도 없었다. 오로지 말이나 낙타를 타고 이동하던 시기였다. 그럼 그들이 말 타고 중국이나 인도에 와서 무궁화를 보고 돌아가, 그 건축물들과 은화에 무궁화를 새겼을까? 자기 땅에는 없고 남의 나라에 있는 꽃을, 자신의 상징으로 삼는다는 것이 상식적으로 말이 될까?

한마디로 모두 말이 안 된다. 그렇다. 시리아 지역에 있는 그 유적과 유물들은 시리아가 무궁화의 원산지였음을 증거하고 있다. 단 지파가 이동해 온 몽골, 중국 동북부, 한반도에 무궁화가 피어난 것도 그 증거라고 할 수 있다.

그리고 한반도 평양의 흙으로 와당을 빚어서, 거기에 '무궁화와 함께 동방에 올바르게 도착했다'는 내용을 고대 히브리 문자와 함께 새겼다는 것도 그 증거가 된다.

아리랑의 진실

단의 후손인 한민족의 전통 민요인 아리랑에도 무궁화와 같은 사연이 깃들어 있다. 이스라엘은 각 지파의 부족들이 쓰는 방언이 달랐다. 서로 다른 지역을 차지하고 살다 보니, 그 지역에 따른 사투리를 썼던 것이다. 예를 들어, 에브라임 전쟁 때 길르앗 사람들은 '십볼렛'이라는 발음을 못 하는 사람을 골라내어 처형하였다. 에브라임 족속은 '십볼렛'이라는 발음을 못 하고, '씹볼렛'이라고 하였던 것이다.

> 길르앗 사람이 에브라임 사람 앞서 요단 나루턱을 잡아 지키고, 에브라임 사람의 도망하는 자가 말하기를 "청컨대 나로 건너게 하라" 하면, 그에게 묻기를 "네가 에브라임 사람이냐?" 하며, 그가 만일 아니라 하면 그에게 이르기를 "십볼렛이라 하라." 하여, 에브라임 사람이 능히 구음(口音)을 바로 하지 못하고 씹볼렛이라 하면 나루턱에서 죽였더라. 그때에 에브라임 사람의 죽은 자가 사만 이천 명이었더라. (삿 12:5-6)

이처럼 이스라엘 지파들은 지역에 따라 다른 사투리를 사용했다. 그런즉, 단 후손들은 지역 사투리로 하나님을 '알'이라고 불렀다. 오늘날 팔레스타인 인들은 하나님을 알라신이라 한다. 즉, 하나님을 '알'이라 칭한다. 그들은 3천 년 전에, 단 지파를 포위하고 있었던 블레셋 족속이다. 단 지파는 그들에게 둘러싸여 오랜 세월을 살았다. 그래서 삼손은 그 블레셋 여인과 결혼하기도 했다. 그런 지형적 환경의 특성으로 인해 단 지파는 하나님을 '알'이라 칭했던 것이다.

그 단 지파가 헬몬산 기슭에 사랑하는 아내와 가족을 남겨두고 떠나왔다.

많은 고개를 넘어 동방으로 떠나 온 것이다. 그리고 그 길은 하나님이 함께 하신다고 믿었다. 에브라임 산지에서 미가의 제사장은 단 후손의 길이 하나님 앞에 있다며 평안히 가라고 하였다. 단 후손들은 그 말을 믿고 하나님이 함께하신다고 여긴 것이다. 즉, '알(하나님)이랑' 함께 한다고 말이다.

'알이랑'은 발음을 할 때, '아리랑'으로 불린다.

'하나님이랑' 하는 뜻의 '알이랑'이 아리랑으로 발음된 것이다. '아라리요' 의 본 의미는, 알(하나님)에 아! 하는 감탄 또는 탄식어가 합쳐진 것이다. 그래서 '알! 아-이요'가 정확한 뜻이 된다. 이것이 '아라리요'로 발음되었다. 그러므로 아리랑 민요의 본뜻을, 당시 상황에 따라 부르면 다음과 같은 내용이 된다.

> 알이랑- 알이랑 알! 아-이요
> 알이랑 고개를 넘어간다
> 임을 버리고 떠나는 길에
> 십 리도 못 가서 발병 난다.

한민족의 뿌리와 같은 아리랑 민요는 그와 같은 역사적 환경에서 잉태하고 탄생하였다. 당시의 그 처절한 역경 속에서, 조상들의 소망과 한을 토해 낼 수 있는 것은 그것이 전부였다. 조상들은 이 찬송을 부르며 가슴에 쌓이고 쌓인 한을 달랬다. 한민족의 가락이 그토록 한이 깊은 것은, 바로 그 아리랑에 뿌리를 두고 있기 때문이다.

청동기-암각화-와당의 기도

인간의 간절한 소망은 곧 기도로 이어지고 행위로 나타난다. 그렇다면 단의 후손은 어떤 소망에서 암각화를 새긴 것일까? 현대화된 공구도 없이, 바위에 암각화를 새긴다는 것은 결코 쉬운 일이 아니다. 그럼에도 그들은 내몽골 일대의 바위뿐만 아니라, 한반도의 바위에도 동일한 모양의 암각화를 새겼다.

내몽골에서 한반도는 지구의 땅끝이다. 그들이 한반도까지 내려온 세월은 3백여 년이 걸렸다. 하지만 그들은 동일한 소망에서 비롯된 행위로, 동일한 모양의 암각화를 새겼다. 세대와 세대로 이어진 그 소망이 한반도의 바위들에까지 새겨진 것이다. 그만큼 그 소망이 절박하고 간절한 것임이 분명하다.

그 소망은 바위들뿐만 아니라 청동기로도 만들어져 거룩한 제사의 도구가 되었다. 그럼 그 소망은 무엇인가? 이스라엘 민족의 역사서인 성서에 다음 같은 기록들이 있다.

> 여호와 하나님은 해요, 방패시라. 여호와께서 은혜와 영화를 주시며, 정직히 행하는 자에게 좋은 것을 아끼지 아니하실 것임이니이다. (시 84:11)

> 여호와는 나의 인자시요 나의 요새시요 나의 산성이시요 나를 건지는 자시요 나의 방패시요 나의 피난처시오 내 백성을 내게 복종케 하시는 자시로다. (시 144:2)

> 우리 방패는 여호와께 속하였고 우리 왕은 이스라엘의 거룩한 자에게 속하였음이니이다. (시 89:18)

그(여호와)의 진실함은 방패와 손 방패가 되나니, 너는 밤에 놀람과 낮에 흐르는 살과 흑암 중에 행하는 염병과 백주에 황폐케 하는 파멸을 두려워 아니 하리니 천인이 네 곁에서 만인이 네 곁에서 엎드러지나 이 재앙이 네게 가까이 못 하리로다.   (시 91:4-7)

여호와를 경외하는 너희는 여호와를 의지하라. 그는 너희 도움이시오 너희 방패시로다.   (시 115:11)

우리 방패 되신 주여 주의 능력으로 저희를 흩으시고 낮추소서. (시 59:11)

여호와는 나의 바위시라 그에게는 불의가 없도다.   (시 92:15)

나의 힘이 되신 여호와여 내가 주를 사랑하나이다. 여호와는 나의 반석이시오 나의 요새시오 나를 건지시는 자시오 나의 하나님이시오 나의 피할 바위시오 나의 방패시오 나의 구원의 뿔이시오 나의 산성이시로다. (시 18:1-2)

여호와는 생존하시니 나의 바위를 찬송하며 내 구원의 바위이신 하나님을 높일 지로다.   (삼하 22:47)

이스라엘의 하나님이 말씀하시며 이스라엘의 바위가 내게 이르시기를 "사람을 공의로 다스리는 자 하나님을 경외함으로 다스리는 자여 저는 돋는 해 아침 빛 같고 구름 없는 아침 같고 비 후의 광선으로 땅에서 움이 돋는 새 풀 같으니라." 하시는 도다.   (삼하 23:3-4)

> 네가 부를 때에는 나 여호와가 응답하겠고 네가 부르짖을 때에는 말하기를 "내가 여기 있다." 하리라.
> (사 58:9)

이처럼 위 기록들은 이스라엘의 방패가 되어 주겠다고 하신 하나님에 대한 고백이다. 그리고 이스라엘 민족이 하나님을 방패와 바위로 상징하며 믿고 의지한 기도이다. 그런즉, 청동기와 그 바위들에 새겨진 암각화는 단 후예들의 소망을 새긴 간절한 기도문이다. 아울러 청동기들과 암각화, 와당 등의 상징은 다음과 같은 기도가 된다.

- **언약**

여호와여
이 백성은 주님과의 언약을 지켰나이다.

이 백성의 아들들은 세상에 태어나
여덟 번째로 떠오른 태양을 맞이하여
하나님께서 아브라함과 맺으신 언약대로
할례를 받았나이다.

하오니 주님께서도
우리 조상들과 맺으신 언약을 지키시어
이 백성에게 삶의 터전을 허락하여 주시고
아침이 빛나는 나라를 세워 주셨나이다.

우리를 지키시는 방패가 되어 주시고
영광의 칼이 되어 주시며
지극히 큰 상급이 되셨나이다.

하나님의 언약은 진실하오니
영원무궁토록 변치 않나이다.

• 할례

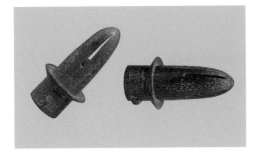

이 백성은 아브라함 후손 대대로
하나님과의 언약을 지켰나이다.

이스라엘 열두 지파의 다섯째로 태어난
단 조상도 할례를 받았고
약속의 땅, 가나안을 정복하던 날에
요단강을 건너간 조상들도 할례를 받았나이다.

주님께서는 그 후손들에게
동방을 삶의 터전으로 주시고
그 지경을 땅끝까지 넓혀 주셨나이다.

이 동방의 광활한 대륙에
아브라함의 후손이
하늘의 뭇별같이 번성하여
주의 언약이 이루어졌나이다.

하나님의 언약은 진실하오니
영원무궁토록 변치 않나이다.

• 영원한 언약

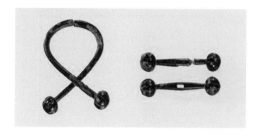

조상 아브라함과 언약을 맺으시어
이삭의 하나님이 되어 주시고
야곱과 단의 하나님이 되신 주여.

하나님의 언약은
아브라함 후손 대대에 이루어져
이 백성은 동방에
아침이 빛나는 나라를 세우고
한겨레를 이루어
큰 민족이 되었나이다.

여호와께서 아브라함과 맺으신 언약이
이 백성에게 영원하길 원하며
야곱을 통해 하신 언약과
하나님의 그 말씀을 대언한
모세의 계시가
이 백성에게 반드시 이루어지길
간절히 바라나이다.

하나님의 언약은 진실하오니
영원무궁토록 변치 않나이다.

• 길의 뱀, 첩경의 독사

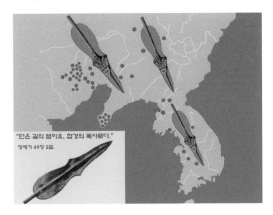

거룩하신 주님의 언약은
세세 무궁토록 영원하오니
길의 뱀, 첩경의 독사를 기억하소서.

길은 주님의 길이요
길의 뱀은 진리의 구원이오니
에브라임 산지에서
미가의 제사장을 통해 하신 말씀대로
이 백성의 행하는 길이
늘 주님 앞에 있게 하시고 평탄케 하소서.

첩경은 진리의 길이요
그 첩경의 독사는 진리의 심판이오니
이방 신들에게는 준엄한 심판이 되게 하시고
여호와의 구원을 소망하는 자들에게는
모세의 놋 뱀이 되게 하소서.

• 방패

조상 아브라함과 언약을 맺으시어
구원의 방패가 되어 주시고
지극히 큰 상급이 되어 주신 하나님.

주님의 언약은
아브라함 후손 대대에 영원하오니
우리의 방패가 되시고
지극히 큰 상급이 되시나이다.

하오니
대적의 창과 칼에서
이 백성을 보호하소서.

원수의 목전에서
우리를 구원하여 주소서.

환란 날에
이 백성을 지켜 주소서.

• 암각화의 기도

방패는 하나님을 상징하고, 동심원은 단의 정체성을 상징하며, 마름모는 삶의 터전을 상징하므로, 내몽골에서부터 한반도의 바위들에 새겨진 암각화 문양들의 상징은 다음과 같은 기도가 된다.

우리 조상에게 심판자의 이름 지어 주시고
심판과 구원의 계시를 주시고
그 후손에게 심판과 구원의 상징인
태양의 이름을 지어 주시고
그 후손들을 해 돋는 동방으로 인도하신
거룩하신 여호와 하나님이시여.

이 백성에게 삶의 터전을 마련해 주시고
그 지경을 넓혀 주시어
아침이 빛나는 나라를 세울 수 있도록
축복하여 주소서.

거룩하신 주의 얼굴은
부디 이 백성을 외면 마시고
주의 손으로 우리를 도우시어
우리가 환란을 벗어나
평안히 살 수 있도록 축복하여 주옵소서.

• 마름모

위 암각화에 새겨진 사람의 얼굴 형상은,
경주 형산강 기슭의 절벽에 새겨진 얼굴 모습과 동일하다.

좌측 사진은 형산강 기슭의 절벽에 새겨진 암각화의 모습이다(바위에 패인 부분을 알아보기 쉽게 흰색으로 따라 그렸다.). 이 얼굴 형상은 삼손 이야기가 새겨진 와당의 얼굴과도 동일하다. 그 와당에서 하나님을 형상한 모습과 삼손의 모습이 닮아 있는데, 암각화에도 동일한 얼굴 형상을 새겨 놓은 것이다. 동심원은 삼손의 이름이기도 한 태양을 상징한다. 세상에는 태양신을 믿는 족속은 많으나, 스스로를 태양이라고 간주한 민족은 단의 후손인 한민족뿐이다. 아울러 동심원은 단의 정체성을 상징하고, 여러 동심원과 마름모는 이웃과 부족들을 상징한다. 그런즉, 서로 다른 문화를 가지고 있던 부족들을 통합하여 한겨레를 이룸을 상징한다. 마름모는 삶의 터전과 제단이라는 상징성도 있으므로, 다음과 같은 기도가 된다.

이 땅을 거룩한 제단으로 주시고
삶의 터전으로 허락하시어
아침이 빛나는
단의 나라를 세워 주신 하나님.

이 나라는 주님께서 허락하여 주신
신단수(神壇受)의 나라이오니
이 땅의 모든 백성이
서로 돕고 사랑하며
한겨레를 이룰 수 있도록
축복하여 주옵소서.

우리들의 삶의 터전인
이 땅을 풍요롭게 하옵시고
이 나라를 부강케 하시옵소서.

• 발자국

경주 형산강 기슭의 암각화에는 사람의 발자국이 사자의 발자국과 할례받은 백성의 상징 등과 함께 새겨져 있다. 또한 이 절벽에는 하나님을 상징하는 방패들이 새겨져 있고, 절벽 앞에는 제를 드렸던 터가 아직 그대로 있다.

이 암각화는 다음과 같은 기도가 된다.

주여, 이 백성을 인도하소서.

이 백성의 행하는 길이
늘 주님 앞에 있게 하소서.

갈라진 홍해를 건너며
그 깊은 바닥에
영광의 발자국을 찍었던
조상들과 같이
우리를 인도하여 주소서.

독수리 깃발을 들고
약속의 땅 가나안을 정복했듯이
이 백성의 발자국을
주님의 인도하심대로 찍게 하소서.

헬몬산 기슭의 라이스를 정복하고
그 지명을 조상 단의 이름으로 명명했듯이
이 백성의 길을 영광되게 하소서.

동방의 광활한 대륙을 통일하고
한겨레를 이루어
아침이 빛나는 나라를 세웠듯이
이 백성을 길을 평탄케 하소서.

심판과 구원의 3대 계시를 받은
단의 후예가 이 바위에 발자국을 찍으며
간절히 간구하나이다.

• 사자의 발자국

오, 나의 사자이시여
어서 오소서.

나는 주의 구원을 기다리는
거룩하신 사자의 새끼나이다.

어서 오소서 .
이 동방의 바산에서
주님의 때가 이르면
한달음에 뛰어나가겠나이다.

구원의 왕으로 오시는
주님을 맞이하여
바산의 열매를 삼가 드리겠나이다.

거룩한 사자이시여
어서 오소서.

• 암각화의 계시

태초부터 종말을 고하시고
아직 이루어지지 않은 일들을
미리 다 보여 주시며
모략을 펴신 여호와 하나님이시여

그 거룩한 계시를 이 바위에 새겼사오니
반드시 이루어 주소서.

여호와의 택하신 자가
주님의 날에 태어나게 하시고
주님의 택하신 날에
군함을 타고 오게 하소서.

이 땅과 이 백성의 진실을 밝히고
단의 피를 거룩하게 회복할 수 있도록
축복하여 주옵소서.

• 와당의 계시

우주 만물을 지으셨으되
하나도 빠뜨림 없으시고
거룩한 모략에 빈틈이 없으신
여호와 하나님이시여
반드시 이루시옵소서.

단의 상징, 오엽화로 이름이 지어지고
단의 상징, 동심원으로
신원이 확인되는 자가
이 와당이 출토된 곳을 떠나
이 와당이 있는 곳에 와서
이 와당에 있는
十 자의 수와 같이 되는 나이에
이 와당의 계시대로
이 땅의 거룩한 진실을
밝힐 수 있도록 역사하여 주소서.

6부

삼일신과 천부경

● 삼일신고(三一神誥)

삼일신고(三一神誥)는 문자 뜻 그대로, 삼위일체 하나님을 고하여 밝힌다는 뜻으로 지어진 경서이다.

[제1장] 우주

> 主若曰 咨爾众 蒼蒼非天 玄玄非天 天無形質 無端倪
> 無上下四方虛虛空空無不在無不容

본문의 뜻을 문자 그대로 풀면, 다음과 같은 내용이다.

> 주와 같으신 이가 가로되.
> 묻는 너희 무리들아.
> 푸르고 푸른 것이 하늘이 아니고,
> 검고 검은 것이 하늘이 아니다.
> 하늘은 형상도 바탕도 끝도 없고,
> 위아래와 사방도 없이 텅텅 비고 빈 공간 같으나,
> 없지 아니한 것 없이 다 있고,
> 아무것도 없이 아니한 것 같으나 얼굴도 있다.

이 본문에서 주는 창조주를 뜻한다. 삼일신고(三一神誥)란 제목 자체가 삼위일체 하나님을 고하여 밝힌다는 뜻이고, 삼일신고 본문 전체에서 하나님을 창조주로 명확하게 밝히고 있다. 그런즉 창조주 하나님은 모든 피조물의 주가 되신다. 그리하여 본문에서는 하나님을 주(主)와 같다고 지칭한다. 아울러 主若의 표현은, 만물의 창조주가 그 만물의 주인과 같다는 뜻이 된다. 성경에서도 하나님을 주라고 지칭하는바, '주와 같으신 이가 가로되' 표현은 성경의 표현 형식과 일맥상통한다.

삼일신고는 그 창조주가 자신의 창조 세계를 설명하는 형식으로 내용이 전개된다. 이는 삼일신고가 성령의 감동으로 밝혀졌다는 것을 의미한다. 본문은 푸르고 검은 것이 하늘이 아니며, 형상도 바탕도 끝도 없이 텅텅 비고 빈 공간 같으나 없지 아니한 것 없이 다 있고, 아무것도 없이 아니한 것 같으나 얼굴도 있다고 밝힌다. 없지 아니한 것 없이 다 있다는 것은, 광활한 우주 세계와 천국이 있다는 뜻이다. 삼일신고의 뒤 본문에서 우주와 천국에 대하여 구체적으로 밝히고 있다.

아무것도 없이 아니한 것 같으나 얼굴도 있다고 하는 것은, 창조주 하나님의 형상을 밝힌 것이다. 삼일신고는 하나님이 영체이심을 분명히 밝히고 있다. 따라서 영체는 육안으로 확인할 수 없다. 사람이 정신(영혼)을 잃으면 육신이 존재를 상실하고 무용지물이 되었다가, 그 정신(영혼)이 돌아옴으로 육신의 고등한 기능이 회복되듯이, 존재는 육신에 있는 것이 아니라 영혼에 있다. 하지만 그 영혼은 육안으로 확인할 수 없다. 마찬가지로 영체이신 하나님은 육안으로 확인할 수 없지만, 분명한 형상을 갖고 있다.

성경 창세기 1장 26절에 "우리의 형상에 따라, 우리의 모습대로, 우리가 사람을 만들자."라는 하나님의 말씀이 기록되어 있다. 이는 하나님의 형상이 물질로 형상화된 것이 사람이라는 증거가 된다. 즉, 삼일신고는 그 하나님의 형상을 밝히고 있는 것이다.

[제2장] 창조주

神在無上一位 有大德大慧大力生天 主無數世界造兟兟物纖塵無漏

• 神在無上一位 해설

이 문장의 뜻은 '신이 있으되 그 위에 아무도 없으니, 신은 가장 높고 유일하신 하나님이다'라는 내용이다.

- 有大德大慧大力生天 해설

이 문장의 뜻은 하나님이 큰 덕, 큰 지혜, 큰 힘으로 우주를 창조하셨다는 내용이다.

- 主無數世界造侁侁物纖塵無漏 해설

이 문장의 뜻은 주님께서 아무것도 없는 無에서 무수히 셀 수 없는 세계를 창조하시고 다스리시는데, 그 만물 중에 티끌같이 작고 가는 것 하나라도 새어나감이 없다는 내용이다.

- 본문 내용

신이 계시되 그 위에 아무도 없으니, 가장 높고 유일하신 하나님이시다.

하나님은 큰 덕과 큰 지혜와 큰 힘을 가지시고, 우주를 창조하셨다.

주님은 아무것도 없는 무(無)에서 무수히 셀 수 없는 세계를 창조하시고 다스리시되, 그 만물 중에 티끌같이 작고 가는 것 하나라도 새어나감이 없다.

- 주(主)의 개념

삼일신고는 창조주 하나님을 거듭하여 주(主)라고 지칭한다. 한 가정에서 아버지는 주인이 되듯이, 창조주는 이 세상 만물의 주인이 되시고 아버지가 되신다. 삼일신고(三-神誥)는 그 성부, 성자, 성령, 하나님을 고하여 밝히고 있다.

[제3장] 성령 하나님과 독생자의 강림

昭昭靈靈不敢名量 聲氣願禱絶親見 自性求子降在爾腦

- 昭昭靈靈不敢名量 해설

본 문장의 뜻은 성령 하나님이 밝고 밝으시고, 신령하시고 신령하시어, 그 이름을 감히 헤아릴 수 없다는 내용이다.

• 聲氣願禱絶親見 해설

본 문장의 뜻은 소리로 기운을 내어 아무리 소원하고 빌어도, 성령 하나님을 눈으로 뵐 수 없다는 내용이다. 이는 하나님이 육신이 아니라 신령한 영체이시기 때문이다.

• 自性求子降在爾腦 해설

自性求子降在 문장의 뜻을 그대로 풀면, 스스로 성품을 다해 간구하면 아들의 강림이 있게 된다는 내용이 된다. 여기서 아들이 내려온다는 것은, 하늘에서 강림하신다는 뜻이다. 이 본문에서 降在가 강림하심이 있다는 뜻이므로, 하늘에서 강림하신다는 것이다. 그럼 스스로 성품을 다해 간구하면, 하늘에서 강림하시는 그 아들은 누구일까?

삼일신고는 앞 본문에서 창조주와 성령 하나님에 대해 구체적으로 밝혔다. 그런즉, 하늘에서 강림하시는 아들은 창조주 하나님의 아들이다. 삼일신고는 그 성부, 성자, 성령, 삼위일체 하나님을 고하여 밝히고 있는 것이다. 이 본문에서 爾腦는 너희 뇌로 깨닫게 된다는 뜻이다. 즉, 성품을 다해 간구할 때 강림하시는 하나님의 아들을 눈으로 볼 수 있는 것이 아니라, 뇌로 깨달아 알게 된다는 뜻이다. 앞 본문에서 소리로 기운을 내어 아무리 소원하고 빌어도 하나님을 뵐 수 없다고 했듯이, 머리, 뇌로 깨닫게 된다는 것이다.

• 본문 내용

성령 하나님은 밝고 밝으시며 신령하시고 신령하시어, 그 이름 감히 헤아릴 수 없다. 소리로 기운 내어 아무리 소원하고 빌어도 신령한 영체이신 하나님을 눈으로 뵐 수 없다. 하지만 스스로 성품을 다하여 간구하면 하나님의 아들이 강림하실지니, 너는 머리, 뇌로 깨닫게 된다.

본문에서 하나님 아들이 강림하신다는 내용은 단이 받은 계시와 일치한다.

> 여호와여 나는 주(예수 그리스도)의 구원을 기다리니이다.   **(창 49:18)**

[제4장] 천국

• 天神國 有天宮 階萬善 門萬德 해설

본 문장에서는 하늘에 하나님의 나라가 있고 천국에 궁전이 있음을 밝히며, 천궁(天宮)의 계단은 만 가지 선행으로 오를 수 있고, 그 천궁의 문은 만 가지 덕으로 들어갈 수 있다는 설명을 한다.

• 一神攸居 羣靈諸哲護侍 大吉祥 大光明處 해설

본 문장에서는 유일하신 하나님이 거하시는 천국에 대하여 설명하고 있다. 여기서 羣靈은 무리의 영들이란 뜻인데, 이는 천사들을 뜻한다. 천사들은 영체이기 때문이다. 본문에서는 그 천사들 모두가 밝은 모습으로 서로를 도우며, 하나님을 모시고 사는 천국이 크게 길하고 상서로우며 큰 빛과 밝음이 있는 곳임을 밝히고 있다.

• 惟性通功完者 朝永得快樂 해설

본 문장의 뜻은 생각과 성품을 다한 공로에 따라 구원받은 자는, 영원한 새날을 맞아 복락을 누린다는 내용이다.

• 본문 내용

하늘에 하나님의 나라가 있고 그 천국에 궁전이 있다. 천궁(天宮)의 계단은 만 가지 선행으로 오를 수 있고, 그 천궁의 문은 만 가지 덕으로 들어갈 수 있다. 유일하신 하나님이 거하시는 천국은 천사들 모두가 밝은 모습으로 서로를 도우며 하나님을 모신다. 천국은 크게 길하고 상서로우며, 큰 빛과 밝음이 있는 곳이다. 생각과 성품을 다한 공로에 따라 구원받은 자는 영원한 새날을 맞아 복락을 누린다.

[제5장] 천지창조

爾觀森列星辰數無盡 大小明暗苦樂不同一神造
群世界神勅日世界使者割七百世界
爾地自大一丸世界 中火震盪海幻陸遷乃成見象
神呵氣包底煦日色熱行翥化遊栽物繁殖

• **爾觀森列星辰 數無盡 해설**

본 문장의 뜻을 그대로 풀면 다음과 같다.

> 너희는 보아라. 나무가 빽빽한 숲같이 벌려 놓은 저 하늘의 별과 별들은 그 수가 헤아릴 수 없이 많아 다함이 없다.

• **大小明暗 苦樂不同一神造 해설**

본 문장의 내용은 다음과 같다.

> 크고 작으며, 밝고 어두우며, 괴로움과 즐거움이 한 가지가 아니다. 이 모두를 유일하신 하나님이 지으셨다.

• **群世界神勅日世界使者 해설**

본 문장에서 '무리'는 천사들을 포함하고 있다. 앞에서 천사를 뜻하는 영(靈)을 무리로 함께 표현했듯이 말이다.

群世界神勅 문장의 뜻은 그 무리와 세계에 하나님이 칙서를 내렸다는 내용이다. 하나님이 칙서를 내렸다는 것은 절대자의 명령을 뜻한다.

日世界使者 문장의 뜻은 날과 세계를 사람이 다스리고 부리게 하셨다는 내용이다. 그런즉, 본 문장의 뜻은 하나님이 모든 천사와 세계에 칙서를 내리시어, 사람이 날과 세계를 부리고 다스리게 하셨다는 내용이 된다.

여기서 사람이 부리고 다스리게 한 세계는, 하나님이 창조하신 이 세상 만물을 포함한다. 이는 성경 창세기 내용과도 일맥상통한다.

하나님이 가라사대, 우리의 형상을 따라 우리의 모양대로 우리가 사람을 만들고, 그로 바다의 고기와 공중의 새와 육축과 온 땅에 기는 모든 것을 다스리게 하자 하시고, 하나님이 자기 형상, 곧 하나님의 형상대로 사람을 창조하시되 남자와 여자를 창조하시고, 하나님이 그들에게 복을 주시며 그들에게 이르시되 생육하고 번성하여 땅에 충만하라. 땅을 정복하라. 바다의 고기와 공중의 새와 땅에 움직이는 모든 생물을 다스리라 하시니라. 하나님이 가라사대, 내가 온 지면의 씨 맺는 모든 채소와 씨 가진 열매 맺는 모든 나무를 너희에게 주노니 너희 식물이 되리라. **(창 1:26-29)**

• 割七百世界爾地自大一丸世界 해설

본 문장의 뜻을 그대로 풀면, 분할된 칠백세계인 너희가 이 땅을 스스로 크다고 여기지만, 하나의 알 모양으로 둥근 세계라는 내용이 된다. 분할된 칠백세계인 '너'는 인간을 지칭한 것이다.

인체에는 눈에 보이지 않지만 경락의 노선들이 있고, 좌우 대칭으로 짝을 이룬 그 노선들은 7백여 개의 경혈로 나뉘어 있다. 경혈은 기운이 머무는 정거장 같은 곳인데, 기가 모이고 출입하는 곳이라 하여 혈(穴, 구멍)이라 한다. 이 경혈이 막히면 질병의 원인이 되는바, 경혈에 침이나 뜸을 놓아 해당 질병을 치유할 수 있다. 따라서 경락의 순조로운 순환이 곧 건강이다. 그런즉 인체는 기가 흐르는 경락의 노선들이 700여 개 혈로 분할된 소우주이다.

삼일신고는 이 같은 칠백세계를 '너'라고 지칭하며, 너희가 스스로 이 땅을 크다고 여기지만, 하나의 알 모양으로 둥근 세계라고 가르친다. 당시 인류는 지구를 수평으로 생각하고 있었다. 아울러 이는 인간과 지구의 정체성을 인류 역사상 최초로 밝힌 것이다.

• 中火震盪 海幻陸 遷 乃成見象 해설

본 문장의 뜻을 그대로 풀면, 불 가운데 벼락같이 씻어 내고, 바다를 변화시키고, 육지를 옮겨 지금의 형상이 나타났다는 내용이다. 불 가운데 벼락같이 씻어 냈다는 것은 화산의 용암으로 땅 위 것들을 모두 없앴다는 것이다.

바다를 변화시키고 육지를 옮겨 지금의 현상이 나타났다는 것은 대지진 등의 지각 운동으로 말미암아 이루어진 지구 현상을 밝힌 것이다. 기원전 인류는 지구 형성에 대한 과학적 기초를 전혀 마련하지 못하였다. 하지만 삼일신고는 지구 형성 과정에 대해 명확히 밝히고 있다.

• 神呵氣包底煦日色熱行翥化遊栽 物繁殖 해설

神呵氣 문장은, 하나님의 지엄하신 말씀의 기운을 뜻한다. 그 기운이 밑까지 감쌌다는 것은, 지구의 땅과 바다 밑까지 품었다는 것을 의미한다. 앞 문장에서 바다의 변화와 육지의 이동에 대해 밝혔듯이, 하나님의 지엄하신 기운이 그 바다와 육지의 밑까지 감쌌다는 것이다. 또 본문은 지구의 생명 창조를 밝히는 것이므로 그런 의미가 된다.

煦日色熱 문장의 뜻은 따뜻한 날을 열었으되, 빛을 열어 따뜻하게 했다는 내용이다. 즉, 태양의 빛과 열로 따뜻한 날을 열었다는 뜻이다.

行翥化遊栽物繁殖 뜻은 땅 위를 다니거나 하늘을 날아오르는 생물을 지으시고 노닐게 하셨으며, 땅에 심어 자라는 만물을 창조하여 번성하게 하셨다는 내용이다. 그런즉, 煦日色熱行翥化遊栽物繁殖 문장의 뜻은 하나님이 태양의 빛과 열로 따뜻한 날을 여시어 땅 위에 다니거나 하늘에 날아오르는 모든 생물을 지으시고 노닐게 하셨으며, 땅에 심어 자라는 만물을 창조하여 번성케 하셨다는 내용이다. 이는 성경 창세기 1장의 내용과 일맥상통한다.

하나님이 가라사대 빛이 있으라 하시매 빛이 있었고, 그 빛이 하나님의 보시기에 좋았더라.   (창 1:3-4)

하나님이 가라사대 땅은 풀과 씨 맺는 채소와 각기 종류대로 씨 가진 열매 맺는 과목을 내라 하시매 그대로 되어, 땅이 풀과 각기 종류대로 씨 맺는 채소와 각기 종류대로 씨 가진 열매 맺는 나무를 내니 하나님의 보시기에 좋았더라.   (창 1:11-12)

> 하나님이 큰 물고기와 물에서 번성하여 움직이는 모든 생물을 그 종류대로, 날개 있는 모든 새를 그 종류대로 창조하시니, 하나님의 보시기에 좋았더라.
>
> (창 1:21)

> 하나님이 땅의 짐승을 그 종류대로, 육축을 그 종류대로, 땅에 기는 모든 것을 그 종류대로 만드시니, 하나님의 보시기에 좋았더라. (창 1:25)

• 본문 내용

너희는 보아라. 나무가 빽빽한 숲같이 벌려 놓은 저 하늘의 별들은 그 수가 헤아릴 수 없이 많아 다함이 없다. 크고 작으며 밝고 어두우며 괴로움과 즐거움이 한 가지가 아니다. 유일하신 하나님이 지으셨다. 모든 무리 천사와 세계에 하나님이 말씀을 선포하시어, 날과 세계를 사람이 다스리고 부리게 하셨다. 분할된 칠백세계인 너희가 스스로 땅이 크다고 하지만, 하나의 알 모양으로 둥근 세계이다.

너희가 스스로 이 땅을 크다고 여기지만, 하나의 알 모양으로 둥근 세계이다. 불 가운데 화산의 용암으로 벼락같이 씻어 내고, 대지각운동으로 바다를 변화시키고, 육지를 옮겨 지금의 형상이 나타났나니, 하나님의 지엄하신 말씀과 기운이 땅과 바다 밑까지 감싸고, 태양의 빛과 열로 따뜻한 날을 열어 땅 위를 다니거나 하늘에 날아오르는 생물을 지으시고 노닐게 하였으며 땅에 심어 자라는 만물들이 번성하게 하셨노라.

[제6장] 인간 존재

人物同受三眞 曰性命精 人全之 物偏之 眞性善無惡上嘉通
眞命 淸無濁 中嘉知 眞精 厚無薄 下嘉保 返眞一神

- **人物同受三眞曰性命精人全之物偏之 해설**

人物同受三眞 문장의 뜻은 사람이 만물과 동일하게 받았으나 세 가지 참된 것을 받았다는 내용이다.

曰性命精 문장의 뜻은 사람이 받은 세 가지에 대해 밝히는바, 그것은 가로되 본성, 생명, 정기라고 밝힌다. 여기서 본성은 혼에 속한 것이다. 혼을 가진 모든 생명체는 본성에 따른 본능을 갖고 있기 때문이다. 아울러 생명은 육신에 속한 것이며, 정기는 영에 속한 것이다. 이를 천부경에서는 우주의 영과, 땅의 혼, 인간의 육신이 합하여 三일체가 되었다고 밝힌다. 또 이 세 가지가 합하여 여섯 번째로 창조되었다고 밝혔다. 단군은 이 三일체 인간 사상을 반영하여, 강화도 마니산에 제단을 쌓았다. 단군의 삼일신고와 천부경, 마니산 제단은 三일체 인간 존재에 대하여 일맥상통하게 밝히고 있는 것이다.

人全之 物偏之 문장의 뜻은 사람은 온전하게 되었으되, 만물은 한편으로 치우쳐 온전치 못하게 되었다는 내용이다. 즉, 사람은 영, 혼, 육 세 가지를 가지고 완전한 존재가 되었으나, 만물은 혼과 생명이 있으되 영이 없으므로 한쪽으로만 치우치게 되었다는 뜻이다.

- **眞性善無惡上嘉通 해설**

본 문장의 뜻은 참된 성품(眞性)은 선을 행하고 악을 행치 아니하여, 하늘의 도와 통한다는 내용이다. 여기서 上嘉은 하늘의 도를 뜻한다. 즉, 上은 하늘이며 嘉은 어둠에서 밝음을 얻은 것과 같은 깨달음을 뜻한다.

- **眞命淸無濁中嘉知 해설**

본 문장의 뜻은 참된 생명(眞命)은 탁함이 없이 맑은 삶으로, 신과 만물 사이 존재인 인간의 도를 깨닫게 된다는 내용이다. 여기서 中은 신과 만물 사이 존재인 인간을 뜻한다. 嘉知는 깨달아 안다는 뜻이다.

- **眞精厚無薄下嘉 해설**

본 문장의 뜻은 참 정기는 후덕하여 천박함이 없으므로 땅과 만물의 도를 깨닫게 된다는 내용이다. 여기서 眞精은 참된 정신이란 뜻으로, 영적으로 수양된 인격이다. 즉, 그런 인격체는 후덕하여 천박함이 없다는 것이다.

사람이 후덕하면 귀인이 되나, 박하면 천하게 된다. 혼은 동물적 생존 본성, 본능을 갖고 있는바, 영적으로 수양되지 못한 자는 동물적 본성, 본능에 많이 집착하므로 천박함이 드러난다. 아울러 그런 자는 만물의 도를 깨달을 수 없다. 본 문장에서 下嚞은 땅과 만물에 대한 깨달음이다.

• 保返眞一神 해설

본 문장의 뜻은 위 문장에서 밝힌 깨달음을 보존하여 유일하신 하나님께 돌아가는 것이 참되다는 내용이다.

상철(上嚞)은 위의 밝음을 얻었다는 뜻으로, 하나님과 천국에 대한 깨달음이다.

중철(中嚞)은 신과 만물 사이의 밝음을 얻었다는 뜻으로, 인간에 대한 깨달음이다.

하철(下嚞)은 땅과 만물에 대한 깨달음이다.

• 본문 내용

사람은 만물과 동일한 생명을 받았으나,
세 가지 참된 것을 받았다.
가로되 그것은 본성, 생명, 정기이다.
본성은 혼에 속한다. 생명은 육신에 속한다.
정기, 정신은 영에 속한다.
사람은 이 세 가지 참된 것을 받아,
완전한 존재가 되었다.
즉, 영, 혼, 육 세 가지를 받아 온전한 존재로 완성된 것이다.
반면에 만물은 한쪽에 치우쳐 온전치 못한 존재가 되었다.
만물이 온전치 못한 존재가 된 것은,
세 가지 참된 것을 받지 못했기 때문이다.

즉, 혼과 물질-생명을 가지고 있으나 영이 없다.

참된 성품(眞性)은 선을 행하고 악을 행치 아니하여, 하늘의 도와 통한다.

참된 생명(眞命)은 탁함이 없이 맑은 삶으로,

신과 만물 사이 존재인 인간의 도를 깨닫는다.

참된 정신은 후덕하여 천박함이 없으므로,

땅과 만물의 도를 깨닫게 된다.

이 깨달음을 보존하여,

유일하신 하나님께 돌아가는 것이 참되다.

[제7장] 인생화복

惟众迷地 三妄着根 曰心氣身 心依性有善惡善福惡禍

• 惟众迷地 해설

惟众 문장의 뜻인 생각하는 무리는 인간을 지칭한 것이다.

그 인간이 미혹(迷惑)이 있는 땅에 산다.

• 三妄着根 曰 心氣身 해설

三妄着根 曰心氣身 문장에서 三은, 三일체인 인간을 지칭한 것이다. 단군의 삼일신고와 천부경 전체에서 인간을 三일체로 밝히고 있는 것과 일맥상통한다. 또한, 앞 문장에서 생각하는 무리인 인간을 三으로 거듭 밝히고 있는 것이다. 본 문장은 그 三에 망령이 붙어 뿌리 내린다며, 가로되 마음, 기운, 육신이라 한다. 즉, 마음, 기운, 육신에 붙어 뿌리 내린다는 것이다. 여기서 망령은 인간을 미혹하는 존재다. 앞에서 인간은 미혹하는 땅에 산다고 했는데, 이 땅에서 미혹하는 그 망령이 인간에게 붙어 존재한다는 것이다. 성경에서 사탄은 인간의 첫 조상인 아담과 하와를 미혹하여 선악과를 따 먹게 한다. 그리하여 죽음에 이르는 심판을 받게 하고, 에덴동산에서 쫓겨나게 한다. 따라서 사탄

은 하나님의 심판을 받고 천국에서 쫓겨난 망령(妄靈)이기도 하다. 망령은 귀신이라는 뜻도 포함하고 있다. 그 귀신이 붙은 사람은 우울증에 걸려 기운을 상실하는 경우가 있는바, 그 증상은 바로 육신에 나타난다. 또 많은 귀신이 붙어 미친 사람이 발작할 땐 그 기운이 너무 세서 여럿이 당하기 힘들기도 하다.

- **心依性 有善惡 善福惡禍 해설**

心依性有善惡 문장 뜻을 그대로 풀면, 마음이 본성에 의지하고 선악이 있다는 내용이다. 인간은 생존 본성, 본능을 가지고 있다. 따라서 생존을 위한 삶 속에서 선악을 행한다. 마음은 그 행함을 결정하는바, 마음이 본성에 의지하고 인간 본성이 그 마음을 움직이기도 한다. 善福惡禍 문장의 뜻은 선이 복을 부르고 악이 화를 낳는다는 내용이다.

- **본문 내용**

생각하는 무리인 인간들은 미혹하는 땅에 산다.

三일체 인간에겐 망령이 붙어 뿌리 내리되,

가로되 마음, 기운, 몸에 붙어 뿌리 내린다.

마음은 본성에 의해 선악을 나타내되,

선함은 복을 부르며, 악함은 화를 부른다.

[제8장] 목숨과 정신

氣依命 有淸濁 淸壽濁夭 身依精 有厚薄 厚貴薄賤

- **氣依命 有淸濁 淸壽濁夭 해설**

본 문장의 뜻을 그대로 풀면, 기운에 의지하는 생명에 맑음과 탁함이 있는바, 기가 맑으면 장수하고 기가 탁하면 단명한다는 내용이 된다.

• 身依精 有厚薄 厚貴薄賤 해설

본 문장의 뜻을 그대로 풀면, 육신이 의지하는 정신은 후덕함과 박함이 있는데, 정신이 후덕하면 귀하게 되고, 박하면 천하게 된다는 내용이다.

• 본문 내용

목숨은 기운에 의지하는데, 맑고 탁함이 있다. 기가 맑으면 장수하고, 탁하면 일찍 죽는다. 육신은 정신에 의지하는데, 정신은 후덕함과 박함이 있다. 정신이 후덕하면 귀하게 되고, 박하면 천하게 된다.

[제9장] 운명

眞妄對作三途 日感息觸轉成十八境感喜懼哀怒貪厭息芬爛寒
熱震濕觸聲色臭味淫抵众善惡淸濁厚薄相雜從境途任走墮生
長肖病歿苦哲止感調息禁觸一意化行返妄卽眞發大神機性通功完是

• 眞妄對作三途 日感息觸轉成十八境 해설

본 문장의 뜻은 참과 허망함이 대립하여 세 가지 길을 만드는데, 가로되 감정, 호흡, 감촉으로 돌아가며 18가지 경우로 이루어진다는 내용이다.

• 感喜懼哀怒貪厭 해설

본 문장의 뜻은 감정이 즐거움, 두려움, 슬픔, 성냄, 탐욕, 염증 등 6가지로 나타난다는 내용이다.

• 息芬爛寒熱震濕 해설

본 문장의 뜻은 호흡이 향기, 썩은 냄새, 냉기, 열기, 건조함, 습함 등 6가지를 느낀다는 내용이다.

- **觸聲色臭味淫抵 해설**

본 문장의 뜻은 감각이 청각, 시각, 후각, 미각, 음각, 거슬림 등 6가지를 느낀다는 내용이다.

- **众善惡淸濁厚薄相雜 해설**

본 문장의 뜻은 모든 사람이 선과 악, 맑음과 탁함, 후덕함과 박함이 서로 뒤섞여 있다는 내용이다.

- **從境途任走墮生 해설**

본 문장의 뜻을 그대로 풀면, 쫓아가야 할 지경의 길에 맡겨져 달려가야 하고, 그 길에 떨어져 태어난다는 내용이다. 여기서 쫓아가야 할 지경의 길에 맡겨져 달려간다는 것은, 한생토록 쫓아가야 할 운명이 있고, 그 운명대로 인생길을 달려간다는 뜻이다. 그렇게 달려가야 할 인생길에 떨어져 태어난다는 것은 운명대로 태어난다는 뜻이다.

- **長肖病歿苦 해설**

본 문장의 뜻을 그대로 풀면 길게 서로가 닮은 듯이 다 같이 병들고 죽으며 쓴 고생을 한다는 내용이다. 앞의 문장과 연결해 풀면, 사람은 긴 인생길에서 다 같이 병들고 죽으며 쓴 고생을 한다는 뜻이 된다.

- **哲止感調息禁觸 해설**

본 문장의 뜻을 그대로 풀면 밝은 사람의 발은 감정을 조절하고 호흡하며 금하여 머문다는 내용이다. 즉, 도리에 밝은 사람은 감정을 조절하고 호흡하며, 발길을 멈추어 머문다는 뜻이다.

- **一意化行返妄卽眞 해설**

본 문장의 뜻은 한 가지 뜻을 세워 행함을 허망하게 돌아서지 않음이 곧 참되다는 내용이다.

- **發大神機性通功完是 해설**

본 문장의 뜻을 그대로 풀면, 발함, 즉 출발하여 나아감이 크신 하나님의 능력과 성품을 통하여 완공하는 것이 옳다는 내용이다.

앞의 문장과 연결하여 풀면, 어떤 뜻을 가지고 행함이 하나님의 크신 능력과 성품을 통하여 완공함이 옳다는 뜻이다.

- **본문 내용**

참과 허망함이 대립하여 세 가지 길을 만드니,
가로되 감정, 호흡, 감촉으로 돌아가며
18가지 경우로 이루어진다.
감정은 즐거움, 두려움, 슬픔, 성냄, 탐욕, 염증 등
여섯 가지로 나타나고,
호흡은 향기, 썩은 냄새, 냉기, 열기, 건조함, 습함 등
여섯 가지를 느끼며,
감각은 청각, 시각, 후각, 미각, 음각, 거슬림 등
여섯 가지를 느낀다.
모든 사람은 선과 악, 맑음과 탁함,
후덕함과 박함이 서로 뒤섞여 있다.
사람은 쫓아가야 할 운명을 따라 달려가야 하고,
그 운명대로 태어난다.
그 기나긴 인생길에서,
사람은 다 같이 병들고 죽으며 쓴 고생을 한다.
도리에 밝은 사람은 감정을 조절하고 호흡하며,
발길을 멈추어 머문다.
한 가지 뜻을 세워 행함을
허망하게 돌아서지 않음이 곧 참되다.
그 길에, 하나님의 크신 능력과 성품을 통하여
완공하는 것이 옳다.

● 천부경(天符經)

一 始 無 始 一 析 三 極 無 盡 本
天 一 一 地 一 二 人 一 三
一 積 十 鉅 無 櫃 化
三 天 二 三 地 二 三 人 二 三
大 三 合 六 生
七 八 九 運 三 四
成 環 五 七 一 妙
衍 萬 往 萬 來 用 變 不 動
本 本 心 本 太 陽 昻 明
人 中 天 地 一 一 終 無 終 一

• 天符經 해설

천부경(天符經) 제목은 문자 뜻 그대로, 하늘의 부신(符信, 증표)을 가진 자가
그 뜻을 풀 수 있다는 내용이다.

• 一始無始一析三極無盡本 해설

본 문장의 뜻을 그대로 풀면 '하나에서 비롯되었으되 아무것도 없는 데서
시작되었고, 그 하나를 분석하면 셋이며, 지극히 아무것도 없는 데서 다 완
성하여 근본이 생겼다.'라는 내용이다.

一은 삼일신고(三一神誥)에서와 같이 하나님을 뜻한다.

천부경(天符經)과 삼일신고(三一神誥)는 단군이 밝힌 경서이므로, 동일의 의
미와 뜻으로 해석해야 한다. 즉, 단군의 신앙적 사상으로 해석해야 함은 지
극히 마땅하다.

始는 시작이라는 뜻으로 새로운 창조를 의미한다.

그러므로 一始는 하나님의 창조를 뜻한다.

無始는 하나님의 창조가 아무도 없는 곳에서 창조되었음을 뜻한다. 즉, 아무것도 없었던 우주 공간에서 창조되었음을 밝힌 것이다.

一析三은 하나님을 분석하면 삼위일체임을 밝힌 것이다.

이는 삼위일체 하나님을 고하여 증거한다는 뜻인 삼일신고(三一神誥)의 뜻과 명백하게 일맥상통한다. 삼위일체는 성부, 성자, 성령 하나님이다. 한 가정의 주인을 아버지라고 하듯이, 삼일신고에서는 만물의 창조주를 주(主)와 같다고 밝혔다. 그리고 성령 하나님을 밝고 밝으시고 신령하고 신령하시다고 밝혔으며, 스스로 성품을 다해 간구하면 하나님 아들이 강림하신다고 증거하였다. 천부경에서 一析三은 그 성부, 성자, 성령 삼위일체 하나님을 밝힌 것이다.

極無盡本은 하나님이 지극히 정성을 다하였으되 아무것도 없는 우주 공간에서 다 완성하여 근본이 생겼다는 뜻이다.

• 부연 설명

삼일신고에 主無數世界造라고 밝혔다.

이는 주님이 아무것도 없는 無에서 무수히 많은 세계를 지으셨다는 내용으로서, 천부경의 위 내용(一始無始一析三極無盡本)과 일맥상통한다.

• 一始無始一析三極無盡本 내용

하나님으로부터 창조되었으되,

아무것도 없는 우주에서 시작되었다.

하나님을 분석하면 삼위일체이다.

하나님이 지극히 정성을 다하였으되,

아무것도 없는 우주 공간에서 다 완성하여 근본이 생겼다.

• 天一一 地一二 人一三 해설

이 문장에서 1, 2, 3 순으로 숫자가 늘어나는 것을 확인할 수 있다. 따라서 이 본문을 문자 뜻 그대로 풀면 하늘 하나는 그냥 하나지만, 땅 하나를 더해 둘이 되고, 또 사람 하나를 더해 셋이 된다는 내용이다.

삼일신고와 천부경에서 일맥상통한 것은, 단군이 삼위일체 하나님과 三일체 인간의 정체성을 구체적으로 밝혔다는 것이다. 아울러 우주와 땅, 인간이 합하여 三이 되었다고 증거한다. 여기서 우주와 땅의 더함은 영과 혼의 결합을 뜻하며, 인간은 육신을 뜻한 것이다. 즉, 영, 혼, 육 三일체를 뜻한다. 이 사상은 삼일신고와 천부경 전체에서 동일하게 밝혀진다.

그러므로 天一一 地一二 人一三은 하늘의 영 하나는 하나로되, 땅의 혼 하나가 합치니 둘이 되고, 사람의 육신 하나를 더하니 三일체가 되었다는 뜻이다.

• 부연 설명

삼일신고에 '人物同受三眞曰性命精人全之物偏之'라고 증거되었다.

이를 해석하면 다음과 같은 뜻이 된다.

사람은 만물과 동일한 생명을 받았으나, 세 가지 참된 것을 받았다.

가로되 그것은 본성, 생명, 정기이다.

여기서 본성은 혼에 속한 것이다. 혼을 가진 모든 생명체는 본성에 따른 본능을 갖고 있기 때문이다. 아울러 생명은 육신에 속한 것이며, 정기는 영에 속한 것이다.

사람은 이 세 가지 참된 것을 받아 완전한 존재가 되었다.

즉, 영, 혼, 육 세 가지를 받아 온전한 존재로 완성된 것이다.

반면에 만물은 한쪽에만 치우쳐 완전치 못한 존재가 되었다.

(만물이 치우쳐 완전치 못한 존재가 된 것은 세 가지 참된 것을 받지 못했기 때문이다. 즉, 혼과 물질-생명은 가지고 있으나 영이 없다.)

이처럼 천부경과 삼일신고는 3일체 인간의 존재를 구체적으로 밝히고 있다.

• 天一一 地一二 人一三 내용

하늘의 영은 하나로되

땅의 혼을 하나 더하여 둘이 되고

사람의 육신을 하나 더하니 셋이 된다.

• 一積十鉅無櫃化 해설

이 본문 문자를 그대로 해석하면 하나를 쌓아 십으로 커지되, 궤와 같은 제한된 공간이 없이 무한대한 우주에서 이루어졌다는 내용이다.

숫자에서 10은 완전수이다. 사람의 손가락으로 열까지 셀 수 있듯이 말이다. 그러므로 하나가 십이 되었다는 것은 완성을 뜻한다. 앞에서 천부경은 三일체 인간에 대해 밝혔다.

그 뒤의 본문에서 '하나를 쌓아 십으로 커지되, 궤와 같은 제한된 공간이 없이 무한대한 우주에서 이루어졌다'라고 밝히고 있다.

천부경을 정확히 해석하고 이해하려면 앞뒤가 맞게 일맥상통해야 하며, 삼일신고(三─神誥)의 사상과도 일맥상통해야 한다. 이것은 보편적 상식이다. 그러므로 하나를 쌓아 완전하게 된다는 것도, 앞에서 증거된 인간 존재에서 밝혀야 한다. 이 본문 뒤에서도 일관되게 인간 존재를 밝히고 있기 때문이다.

그런즉, 하나를 쌓아 완전하게 된다는 것은 하나의 수정란이 우주의 빅뱅과 같이 세포 분열이라는 대폭발을 하여 완전함을 이룬다는 것이다. 그 완전함은 소우주라고 하는 인체이다. 아울러 무궤(無櫃)함으로 제한된 공간이 없이 무한대한 우주에서 이루어진다는 것은, 우주의 영과 땅의 혼이 결합하여 인간이라는 결정체를 생산한다는 것이다. 이는 앞서 밝혀진 天一一 地一二 人一三 사상과 일맥상통한 내용이다.

• 一積十鉅無櫃化 내용

하나를 쌓아 십으로 커짐은

하나가 완전함을 이루는 것이다.

그것은 궤와 같은 제한된 공간이 아니라

무한대한 우주에서 이루어지는 것이니

하늘의 영과 땅의 혼이 결합하여

인간이라는 결정체를 생산하는 것이다.

• 三 天二三 地二三 人二三 해설

이 본문의 문자 뜻을 그대로 설명하면, 三에 대하여 밝히고 있다. 즉, 三이 어떻게 이루어졌는가에 대하여 증거한다. 따라서 三은 하늘에 둘을 더해 三이 되고, 땅에 둘을 더해 三이 되었으며, 인간에 둘을 더해 三이 되었다고 설명한다.

三은 三일체 인간을 뜻하므로 하늘에 둘을 더해 三이 되었다는 것은 하늘의 영에 혼과 인간의 육신을 더해 三일체가 되었다는 뜻이다.

땅에 둘을 더해 三이 되었다는 것은 혼에 영과 인간의 육신을 더해 三일체가 되었다는 뜻이다.

인간에 둘을 더해 三이 되었다는 것은 인간의 육신에 영과 혼을 더해 三일체가 되었다는 뜻이다.

보는 바와 같이 위 내용들은 모두 앞뒤가 맞게 일맥상통한 설명을 하고 있다.

• 三 天二三 地二三 人二三 내용

三일체는 하늘의 영에

땅의 혼과 인간의 육신을 더해 三일체가 되었고,

땅의 혼에 하늘의 영과 인간의 육신을 더해

三일체가 되었으며,

인간의 육신에 영과 혼을 더하여 三일체가 되었다.

• 大三合六生 해설

이 본문의 문자 뜻을 그대로 풀면 大三이 합하여 여섯 번째로 태어났다는 내용이 된다. 앞에서 일관되게 밝혀졌듯이 三은 영, 혼, 육 三일체 인간을 뜻하는바, 大三은 인간의 첫 조상이나 우두머리라는 상징적 의미가 있다. 大자는 무리의 우두머리를 상징할 때 사용되는 문자이기 때문이다. (예: 대통령,

대장 등) 아울러 大三은 인간의 첫 영, 혼, 육이 된다. 그것이 합하여 여섯 번째로 태어났다는 것은, 창세기에서 아담의 창조와 같은 맥락이다. 인류의 첫 조상인 아담은 여섯째 날에 창조된 것이다. 大는 一 자와 人 자가 합하여 이루어졌다. 즉, 천부경이나 삼일신고에서 一은 하나님을 뜻하는바, 하나님은 人을 창조하셨다.

• **大三合六生 내용**

大三은 첫 영, 혼, 육이라,

그것이 합하여 여섯 번째로 창조되었나니,

이는 인류의 첫 조상이다.

• **七八九運三四 해설**

이 본문의 뜻은 七八九 단위로 옮기며 三일체 인간이 四계절을 산다는 것을 밝히고 있다. 7은 안식 수이다. 성경에 기록된바 하나님은 창조를 마무리한 7일째 되는 날에 안식을 취하신 것이다. 8은 인간의 근로 시간이다. 9는 수면 시간이다. 인간의 생체 리듬을 놓고 볼 때, 이 7, 8, 9(七八九) 시간 단위로 삶을 옮기는 것이 가장 이상적이다.

9시간 수면이 생산성을 20% 증가시키고, 비만 유전자 활동을 크게 억제하며, 창의적인 아이디어 생산에 도움이 되는 것도 그런 이유에서이다. 수면 부족이 우울증, 자살 충동, 비만증 등으로 나타나는 것도 이 때문이다.

여왕개미는 9시간 수면으로 6년 정도의 수명을 누리지만, 그 절반의 수면밖에 취하지 못하는 일개미는 6개월에서 1년 밖에 못 산다. 마찬가지로 인간의 수명에도 충분한 수면은 큰 영향을 미친다. 그러므로 7시간 휴식, 8시간 근로, 9시간 수면으로 七八九 단위의 삶을 실천하는 것은 가장 효과적인 인생을 사는 것이다. 7, 8, 9(七八九) 시간을 합하면 24시간이 되고, 1년은 24절기로 구분된다. 천부경은 영, 혼, 육 三이 합하여 여섯 번째로 창조된 인간이 七八九 단위로 삶을 옮기며 4계절을 살아야 한다는 지혜를 가르친다.

삼일신고는 366자로 밝히고 있다.

이는 윤달을 포함하여 366일을 의미하는 수의 글자로 진실을 밝혔다는 데 의미가 있다. 그런즉, 삼일신고와 천부경은 일맥상통한 상호 관계를 갖고 있으므로, 천부경도 삼일신고의 증거들을 바탕으로 해석해야 한다.

• 七八九運三四 내용

七은 안식 시간이니 쉬어야 하고,

八은 근로 시간이니 일해야 하며,

九는 모든 것이 끝난 시간이니 자야 한다.

七八九를 옮겨 합하면

24시간이 되고 24절기가 된다.

이 과정에서 七八九 단위로 옮기며

三일체 인간은 四계절을 살아야 한다.

• 成環五七一妙 해설

이 본문은 고리를 이룬 五七과 하나님의 신묘함을 밝히고 있다.

위에서 분명히 확인하였듯이, 천부경은 하나님과 인간, 우주의 진실에 대하여 밝히고 있다. 따라서 五七의 의미를 먼저 우주에서 살펴보자.

우주에는 다섯(五) 위성(수금화목토)이 있어 오행의 원리가 있고, 낮과 밤을 주관하는 태양과 달이 있어 음양의 조화를 이룬다. 이 모두를 합하면 일곱 (七)이 된다. 이 五七의 조화가 하나님과 고리로 연결되었다는 것은 하나님이 우주를 창조하시고 운행하심을 밝힌 것이다. 천부경은 이 같은 이치로 하나님의 섭리는 오묘하다고 가르친다.

• 부연 설명

삼일신고에 神在無上一位 有大德大慧大力生天이라고 밝혀져 있다.

신이 계시되 그 위에 아무도 없으니 가장 높으시고 유일하신 하나님이시며, 하나님은 큰 덕과 큰 지혜와 큰 힘을 가지시고 우주를 창조하셨다는 뜻이다. 뿐만 아니라 삼일신고는 창조주 하나님과 천국 사상에 대해서도 구체적으로 밝혔다. 아울러 삼일신고와 앞서 밝혀진 천부경의 내용은 서로 일맥상통한다.

五七은 다섯째 아들로 태어나 일곱 번째 서열에 속한 단의 정체성이기도 하다. 평양에서 출토된 와당에서 다섯 번째와 일곱 번째 고대 히브리 문자 사이에 오엽수를 새긴 것도 그 때문이다. 그 단의 씨에서 이 모든 진리가 밝혀진 것은, 인류 역사를 주관하시는 하나님의 섭리에 의해서이다. 즉, 하나님은 단을 도구로 쓰시어 이 모든 진리를 밝히시었다. 단(五七)과 하나님이 고리로 이루어져 이 모든 역사가 이루어졌으니, 이 또한 하나님의 섭리는 오묘한 것이다.

- **成環五七一妙 내용**
五七의 이치는 하나님과 고리로 이루어졌나니,
하나님의 섭리는 오묘하다.
우주에는 다섯 위성(수금화목토)이 있어
오행의 원리가 있고,
낮과 밤을 주관하는 태양과 달이 있어
음양의 조화를 이룬다.
이 모두를 합하면 일곱이 된다.
이 五七의 조화가 하나님과 고리로 이루어졌나니,
하나님은 이 고리를 잡고 우주를 운행하시는 주관자이시다.
또한 다섯째 아들로 태어나 일곱 번째 서열에 속한
단의 존재도 五七이요,
이 五七도 하나님과 고리로 이루어졌으니,
하나님의 섭리는 실로 오묘하다.

• 衍萬往萬來用變不動本 해설

이 본문은 뜻은 넓은 세상에 만물이 가고 또 왔으되, 그 용도는 변해도 근본의 자리는 움직이지 않았음을 밝히고 있다. 만물이 가고 또 만물이 왔다는 것은 만물의 종말과 창조를 뜻한다.

만물의 용도는 변해도 근본의 자리는 움직이지 않았다는 것은 종말과 창조가 이루어진 지구를 뜻한다.

• 부연 설명

지구 생명체는 여러 차례의 대멸종을 맞이하였다. 그 과정에 공룡이 등장하였다가 사라졌으며, 인류가 탄생하였다. 원래 있던 것들은 사라지고 새로운 생명체가 등장한 것이다. 하지만 지구는 그대로이다. 즉, 만물의 용도는 변해도, 근본의 자리는 움직이지 않은 것이다. 이는 천부경의 衍萬往萬來用變不動本 사상과 정확히 일치한다.

• 衍萬往萬來用變不動本 내용

넓은 세상에 만물이 가고, 또 만물이 왔다.

옛것은 사라지고 새것이 왔으되,

만물의 용도는 변해도

근본의 자리인 지구는 그대로이다.

• 本心本太陽昂明 해설

이 본문에서는 근본의 마음이 있었음을 밝히고, 그 근본이 태양의 밝은 빛을 열었음을 밝힌다. 이는 앞에서 밝혀진 우주와 지구의 이치에서 연장된 것이다. 우주 만물의 근본은 창조주 하나님이다. 따라서 근본의 마음은 하나님의 창조 계획을 뜻한다. 천부경은 첫머리에서 하나님의 창조는 무에서 시작되었고 하나님을 분석하면 삼위일체인데, 그 하나님이 지극히 정성을 다하였으되, 아무도 없는 우주 공간에서 다 완성하여 근본이 생겼다고 밝혔다. 아울러 이 본문에서 근본의 마음은 하나님의 마음을 밝힌 것이다.

그 근본이 태양의 밝은 빛을 열었다는 것은 천지창조의 시작을 뜻한다. 즉, 하나님이 태양의 빛을 열어 이 세상 만물을 창조했다는 것이다. 이는 창세기 1장 3절에서 빛이 있으라 하시매 빛이 있었다는 내용과 같은 맥락이다.

- **本心本太陽昂明 내용**

하나님은 우주 만물의 근본이라

근본의 마음은

하나님의 창조 계획이다.

그 근본이 되신 하나님이

태양의 밝은 빛을 열어

이 세상 만물을 창조하셨다.

- **人中天地一 해설**

이 본문의 문자 뜻을 그대로 풀면 사람 안에서 하늘과 땅이 하나가 되었다는 것이다.

여기서 人天地를 합하면 三이 된다.

이는 앞에서 밝혀진 天一一 地一二 人一三 뜻과 일맥상통한다.

三 天二三 地二三 人二三 뜻과도 일맥상통한다.

천부경은 三일체 인간의 존재에 대하여 거듭 밝히고 있는 것이다.

따라서 사람 안에서 하늘과 땅이 하나 되었다는 것은, 영과 혼의 결합을 뜻하는 것이다.

- **부연 설명**

단군이 쌓은 강화도 마니산 제단의 원형 기초는 우주의 영을 상징한 것이고, 네모 제단은 땅의 혼을 상징한 것이다. 그 제단에는 영과 혼이 결합한 결정체인 사람이 올라가 제사를 드릴 수 있도록 만든 21개의 계단이 있다.

단군은 人中天地一 사상을 반영하여 한반도의 모태인 강화도에 그 제단을 쌓은 것이다. 천부경과 단군 유적이 일맥상통한 것이다.

- **人中天地一 내용**

사람 안에서 하늘의 영과 땅의 혼이 하나가 되었나니,
사람은 영과 혼이 결합한 결정체이다.

- **一終無終一 해설**

이 본문의 문자 뜻을 그대로 풀면 하나가 마치면 없어지나, 그 마침에서
또 하나가 시작된다는 것이다. 즉, 한생이나 한세상이 마치면 없어지나, 그
마침에서 또 한세상이 시작된다는 뜻이다. 지구에 대멸종이 있었고, 또 한세
상이 열린 것과 일맥상통한다. 또한 사람들이 사후 세계를 저세상이라고 하
는 것과 같은 맥락이기도 하다.

- **一終無終一 내용**

하나가 마치면 없어지겠으나, 마침은 또 하나의 시작이다.

- **결론**

위에서 명명백백히 확인한 바와 같이, 천부경은 처음부터 마지막까지 하
나님과 인간, 우주에 대하여 일맥상통하게 밝히고 있다. 이는 삼일신고(三一
神誥)의 내용과도 정확히 일맥상통한다.

천부경(天符經)
-하늘의 부신(符信, 증표)을 가진 자가 푸는 경서란 뜻-

하나님으로부터 창조되었으되,
아무것도 없는 우주에서 시작되었다.
하나님을 분석하면 삼위일체이다.
하나님이 지극히 정성을 다하였으되,
아무것도 없는 우주 공간에서 다 완성하여 근본이 생겼다.

하늘의 영은 하나로되

땅의 혼을 하나 더하여 둘이 되고

사람의 육신을 하나 더하니 셋이 된다.

하나를 쌓아 십으로 커짐은

하나가 완전함을 이루는 것이다.

그것은 궤와 같은 제한된 공간이 아니라

무한대한 우주에서 이루어지는 것이니

하늘의 영과 땅의 혼이 결합하여

인간이라는 결정체를 생산하는 것이다.

三일체는 하늘의 영에 땅의 혼과 인간의 육신을 더해 三일체가 되었고,

땅의 혼에 하늘의 영과 인간의 육신을 더해 三일체가 되었으며,

인간의 육신에 영과 혼을 더하여 三일체가 되었다.

大三은 첫 영, 혼, 육이라,

그것이 합하여 여섯 번째로 창조되었나니,

이는 인류의 첫 조상이다.

七은 안식 시간이니 쉬어야 하고,

八은 근로 시간이니 일해야 하며,

九는 모든 것이 끝난 시간이니 자야 한다.

七八九를 옮겨 합하면

24시간이 되고 24절기가 된다.

이 과정에서 七八九 단위로 옮기며

三일체 인간은 四계절을 살아야 한다.

五七의 이치는 하나님과 고리로 연결되었나니,

하나님의 섭리는 오묘하다.

우주에는 다섯 위성(수금화목토)이 있어 오행의 원리가 있고,

낮과 밤을 주관하는 태양과 달이 있어 음양의 조화를 이룬다.

이 모두를 합하면 일곱이 된다.

이 五七의 조화가 하나님과 고리로 연결되었나니,

하나님은 이 고리를 잡고 우주를 운행하시는 주관자이시다.

또한 다섯째 아들로 태어나 일곱 번째 서열에 속한

단의 존재도 五七이요,

이 五七도 하나님과 고리로 이루어졌으니,

하나님의 섭리는 실로 오묘하다.

넓은 세상에 만물이 가고, 또 만물이 왔다.

옛것은 사라지고 새것이 왔으되,

만물의 용도는 변해도

근본의 자리인 지구는 그대로이다.

하나님은 우주 만물의 근본이라

근본의 마음은

하나님의 창조 계획이다.

그 근본이 되신 하나님이

태양의 밝은 빛을 열어

이 세상 만물을 창조하셨다.

사람 안에서 하늘의 영과 땅의 혼이 하나가 되었나니,

사람은 영과 혼이 결합한 결정체이다.

하나가 마치면 없어지겠으나, 마침은 또 하나의 시작이다.

- **천부경(天符經)의 특징**

① 숫자로 설명하며, 구체적인 설명을 달지 않고 암호화했다. 이는 천부경
   이란 뜻이 관철되게 하기 위해서이다.

② 천부경은 삼일신고(三一神誥)의 압축판으로서, 두 경서의 내용은 한 치의
   틀림도 없이 정확히 일맥상통한다.

③ 인간과 우주, 지구의 이치에 대해 과학적으로 밝혔다.

④ 천부경 사상과 단군 유적(강화도 마니산 제단)의 의미는 정확히 일맥상통한
   다. 사상은 언어와 행동으로 표현되는바, 이 모두가 일맥상통한 것이다.

⑤ 천부경의 결론은 三이라는 숫자에 있다. 그래서 三으로 시작하여, 역시

三이라는 존재로 끝을 맺는다. 그럼 본문에 등장하는 三에 대하여 다시 확인해 보자.

- 一始無始一析三에서는 창조주 하나님을 분석하면 삼위일체임을 밝히고 있다.
- 天一一 地一二 人一三에서는 우주의 영과 땅의 혼, 인간의 육신이 더하여 三일체가 되었음을 밝힌다.
- 三 天二三 地二三 人二三에서는 三이 어떻게 이루어졌는가를 설명하는바, 우주의 영에 둘을 더하여 三이 되었다고 밝힌다. 따라서 그 둘은 혼과 육신이다. 그런즉, 땅의 혼에 둘을 더한 것은 영과 육신이며, 인간의 육신에 둘을 더한 것은 영과 혼이다.
- 大三合六生에서는 大三 즉, 첫 영, 혼, 육이 합하여 여섯 번째로 창조되었음을 밝히고 있다.
- 七八九運三四에서는 그 三일체 존재가 七八九 단위로 삶을 옮기며 사계절을 산다고 밝힌다.
- 人中天地一에서는 사람 안에 우주의 영과 땅의 혼의 결합하여 하나 되었다고 밝힌다. 즉, 영과 혼이 결합한 결정체인 인간 존재를 밝히고 있다. 단군은 이 사상을 반영하여, 한반도 모태인 강화도 마니산에 제단을 쌓은 것이다.

이처럼 천부경은 三의 존재를 밝히기 위해 지어진 경서인바, 이는 삼일신고의 사상과 전적으로 일맥상통한다.

● 삼일신고와 천부경의 의의

① 인류역사상 최초로 성부, 성자, 성령 삼위일체 하나님에 대해 정확히 밝혔다.
② 천국과 천사들의 존재에 대해 구체적으로 밝혔다.
③ 역시 인류 역사상 최초로 인간이 영, 혼, 육 三일체로 이루어졌음을 밝혔다.
  - 하늘의 영은 하나로되, 땅의 혼을 하나 더하여 둘이 되고, 사람의 육신을 하나 더하니 셋이 된다.

- 사람 안에서 하늘의 영과 땅의 혼이 하나가 되었나니, 사람은 영과 혼이 결합한 결정체이다.

④ 인간과 만물 세계와의 관계에 대해 최초로 밝혔다.

- 사람은 이 세 가지 참된 것을 받아 완전한 존재가 되었다. 즉, 영, 혼, 육 세 가지를 받아 온전한 존재로 완성된 것이다. 반면에 만물은 한쪽에 치우쳐 온전치 못한 존재가 되었다. 만물이 온전치 못한 존재가 된 것은, 세 가지 참된 것을 받지 못했기 때문이다. 즉, 혼과 물질-생명을 가지고 있으나 영이 없다.

⑤ 인간의 감정, 호흡, 감각에 대하여 구체적으로 밝혔다.

⑥ 인간의 운명에 대해 구체적으로 밝혔다.

- 사람은 쫓아가야 할 운명을 따라 달려가야 하고, 그 운명대로 태어난다. 그 기나긴 인생길에서, 사람은 다 같이 병들고 죽으며 쓴 고생을 한다.

⑦ 인간의 정신세계에 대해 구체적으로 밝혔다.

⑧ 인간과 우주의 관계에 대해 최초로 밝혔다.

- 七은 안식 시간이니 쉬어야 하고, 八은 근로 시간이니 일해야 하며, 九는 모든 것이 끝난 시간이니 자야 한다. 七八九를 옮겨 합하면 24시간이 되고 24절기가 된다. 이 과정에서 七八九 단위로 옮기며, 三일체 인간은 四계절을 살아야 한다.

⑨ 우주의 원리에 대해 과학적으로 밝혔다.

- 우주에는 다섯 위성(수금화목토)이 있어 오행의 원리가 있고, 낮과 밤을 주관하는 태양과 달이 있어 음양의 조화를 이룬다. 이 모두를 합하면 일곱이 된다. 이 五七의 조화가 하나님과 고리로 연결되었나니, 하나님은 이 고리를 잡고 우주를 운행하시는 주관자이시다.

⑩ 지구가 하나의 알 모양으로 둥근 세계임을 최초로 밝혔다(爾地自大-丸世界-너희가 이 땅을 스스로 크다고 하지만, 한 알의 모양으로 둥근 세계이다.).

⑪ 화산과 지진 등의 대지각운동으로 변화 형성된 지구 현상에 대해 과학적으로 밝혔다.

- 불 가운데 화산의 용암으로 벼락같이 씻어내고, 대지각운동으로 바다를 변화시키고, 육지를 옮겨 지금의 형상이 나타났다.

⑫ 지구 종말의 반복과 생명의 탄생, 이 땅의 정체성에 대해 과학적으로 밝혔다.
  – 넓은 세상에 만물이 가고, 또 만물이 왔다. 옛것은 사라지고 새것이 왔으
    되, 만물의 용도는 변해도 근본의 자리인 지구는 그대로이다.

● 삼일신고와 천부경의 진실

삼일신고와 천부경이 단군에 의해 밝혀진 경서가 맞는지 확인하려면, 단군
이 세운 고대 국가인 고조선 유적, 유물들과의 연관성을 따져 보면 된다. 그래
서 만약, 삼일신고와 천부경의 사상이 고조선 시대의 유적, 유물들과 전혀 연
관성이 없고 불일치하다면, 삼일신고와 천부경이 단군에 의해 밝혀진 경서라
고 인정하기 어렵다. 그럼 그 진실 여부를 확인해 보자.

첫째, 고조선 시대를 살았던 조상들은 하나님을 상징하는 방패와 할례받
    은 백성의 상징 등의 암각화를 바위나 절벽에 새기고, 그 장소에서
    거룩한 제사를 드렸다. 삼일신고(三一神誥)는 제목의 뜻과 같이 방패로
    상징되는 삼위일체 하나님을 고하여 밝힌 경서로서, 그 암각화 유적
    과 정확히 일맥상통한다. 천부경도 삼위일체 하나님을 밝힌 경서로
    서, 고조선 시대의 암각화 유적과 정확히 일맥상통한다.
둘째, 기원전 7세기경 한반도에 나타난 고인돌에서 하나님을 상징하는 방
    패, 할례받은 백성의 상징, 하나님과 맺은 언약의 상징 등의 청동 제
    사 도구가 나타났다. 특히, 하나님과 맺은 언약의 상징, 할례받은 백
    성의 상징 등의 청동 제사 도구들은, 한반도 도처에서 동일한 모습의
    세트로 나타났다. 이는 고조선 제사장들이 동일한 신앙을 가지고 동
    일한 하나님께 거룩한 제사를 드렸다는 명명백백한 증거이다. 단군
    은 왕권을 가진 제사장이다. 마찬가지로 지방 수령들도 제사장이었
    다. 그들 모두가 동일한 신앙을 가지고 동일한 하나님께 동일한 소망
    으로 제사를 드렸던 것이다. 아울러 삼일신고와 천부경의 신앙적 사

상은 그 청동 제사 도구들과 정확히 일맥상통한다.

셋째, 고조선 청동검의 상징은 단이 받은 계시와 정확히 일치하는바, 이 유물도 삼일신고와 천부경의 내용과 일맥상통한다.

넷째, 강화도 마니산 제단은 三일체 인간 사상을 반영하여 쌓은 제단인바, 이 유적은 삼일신고와 천부경의 三일체 인간 사상과 정확히 일맥상통한다.

다섯째, 고조선 수도였던 평양 일대에서 출토된 와당들에서 고대 히브리 문자와 함께 단에 대한 정체성이 구체적으로 확인되었는바, 이 유물들도 삼일신고와 천부경의 진실과 정확히 일맥상통한다. 즉, 삼위일체 하나님을 유일신으로 섬겼던 단의 후손인 단군이 삼일신고와 천부경을 통해 그 삼위일체 하나님에 대해 구체적으로 밝혔다는 것이다.

여섯째, 역시 평양에서 출토된 와당에 단의 후손인 삼손 이야기가 새겨졌는바, 이 역시 삼일신고와 천부경의 진실과 일맥상통한다. 앞에서 구체적으로 증거되었듯이, 삼손이 최후를 마친 후에 그의 동족들이 동방으로 이동해 와 고조선을 세웠고, 그 고조선의 국조인 단군에 의해 삼일신고와 천부경이 밝혀졌기 때문이다.

일곱째, 고조선 국호는 어둠을 심판하는 아침의 빛이라는 뜻으로, 이는 심판과 구원의 계시를 받은 단에 대한 계시를 상징하여 지어진 것이다. 아울러 이 역시 삼일신고와 천부경의 진실과 일맥상통한다.

여덟째, 경주 형산강 기슭의 절벽에 단에 대한 모세의 계시가 암각화로 새겨졌는바, 이 유물도 삼일신고와 천부경의 진실과 일맥상통한다.

아홉째, 삼일신고와 천부경의 신앙적 사상은 성경에 기록된 내용과도 일치한다. 예를 들어 성경에서 하나님을 주(主)라고 칭하는바, 삼일신고에서도 하나님을 주(主)라고 칭한다. 이는, 단군의 정체성에 대해 정확히 밝혀 주고 있다.

열째, 천부경(天符經) 제목의 뜻은 하늘의 부신(符信, 증표)을 가진 자가 푼다는 뜻으로서, 그 제목의 계시대로 하늘의 표징을 가진 자가 천부경의 진실을 모두 밝혔다. 이는 천부경의 진실과 일맥상통한다.

7부

이 진실을 부인할 수 있는가?

● 한민족의 잃어버린 뿌리에 대하여

1. 대한민국 국립중앙박물관에는 고조선 유물 중의 일부만 전시되어 있을 뿐이며, 실지 고조선 역사는 없다. 이를 부인할 수 있는가?

2. 한국인은 고조선이 민족의 뿌리라는 공통된 생각을 가지고 있다. 이를 부인할 수 있는가?

3. 한국인은 고조선에 대하여 서로 다른 주장을 하는바, 그 주장들은 이웃 나라로부터 인정받기는커녕 오히려 '혐한'을 일으키는 원인이 되기도 한다. 즉, 인정을 받지 못하고 있다. 이를 부인할 수 있는가?

4. 한국 역사학계에서는 중국의 동북공정에 반대만 할 뿐, 고조선에 대한 실제 근거를 제시하지 못하고 있다. 이를 부인할 수 있는가?

5. 한국 학생들은 자기 민족의 첫 고대 국가인, 고조선에 대한 올바른 역사를 배우지 못하고 있다. 그래서 민족의 근본에 대한 진실을 알지 못한다. 이를 부인할 수 있는가?

6. 한국인의 역사 인식은, 단군신화에 근본을 두고 있다. 그런즉, 단군신화가 없다면 한민족의 근본도 생각할 수 없는 것이 현실이다. 이를 부인할 수 있는가?

7. 단군신화의 저자는 일연 스님이다. 그러므로 단군신화는 불교적 관점에서 썼다고 할 수 있다. 이를 부인힐 수 있는가?

8. 단군신화에 등장하는 제석에 대한 '제석굿'은 고려 때만 하여도 '팔관회', '연등회' 등 불교 이름을 가지고 매해 국가적인 의례로 거행되었다. 이를 부

인할 수 있는가?

9. 제석은 인도 고대의 신, 인드라에서 수용되었다. 이를 부인할 수 있는가?

10. 인드라를 전쟁 신으로 섬긴 아리아족은 인도 원주민(드라비다인)들을 무참히 학살하고 노예로 만들었다. 그 인드라가 불교에 들어와 제석으로 탈바꿈하고, 또 한반도에 건너와 단군의 할아버지로 둔갑하였다. 그 왜곡된 단군 신화가 없다면, 한민족의 근본도 찾을 수 없게 만들어 버린 것이다. 그래서 한민족은 자기 조상에 대해 엇갈린 주장을 하며, 후대 교육에서도 민족의 근본에 대하여 제대로 가르치지 못할 뿐만 아니라, 중국의 동북공정에 반대만 할 뿐, 중국을 비롯해 세계를 납득시킬 수 있는 확실한 증거를 제시하지 못하고 있다. 이를 부인할 수 있는가?

● 청동기 시대 유적 유물에 대하여

11. 기원전 10세기 전까지 한반도와 중국 동북부 지역에는 고인돌이 없었다. 반면, 단의 후손들이 살았던 지중해 연안에는 이미 고인돌 문화가 정착해 있었다. 이를 부인할 수 있는가?

12. 단의 후손들이 동방에 이동해 온 시기와 중국 동북부 지역에 고인돌이 나타난 시기는 일치한다. 그로부터 3백여 년이 지나 한반도에도 고인돌이 나타났다. 이는 단의 후손들에 의해 고인돌 문화가 전파되었다는 증거가 된다. 이를 부인할 수 있는가?

13. 기원전 10세기 전까지 한반도와 중국 동북부 지역에는 청동검이 없었다. 반면 단의 후손들이 살았던 중동 지역에서는 기원전 15세기에서부터 청동기 문명이 번창했다. 이를 부인할 수 있는가?

14. 단의 후손들이 동방에 이동해 온 시기와 중국 동북부 지역에 청동검이 나타난 시기는 일치한다. 그로부터 3백여 년이 지나 한반도에도 청동검이 나타났다. 이는 단의 후손에 의해 그 청동기 문화가 전파되었다는 증거가 된다. 이를 부인할 수 있는가?

15. 단의 후손들이 동방에 이동해 온 시기와 내몽골 적봉 일대의 바위들에 하나님을 상징하는 방패, 할례받은 백성의 상징, 태양을 상징하는 동심원, 삶의 터전을 상징하는 마름모 등의 암각화가 새겨진 시기는 일치한다. 그로부터 3백여 년이 지나 한반도에도 그 암각화들이 나타났다. 이는 단의 후손에 의해 그 암각화가 새겨졌다는 증거가 된다. 이를 부인할 수 있는가?

16. 성서에서 단 지파에 대한 기록은 사라졌지만, 그 후에 단의 후손들에 대한 역사적 기록은 알타이산맥에서부터 한반도 땅끝까지 이르는 광활한 대륙의 바위에 새겨지고, 이 땅의 흙으로 빚어진 와당들에 새겨졌으며, 청동 제사 도구로 만들어졌다. 이를 부인할 수 있는가?

● 와당에 새겨진 증거들에 대하여

17. 단의 후손으로 이스라엘의 전설적 영웅인 삼손의 이름은 히브리어로 태양이란 뜻이다. 태양은 어둠을 심판하고, 그 어둠에 묻혀 있던 것들을 구원한다. 삼손은 그 이름의 계시대로 이스라엘을 핍박하던 블레셋을 심판하였다. 이는 심판과 구원의 계시를 받은 단의 정체성과 일치된다. 이를 부인할 수 있는가?

18. 삼손이 최후를 마친 후, 단의 후손들은 동방으로 이동하며 바위들에 태양을 상징하는 동심원을 새겼다. 이를 부인할 수 있는가?

19. 단의 후손들은 동방 대륙을 정복하고, 어둠을 심판하는 아침의 나라, 고조선을 세웠다. 이를 부인할 수 있는가?

20. '유금와당박물관'이 소장한 '평양와당'의 가운데에 단의 정체성을 상징하는 태양이 있고, 다섯 개의 꽃잎 문양이 있다. 이 다섯 개의 꽃잎 문양은 오엽화(五葉花)인 무궁화를 상징한 것이다. 다섯 개의 꽃잎이 이고 있는 W 문양과 꽃잎 사이에 있는 十 자 문양은 고대 히브리 민족이 사용했던 문자이다. 고대 히브리 문자로 W 문자는 '올바르다'는 뜻이고, 十 문자는 도착했다는 뜻이된다. 그런즉, 그 와당에 새겨진 문양의 상징들과 고대 히브리 문자들은 "무궁화와 함께 해 돋는 동방에 올바르게 도착했다."라는 뜻이 된다. 이를 부인할 수 있는가?

21. '유금와당박물관'이 소장한 '평양와당' 가운데에 태양의 빛살 사이로 고대 히브리 문자들이 새겨져 있다. 12자의 고대 히브리 문자 중에서, 왼쪽 일곱 번째와 오른쪽 다섯 번째 문자 사이에 있는 것이 오엽수(五葉樹)이다. 오엽수(五葉樹)는 히브리 열두 지파에서 다섯째 지파인 단을 상징한다. 단은 야곱의 다섯째 아들로 태어났으나 서자로 출생한 탓에 열두 지파에서 일곱째 서열에 속했다. 와당에 새겨진 고대 히브리 문자에서 좌로 일곱 번째와 우로 다섯 번째 문자 사이에 오엽수를 새긴 것은, 단의 그 정체성을 상징적으로 강조한 것이다. 이 와당은 태양, 빛살, 12자의 고대 히브리 문자, 오엽수로 형상되었는바, 이는 히브리 열두 지파의 다섯째 지파이며 일곱 번째 서열에 속하는 단의 후손들이 해 돋는 동방으로 이동해 와, 어둠을 심판하는 아침의 나라를 세웠다는 상징적 형상이 된다. 이를 부인할 수 있는가?

22. 1993년 7월, 단의 후손들이 마지막으로 머물렀던 헬몬산 기슭의 단에서 고대 때의 비석이 발견되었다. 단에서 발견된 비석에 새겨진 고대 히브리 문자와 평양 일대에서 출토된 와당에 새겨진 고대 문자는 동일한 문자이다. 이를 부인할 수 있는가?

23. 서울 용산 국립중앙박물관에 전시된 꽃무늬 수막새도 고조선의 수도였던 평양 일대에서 출토되었는데, 그 와당의 문양들은 고대 히브리 문자이다. 이를 부인할 수 있는가?

24. 평양 일대에서 출토된 와당들에 새겨진 고대 문자와 이스라엘 지방에서 출토된 텔단석비, 모압 석비, 게제르 달력에 새겨진 고대 문자는 동일한 고대 히브리 문자이다. 이를 부인할 수 있는가?

● 와당에 새겨진 삼손 이야기에 대하여

25. 한때 고조선의 수도였던 평양 일대에서 출토된 와당에 단의 후손으로 이스라엘의 전설적 영웅인 삼손 이야기가 새겨져 있다. 그 와당에는 인간의 모습으로 나타난 여호와의 사자를 비롯하여 마노아 부부와 삼손의 모습이 태양을 상징하는 동심원과 함께 새겨져 있다. 와당에서 맨 위에 있는 모습이 인간의 모습으로 나타난 여호와의 사자를 형상한 모습이다. 와당에서 좌우의 모습은 마노아 부부의 모습인바, 오른쪽 모습이 삼손의 어머니인 마노아 부인의 모습이다. 마노아 부인의 한쪽 머리가 손같이 올라가, 위에 있는 형상을 향해 찬양하는 것은 인간의 모습으로 찾아온 여호와의 사자를 깨달아 알아보았다는 상징이다. 이를 부인할 수 있는가?

26. 마노아 부인의 한쪽 귀가 손같이 올라가, 위에 있는 형상을 향해 춤을 추듯이 찬양하는 것은 그로부터 기쁜 소식을 들었다는 상징이다. 잉태 못 하는 여인이었던 마노아 부인이 들은 기쁜 소식은 그 여인에게서 자기 민족을 구원할 아들(삼손)이 태어나게 될 것이라는 소식이었다. 이를 부인할 수 있는가?

27. 삼손 이야기가 새겨진 와당에서 가운데 동심원은 삼손의 이름을 뜻하는 태양의 상징이다. 이를 부인할 수 있는가?

28. 동심원 아래에 있는 인물은 그 태양의 이름으로 태어난 삼손의 형상이다. 단은 심판과 구원의 계시를 받았는바, 어둠을 심판하고 그 어둠 속의 것들을 구원하는 태양은 단의 상징이 된다. 성경에 기록된바, 태양의 사람인 삼손은 여호와의 사자로부터 심판과 구원의 계시를 받고 태어났다. 이를 부인할 수 있는가?

29. 와당에서 삼손의 형상이 부모의 모습을 닮지 않고, 여호와 사자의 모습을 닮은 것은 하나님이 주신 아들이라는 것을 나타낸 상징적 형상이다. 이를 부인할 수 있는가?

30. 단의 후손인 삼손이 자기 민족을 핍박하던 이방인들의 신전을 무너뜨려 그 안에 있던 원수들을 몰살시키고 최후를 마친 후, 단 지파가 블레셋의 포위 속에서 떠나고, 그 후 삼손 이름의 뜻인 태양을 상징하는 동심원이 내몽골 적봉 일대와 한반도 바위들에 암각화로 새겨진 것은, 단의 후예들이 동방으로 이동해 와 평양 일대에서 출토된 와당에 그 삼손 이야기를 새겼다는 증거를 뒷받침한다. 이를 부인할 수 있는가?

31. 삼손이 유일신으로 섬겼던 여호와 하나님을 상징하는 방패가 동심원과 함께 내몽골 적봉 일대와 한반도 바위들에 암각화로 새겨진 것도, 그 유일신(하나님)을 섬긴 단의 후예들이 동방으로 이동해 와, 평양 일대에서 출토된 와당에 삼손 이야기를 새겼다는 증거가 된다. 이를 부인할 수 있는가?

32. 태양을 상징하는 동심원이 한반도 도처에서 출토된 와당들에 매우 구체적으로 형상화되어 새겨진 것도, 단의 후예들이 동방으로 이동해 와 평양 일대에서 출토된 와당에 그 삼손 이야기를 새겼다는 증거가 된다. 이를 부인할 수 있는가?

33. 평양 일대에서 출토된 와당들에 태양을 상징하는 동심원이 새겨지고,

삼손의 민족이 사용했던 고대 히브리 문자들이 새겨진 것도, 단의 후예들이 동방으로 이동해 와 평양 일대에서 출토된 와당에 삼손 이야기를 새겼다는 증거가 된다. 이를 부인할 수 있는가?

34. 와당에 12자의 고대 히브리 문자와 오엽수(五葉樹)를 새겨 넣어, 히브리 열두 지파에서 다섯째 지파인 단의 후예들이 동방으로 이동해 와, '아침을 밝히는 태양의 나라'를 세웠다는 것을 상징적으로 형상한 것도, 단의 후예들이 동방으로 이동해 와 평양 일대에서 출토된 와당에 삼손 이야기를 새겼다는 증거가 된다. 이를 부인할 수 있는가?

35. 와당에 고대 히브리 문자와 함께 오엽화(五葉花)인 무궁화를 상징하는 다섯 개의 꽃잎을 새겨 넣어 히브리 열두 지파에서 다섯째인 단의 정체성을 밝힌 것도, 단의 후예들이 동방으로 이동해 와 평양 일대에서 출토된 와당에 삼손 이야기를 새겼다는 증거가 된다. 이를 부인할 수 있는가?

36. 동심원과 함께 와당에 새겨진 삼손 이야기의 형상이 성서의 기록들과 정확히 일치한 것도, 단의 후예들이 동방으로 이동해 와 평양 일대에서 출토된 와당에 삼손 이야기를 새겼다는 증거가 된다. 이를 부인할 수 있는가?

37. 내몽골부터 한반도에 이르는 광활한 대륙에서 나타난 유적 및 유물들의 연관성과 일치성으로 볼 때, 평양 일대에서 출토된 와당에 새겨진 삼손 이야기는 한 치의 틀림도 없다. 이를 부인할 수 있는가?

● 고조선 청동 제사 도구에 대하여

38. 청동 팔주령의 가운데는 태양이 있는바, 그 태양의 빛을 여덟으로 나누어 언약의 8일을 상징하였다. 팔주령은 태양의 빛을 여덟으로 나누어 언약

의 8일을 상징하고, 또 그 끝마다에 여덟 개의 태양을 상징하는 여덟 개의 방울을 달았다. 팔주령에서 여덟 개의 방울은 태양과 열매를 동시에 상징하는바, 이는 여덟 번째 태양을 맞이한 날에 하나님과 맺은 언약이 이루어졌음을 상징한다. 하나님께서 아브라함의 후손 중에 남자는 태어나 8일 만에 할례를 받아야 한다고 하셨는데, 바로 그 언약을 지킨 백성임을 상징한 것이다. 이를 부인할 수 있는가?

39. 팔주령과 한 세트로 만들어진 간두령은 할례받은 백성의 상징이다. 이를 부인할 수 있는가?

40. 팔주령, 간두령과 한 세트로 만들어진 청동 쌍두령은 하나님과의 영원한 언약을 상징한 것이다.

> 내가 너로 큰 민족을 이루고, 네게 복을 주어 네 이름을 창대케 하리니, 너는 복의 근원이 될지라. 너를 축복하는 자에게는 내가 복을 내리고, 너를 저주하는 자에게는 내가 저주하리니, 땅의 모든 족속이 너를 인하여 복을 얻을 것이니라. **(창 12:1)**

> 내가 내 언약을 나와 너와 네 대대 후손의 사이에 세워서 영원한 언약을 삼고, 너와 네 후손의 하나님이 되리라. **(창 17:7)**

이를 부인할 수 있는가?

41. 팔주령, 간두령, 쌍두령은 한 세트의 제사 도구로서, 하나님께서 조상 아브라함에게 후손 대대로 복 주시겠다고 약속하신 그 언약이 반드시 이루어지길 소망하는 제사의 상징물이다. 이를 부인할 수 있는가?

42. 강원도, 충청남도, 전라남도 등지에서 출토된 팔주령, 간두령, 쌍두령이 동일한 모습인 것은 동일한 정체성을 가진 사람들에 의해 동일한 상징물로 만들어져, 동일한 신에게, 동일한 목적이 이루어지길 소망한 상징물이었다

는 증거이다. 이를 부인할 수 있는가?

43. 충청남도에서 출토된 팔주령의 가운데에 동서남북 사방을 뜻하는 十 자를 새긴 것은, 아브라함 후손으로 인해 천하 만민이 복을 받게 될 것이라는 하나님의 언약을 상징한 것이다. 이를 부인할 수 있는가?

44. 할례받은 백성의 상징은 청동기로 만들어졌을 뿐만 아니라, 한반도 바위들에도 암각화로 새겨졌다. 할례받은 백성의 상징이 청동기로 만들어지고 암각화로 새겨진 것은, 아브라함-이삭-야곱-단의 씨가 한반도 땅끝까지 정복했다는 증거이다. 이를 부인할 수 있는가?

● 고조선 청동검의 계시에 대하여

45. 기원전 10세기경에 나타난 고조선식(비파형) 청동검은 내몽골부터 한반도에 이르는 광활한 대륙을 통일하였다. 이를 부인할 수 있는가?

46. 고조선식 청동검은 단에 대한 야곱의 계시를 상징하여, 길의 뱀(첩경의 독사) 모양으로 만들어졌다. 검의 가운데 선은 길(첩경)을 상징했다. 검의 돌기 부위는 뱀의 머리를 상징했다. 검의 뒤에 불룩한 부분은, 먹이를 삼킨 뱀의 배 모양을 상징했다. 이를 부인할 수 있는가?

47. 고조선식 청동검은 먹이를 삼킨 길의 뱀(첩경의 독사) 상징대로, 광활한 대륙을 통일하고 한겨레를 이루었다. 이를 부인할 수 있는가?

48. 고조선식 청동검은 제사의 상징물로 사용되었다. 이를 부인할 수 있는가?

49. 단 지파는 출애굽기 당시에, 인류 역사상 최초로 하나님께 드리는 제사

용품을 만든 지파이다. 한반도에서 거룩한 제사의 상징물로 사용된 청동기들은 바로 그 전통에서 비롯된 것이라 할 수 있다. 이를 부인할 수 있는가?

● 청동기 시대 암각화에 대하여

50. 단 지파가 성경에서 사라진 후, 그들에 대한 기록은 동방의 광활한 대륙에 암각화로 새겨지기 시작했다. 알타이 바위들에 단의 전사들에 의해 발생한 역사적 사건들이 암각화로 새겨지고, 내몽골과 한반도 바위들에 단의 후손들에 대한 이야기가 암각화로 새겨진 것이다. 이를 부인할 수 있는가?

51. 내몽골 적봉 일대의 바위들에 새겨진 방패, 남근, 동심원, 마름모 등이 기원전 10세기경의 청동기 시대에 암각화로 새겨졌다는 것은 이미 역사학계가 인정했다. 이를 부인할 수 있는가?

52. 기원전 7세기에 이르러, 한반도의 바위들에도 하나님을 상징하는 방패, 할례받은 백성의 상징(남근) 태양을 상징하는 동심원, 삶의 터전을 상징하는 마름모 등이 암각화로 새겨졌다. 이는 단의 후손들이 한반도 땅끝까지 정복하는 데 3백여 년의 세월이 걸렸다는 증거가 된다. 이를 부인할 수 있는가?

53. 기원전 10세기에 성경에서 단의 후손들이 사라지고, 기원전 10세기에 그들의 정체성과 일치되는 방패, 남근, 동심원이 내몽골 적봉 일대의 바위들에 암각화로 나타나고, 그 후 기원전 7세기에 이르러 한반도 바위들에도 그 정체성이 암각화로 나타났다는 것은, 성경에서 사라진 단의 후예들이 평양에서 출토된 와당에 새긴 상징대로 동방으로 이동해 오며, 그와 같은 자기 정체성을 암각화로 남겼다는 증거이다. 이를 부인할 수 있는가?

● 암각화로 새겨진 모세의 계시에 대하여

54. 경상북도 경주시 석장동 형산강 기슭의 절벽에 하나님을 상징하는 방패들이 곳곳에 새겨져 있다. 할례받은 백성의 상징도 곳곳에 새겨져 있다. 삼위일체 하나님을 상징한 형상도 새겨져 있다. 이를 부인할 수 있는가?

55. 그 암각화에 하나님을 상징하는 방패 위에 大 자를 형상한 사람이 서 있는바, 이는 하나님이 선택하신 자를 뜻한다. 이를 부인할 수 있는가?

56. 大 자는 하나님을 뜻하는 一 자와 사람 人 자가 합하여 이루어졌는바, 이는 하나님이 택한 자라는 상징이 된다. 이를 부인할 수 있는가?

57. 大 자는 오엽화(五葉花)인 무궁화와 같은 모양의 획을 가지고 있는바, 이는 히브리 열두 지파에서 다섯째인 단의 상징이 된다. 즉, 大 자 사람이 단의 후예라는 증거가 된다. 이를 부인할 수 있는가?

58. 大 자 사람은 지시봉을 들고 형산강이 흘러오는 북쪽을 가리키는바, 그 방향은 단의 후예들이 이동해 온 방향이다. 大 자 사람은 그 방향에서 온 사람이라고 자신을 소개하고 있는 것이다. 이를 부인할 수 있는가?

59. 大 자 사람이 지시봉으로 가리키는 앞에 산이 있고, 산 안에 네발짐승이 있으며, 네발짐승 아래에 사자 발자국이 있다. 산 안에 있는 네발짐승이 사자임을 밝히기 위한 수단인 것이다. 이를 부인할 수 있는가?

60. 네발짐승은 완전한 모습으로 그려지지 않고 앙상한 모습으로 그려졌는바, 이는 사자의 새끼임을 상징한 것이다. 이를 부인할 수 있는가?

61. 석장동 암각화는 '동방의 바산'에서 뛰어나올 때를 기다리는 사자의 새

끼를 상징하였다. 즉, 모세의 계시를 상징한 것이다.

> 단에 대하여는 (하나님이)일렀으되, 단은 바산에서 뛰어나오는 사자의
> 새끼로다.   (신 33:22)

석장동 암각화는 모세의 계시를 받은 단의 정체성을 밝히기 위해 다양한 수단을 동원하였다. 이를 부인할 수 있는가?

62. 암각화에 하나님을 상징하는 방패가 새겨진 것은 하나님의 섭리로 그 모든 일이 이루어졌고, 또 이루어진다는 표징이다. 이를 부인할 수 있는가?

63. '바산에서 뛰어나오는 사자의 새끼'라는 모세의 계시를 받은 단 지파가 성서에서 사라지고, 단 지파의 전설적 영웅이었던 삼손의 이름(태양)을 뜻하는 상징의 동심원이 내몽골 적봉 일대와 한반도 바위들에 새겨진 것은, 단의 후예가 동방으로 이동해 와 자기 정체성을 알리기 위해 모세의 계시를 바위에 새겼다는 증거의 한 부분이다. 이를 부인할 수 있는가?

64. 모세의 계시를 받은 단의 후예들이 유일신으로 섬긴 하나님을 상징하는 방패가, 내몽골 적봉 일대와 한반도 바위들에 암각화로 새겨진 것은 단의 후예들이 동방으로 이동해 와 자기 정체성을 알리기 위해 모세의 계시를 바위에 새겼다는 증거가 된다. 이를 부인할 수 있는가?

65. 모세의 계시를 받은 단의 후예들이 유일신으로 섬긴 하나님을 상징하는 방패가 청동기로도 만들어져 거룩한 제사의 상징물로 사용된 것은, 단의 후예가 동방으로 이동해 와 자기 정체성을 알리기 위해 모세의 계시를 바위에 새겼다는 증거가 된다. 이를 부인할 수 있는가?

66. 하나님과 단의 조상 아브라함이 맺은 언약의 8일을 상징하는 팔주령이 청동기로 만들어져 거룩한 제사의 상징물로 사용된 것은, 단의 후예가 동방

으로 이동해 와 자기 정체성을 알리기 위해 모세의 계시를 바위에 새겼다는 증거가 된다. 이를 부인할 수 있는가?

67. 단의 후예들이 하나님과 맺은 언약을 지켜 할례를 받은 상징인 간두령이 청동기로 만들어져 거룩한 제사의 상징물로 사용된 것은, 단의 후예가 동방으로 이동해 와 자기 정체성을 알리기 위해 모세의 계시를 바위에 새겼다는 증거가 된다. 이를 부인할 수 있는가?

68. 할례를 받은 백성의 상징이 한반도의 바위들에도 새겨진 것은, 단의 후예가 동방으로 이동해 와 자기 정체성을 알리기 위해 모세의 계시를 바위에 새겼다는 증거가 된다. 이를 부인할 수 있는가?

69. 모세의 계시를 받은 단의 정체성을 상징하는 동심원이 고대 히브리 문자와 함께 와당들에 새겨진 것도, 단의 후예가 동방으로 이동해 와 자기 정체성을 알리기 위해 모세의 계시를 바위에 새겼다는 증거가 된다. 이를 부인할 수 있는가?

70. 동심원이 고대 히브리 문자와 단을 상징하는 오엽수(五葉樹)와 함께 와당에 새겨진 것도, 단의 후예가 동방으로 이동해 와 자기 정체성을 알리기 위해 모세의 계시를 바위에 새겼다는 증거가 된다. 이를 부인할 수 있는가?

71. 동심원이 고대 히브리 문자와 단을 상징하는 오엽화(五葉花) 꽃잎과 함께 와당에 새겨진 것도, 단의 후예가 동방으로 이동해 와 자기 정체성을 알리기 위해 모세의 계시를 바위에 새겼다는 증거가 된다. 이를 부인할 수 있는가?

72. 모세의 계시를 받은 단 지파가 유일신으로 섬긴 하나님을 상징하는 방패와 할례받은 백성의 상징이 암각화로 새겨진 바위에 모세의 계시가 새겨진 것도, 단의 후예가 동방으로 이동해 와 자기 정체성을 알리기 위해 모세

의 계시를 바위에 새겼다는 증거가 된다. 이를 부인할 수 있는가?

73. 암각화의 형상들이 성경에 기록된 모세의 계시와 일치한 것도, 단의 후예가 동방으로 이동해 와 자기 정체성을 알리기 위해 모세의 계시를 바위에 새겼다는 증거가 된다. 이를 부인할 수 있는가?

74. 내몽골부터 한반도에 이르는 광활한 대륙에서 나타난, 유적과 유물들의 연관성 및 일치성으로 볼 때, 본 암각화는 모세의 계시를 상징한 것임이 틀림없다. 이를 부인할 수 있는가?

● 야곱의 계시에 대하여

75. 성경에 단의 존재에 관해 기록된바, 야곱은 부인 라헬에게 하나님의 계획에 대하여 다음과 같이 말했다.

> 그대로 성태(잉태)치 못하게 하시는 이는 하나님이시니, 내가 하나님을 대신하겠느냐.　　　　　　　　　　　　　　　　　　　　　　　**(창 30:2)**

그런즉, 단은 하나님의 계획에 의해 이방 여인 빌하에게서 야곱의 다섯째 아들로 태어났다. 이를 부인할 수 있는가?

76. 단의 이름은 히브리어로 심판자란 뜻이다. 야곱은 단에 대하여 다음과 같이 계시했다.

> 단은 이스라엘의 한 지파같이, 그 백성을 심판하리로다.　　　**(창 49:16)**

이는, 우상 신을 섬긴 이방인들의 신전을 무너뜨리고 심판한 삼손같이 단의 후손에 의해 심판이 이루어진다는 계시이다. 성경에 기록된바, 예수 그리스도께서 말씀하시었다.

> 나를 저버리고, 내 말을 받지 아니하는 자를 심판할 이가 있으니, 곧 나의 한 말이 마지막 날에 저를 심판하리라. (요 12:48)

이를 부인할 수 있는가?

77. 성경에 기록된바, 이사야는 예수 그리스도의 이름을 기묘자라고 하였다. 그런즉, 기묘의 이름으로 단의 후손인 마노아 부부를 찾아온 여호와의 사자는 그들에게서 태어날 삼손에게 심판과 구원의 권세를 주셨다. 마노아는 그 여호와의 사자를 하나님이라고 고백하였다. 이를 부인할 수 있는가?

78. 야곱은 단에 대하여 다음과 같이 계시했다.

> 단은 길의 뱀이요, 첩경의 독사로다. (창 49:17)

성경에 기록된바, 뱀은 심판의 도구로 쓰임을 받았다.

> 여호와께서 불-뱀들을 백성 중에 보내어 백성을 물게 하시므로, 이스라엘 백성 중에 죽은 자가 많은지라. (민 21:6)

이를 부인할 수 있는가?

79. 성경에 기록된바, 뱀은 구원의 도구로 쓰임을 받았다. 성경에 다음 같이 기록되어있다.

> 여호와께서 모세에게 이르시기를, 불 뱀을 만들어 장대 위에 달라. 물린 자마다 그것을 보면 살리라. 모세가 구리 뱀을 만들어 장대 위에 다니, 뱀에 물린 자마다 놋 뱀을 본즉 다 살더라. (민 21:8-9)

이를 부인할 수 있는가?

80. 성경에 기록된바, 예수 그리스도는 다음과 같이 말씀하시었다.

> 모세가 광야에서 뱀을 든 것 같이 인자도 또한 들려야 하리니, 무릇 누구
> 든지 저를 믿으면 영생하리라. (요 3:14)

이를 부인할 수 있는가?

81. 성경에 기록된바, 하나님께 속한 뱀이 있고, 사단에 속한 뱀이 있다. 그 뱀을 구분하는 기준은 길이다. 예수 그리스도께서 말씀하시었다.

> 내가 곧 길이요, 진리요. (요 14:6)

그런즉 단은 길의 뱀이요, 예수 그리스도께 속한 뱀이다. 길 밖의 뱀은 진리를 벗어난 뱀으로서 사단에게 속한 뱀이다. 이를 부인할 수 있는가?

82. 첩경은 길 중의 길로서 곧 지름길을 뜻하는바, 이는 진리의 상징이다. 그런즉, 단이 길의 뱀– 첩경의 독사라는 계시를 받은 것은, 예수 그리스도께 속한 뱀으로서 진리의 심판자라는 뜻이다. 삼손이 하나님의 사자로부터 심판자라는 계시를 받고 태어나, 이스라엘을 핍박하던 블레셋 족속을 심판한 것은 이 계시에 해당한다. 이를 부인할 수 있는가?

83. 야곱은 단에 대하여 다음과 같이 계시했다.
"말굽을 물어서 그 탄 자로 뒤로 떨어지게 하리로다." 고대 사회에서 말은 세상 권력을 상징하는바, 그 말을 탄 자는 세상 권세를 잡은 자이다. 길의 뱀이며 첩경의 독사인 단이 말굽을 물어 그 탄 자를 뒤로 떨어지게 한다는 것은, 낮은 곳에서 공격하여 세상 권세를 잡은 불의한 자들을 심판한다는 계시이다. 이를 부인할 수 있는가?

84. 야곱은 단에 대하여 다음과 같이 계시했다.

> 여호와여, 나는 주(예수 그리스도)의 구원을 기다리니이다. (창 49:18)

단군이 삼일신고(三─神誥)에서 "스스로 성품을 다하여 간구하면, 하나님의 아들이 강림하신다."라고 밝힌 것은 야곱의 계시와 일맥상통한다.

성경에 기록된바, 예수 그리스도는 번개가 동방에서부터 번쩍임 같이 자신의 재림도 그러하리라는 언약을 하셨다. 약속의 땅(가나안)을 정복할 때 독수리 깃발을 들었던 단 지파가 동방으로 이동한 것은, 예수 그리스도의 재림을 맞이하기 위해서이다. 성경에 기록된바, 하나님이 이 세상 마지막 때에 동방에서 독수리를 부르겠다고 하신 것도 이와 일맥상통한다.

모세가 단에 대하여 동방의 산(바산)에서 뛰어나오는 사자의 새끼라는 계시를 한 것도, 구원의 왕(사자)으로 오시는 예수 그리스도를 마중하는 단의 정체성을 계시한 것이다. 성경에 기록된바, 단의 이름은 예수 그리스도의 보좌를 상징하는 녹보석에 새겨졌는데, 예수 그리스도는 이 세상에 재림할 때 그 보좌에 앉겠다고 하셨다. 단은 예수 그리스도의 보좌로 예비된 것이다. 이 역시 단에 대한 야곱의 계시와 일맥상통한다. 이를 부인할 수 있는가?

● 사자 새끼와 녹보석 계시에 대하여

85. 이스라엘 열두 지파에서 단 지파와 유다 지파는 사자의 새끼라는 계시를 받았다. 성경에 기록된바 하나님은 그 사자의 새끼들을 선택하시어 성소를 짓게 하시고, 거룩한 제사에 쓰일 제사 도구들을 만들게 하시었다. 그리고 사자(왕) 되시는 하나님은 그 사자 새끼들이 지은 성소에 임하시어 심판과 구원의 역사를 이루시었다. 이를 부인할 수 있는가?

86. 성경에 기록된바, 하나님은 이스라엘 열두 지파에 보석을 정해 주며, 홍보석에는 유다의 이름을 새기도록 하셨다. 유다의 홍보석은 예수 그리스도의 보혈을 상징하는바, 예수 그리스도는 유다의 줄기로 세상에 오시어 십자가에 달리시었다. 그런즉, 유다에 대한 홍보석의 계시는 이루어졌다. 이를 부인할 수 있는가?

87. 성경에 기록된바, 하나님은 이스라엘 열두 지파에 보석을 정해 주며 녹보석에는 단의 이름을 새기도록 하셨다. 고대 사회에서 승리한 전사들은 가슴에 녹보석을 달았다. 그런즉, 녹보석은 정복자의 상징이다. 그 계시대로 단의 후손들은 동방 대륙을 정복하고, 어둠을 심판하는 아침의 나라를 세웠다. 이를 부인할 수 있는가?

88. 요한계시록에 기록된바, 녹보석은 예수 그리스도의 보좌를 상징한다. 예수 그리스도는 이 세상에 다시 오실 때 번개가 동방에서 번쩍임같이 오시어, 영광의 보좌에 앉으시겠다고 약속하시었다. 그 보좌는 천국에서 갖고 온 것이 아니라 이 땅에 마련된 보좌를 뜻한다. 그런즉, 한민족(한반도)는 예수 그리스도의 보좌로 예비되었다. 이를 부인할 수 있는가?

89. 이스라엘 열두 지파에서 단은 유일하게 예수 그리스도의 재림에 대한 계시를 받았다.

> 여호와여, 나는 주(예수 그리스도)의 구원을 기다리니이다.　**(창 49:18)**

이는 녹보석의 계시와 일치된다. 이를 부인할 수 있는가?

90. 단은 바산에서 뛰어나오는 사자의 새끼라는 계시를 받았다. 바산은 이스라엘 동쪽에 있는 산이다. 그런즉, 바산은 동방을 상징한다. 아울러 성경은 바산을 하나님의 산이라고 기록했다. 바산은 과실이 많은 땅이라는 뜻도 갖고 있다. 단은 이 동방의 바산에서 뛰어나오는 사자의 새끼이다. 즉, 바산의 주인(사자)가 열매를 거두러 오실 때, 그 사자의 새끼가 주인을 마중하러 뛰어나오는 것이다. 이는 단이 받은 다른 계시들과도 일맥상통한다. 이를 부인할 수 있는가?

91. 무궁화(샤론)의 꽃은 예수 그리스도를 상징한다. 또한 이 꽃은 '신에게 바치고 싶은 꽃', '성스러운 땅에서 피어나는 꽃'으로도 불린다.

무궁화는 원산지가 중동의 시리아라는 종명을 가지고 있다. 하지만 중동 시리아 지방에는 현재 무궁화가 없다. 아이러니하게도 단 지파가 성경에서 사라졌듯이, 무궁화도 기록만 남아 있을 뿐 그 원산지에서 자취를 감춘 것이다. 단의 후손들이 나타난 동방 대륙에 그 무궁화도 함께 나타났다. 단의 후손들이 알타이산맥을 넘어 한반도로 이동해 온 노정에 무궁화가 만발하고 있는 것이다. 성경에 기록된바, 예수 그리스도는 이 세상에 다시 오실 때 동방에서부터 임하시겠다고 약속하셨는데, 예수의 꽃이라고 불리는 무궁화가 동방에 만발하며 대한민국의 국화가 된 것이다. 이 역시 단이 받은 많은 계시들과 일맥상통한다. 이를 부인할 수 있는가?

92. 약속의 땅(가나안)을 정복할 때, 유다 지파는 땅의 왕권을 상징하는 사자의 깃발을 들었고, 단은 하늘의 왕권을 상징하는 독수리 깃발을 들었다. 성경에 기록된바, 하나님은 이 세상 마지막 때에 동방에서 독수리를 부르겠다고 하시었다. 그런즉, 단의 후손(한민족)은 동방의 독수리이다. 이 역시 단이 받은 많은 계시와 일맥상통한다. 이를 부인할 수 있는가?

● 단 지파 이주 동기에 대하여

93. 기원전 10세기, 단의 후손(삼손)은 자기 민족을 핍박하던 이방인(블레셋)들의 신전을 무너뜨려, 그 안에 있던 수천 명과 함께 관리들까지 몰살시키고 본인도 장렬한 최후를 마쳤다. 그로 인해 블레셋 족속의 분노는 삼손의 동족인 단의 후손들을 몰살시키고 싶을 정도로 극에 달했을 것은 불 보듯 뻔한 일이다. 단 지파는 삼손의 시신을 수습하여 소라와 에스다올 지역 사이에 묻었는데, 그 지역의 동족들부터 서둘러 이주하였다. 이르세메스, 사알랄빈, 이들라, 엘론, 딤나, 에그론, 바일랏, 여홋, 브네브락, 메얄곤, 락곤, 욥바 등 다른 지역들에 사는 단 지파는 그냥 있고, 소라와 에스다올에서 먼저 이주를 서두른 것이다. 이는 삼손의 시신을 빼돌린 소라와 에스다올 지역의 동족들

이 블레셋 족속의 보복으로부터 가장 먼저 위기를 느꼈다는 증거가 된다. 그런즉, 삼손의 시신을 보관한 소라와 에스다올의 단 지파는 블레셋의 첫 번째 공격 대상이 되었을 것인바, 그것이 이주를 서두른 동기가 되었다. 이를 부인할 수 있는가?

94. 당시 이스라엘은 블레셋의 지배하에 있었는바, 단 지파는 블레셋 영토 안에 포위되어 있었다. 이를 부인할 수 있는가?

95. 유다 지파가 삼손을 잡아서 블레셋 족속에 바친 사건에서 볼 수 있듯이, 단 지파는 다른 지파들의 도움을 받을 수도 없는 처지였다. 이를 부인할 수 있는가?

96. 소라와 에스다올에서 다섯 명의 정탐꾼을 파견하며, 다른 지역의 단 지파들보다 이주를 서두른 것은 블레셋에 의한 상황이 매우 긴박했기 때문이다. 이를 부인할 수 있는가?

97. 단 지파가 이주한 후, 소라와 에스다올은 유다 지파의 영토에 복속되었다. 이를 부인할 수 있는가?

98. 다른 지역에 살던 단 지파도, 블레셋의 보복 공격을 피해 이주하였다. 그 후, 단 지파가 거주했던 에그론에서부터 바다까지 이르는 모든 성읍들도 유다 지파의 영토에 복속되었다. 단 지파에게 분배되었던 딤나도 유다 지파의 영토에 복속되었다. 이를 부인할 수 있는가?

99. 블레셋이 단 지파에게서 빼앗은 땅은 사무엘 시대에 도로 찾았다. 그리하여 단 지파가 거주했던 지역들은 모두 유다 지파의 영토에 복속되었다. 이는 삼손이 최후를 마친 후의 사건이다. 이를 부인할 수 있는가?

● 미가의 신상에 대하여

100. 삼손이 최후를 마친 후, 단 지파는 블레셋의 포위에 있던 소라와 에스다올을 비롯한 거주지를 떠나기 전에 먼저 새로 정착할 땅을 찾기 위해 다섯 명의 정탐꾼들을 파견했다. 성경에 기록된바, 그 정탐꾼들은 에브라임 산지에 있는 미가의 집에서 하룻밤 묵게 되었는데, 미가의 집에 들어가기 전에 레위 소년의 음성을 알아듣고 그리로 돌이켜 들어갔다. 레위 소년은 미가의 제사장이다. 미가의 제사장이 있던 그곳은 신당(미가의 가정 예배당)이었다. 미가의 예배당에서 들려온 제사장의 음성은 기도하는 소리였다. 예배당 안에서 바깥의 사람들(단 지파)이 들을 수 있을 정도로 제사장이 큰 소리로 부르짖을 것은 기도뿐이기 때문이다. 이를 부인할 수 있는가?

101. 미가의 예배당 안에는 미가의 어머니가 하나님께 드린 은으로 부어서 만든 신상과 새겨서 만든 신상, 드라빔(상징물)들이 있었다. 미가의 어머니가 하나님께 드린 은으로 만든 그 신상들과 드라빔은, 아들에게 하나님의 축복을 받게 하기 위한 모성애에서 만들어진 것이다.

> 내가 내 아들을 위하여 한 신상을 새기며, 한 신상을 부어 만들 차로 내 손에서 이 은을 여호와께 거룩히 드리노라.　　　　　　　(삿 17:3)

이를 부인할 수 있는가?

102. 하나님께 드린 은으로, 하나님의 축복을 받기 위해 만든 신상들과 드라빔이 하나님의 저주를 부르는 금송아지 따위와 같은 것이라고 주장하는 것은, 매우 잘못된 주장이다. 미가는 그 신상들과 드라빔이 있는 예배당에 레위 소년을 제사장으로 들이고 기쁨에 넘쳐 고백했다. "레위인이 내 제사장이 되었으니, 이제 여호와께서 내게 복 주실 줄을 아노라!" 미가 어머니와 아들의 고백을 놓고 볼 때, 하나님께 드린 은으로 하나님의 축복을 받기 위해 만든 그 신상이 하나님을 상징한 신상이었다는 것은 지극히 당연한 일이다.

이를 부인할 수 있는가?

103. 히브리 민족은 유일신으로 섬기는 하나님을 방패로 여기었다. 하나님은 아브라함에게 약속하시었다.

> 아브람아 두려워 말라. 나는 너의 방패요, 너의 지극히 큰 상급이니라.
>
> (창 15:1)

또 성경에 다음과 같은 기록들이 있다.

> 그(하나님)는 너를 돕는 방패요, 너의 영광의 칼이로다.　　(신 33:29)

> 주께서 또 주의 구원의 방패를 내게 주시며, 주의 온유함이 나를 크게 하셨나이다.
>
> (삼하 22:36)

> 저(여호와)는 자기에게 피하는 모든 자에게 방패시로다.　　(삼하 22:31)

> 여호와는 나의 힘과 나의 방패시니, 내 마음이 저를 의지하여 도움을 얻었도다.
>
> (시 28:7)

> 여호와여, 주는 나의 방패시요. 나의 영광이시요. 나의 머리를 드시는 자니이다.
>
> (시 3:3)

이처럼 성경에 기록된 하나님의 언약과 선지자들의 고백을 종합하여 볼 때, 미가의 어머니가 하나님께 드린 은으로 하나님의 축복을 받기 위해 만든 신상은 하나님을 상징한 방패이다. 이를 부인할 수 있는가?

104. 성경에 기록된바, 하나님은 이스라엘 백성을 후손 대대로 축복하시기 위해 이스라엘 백성에게서 태어난 남자는 출생 8일 만에 할례(포경수술)를 받으라고 하시었다. 이처럼 성경에 기록된 하나님의 말씀을 놓고 볼 때, 미가의 어머니가 하나님께 드린 은으로 하나님의 축복을 받기 위해 만든 드라빔은, 하나님과 맺은 언약을 상징한 것이다. 즉, 하나님과의 언약을 지켜 할례

를 받은 백성으로서, 하나님의 축복을 받기에 합당하다는 상징으로 만들어진 것이다. 이를 부인할 수 있는가?

105. 미가의 예배당에 있던 신상은 오늘날 교회들에서 세운 십자가와 같은 상징이었다. 이를 부인할 수 있는가?

106. 단의 후손들이 미가의 예배당 안에 들어가서 처음 보는 신상과 드라빔에 대해 묻고, 제사장은 그에 대한 설명을 했을 것이다. 그리하여 그들은 그 신상들과 드라빔에 큰 관심을 가지게 되었을 것이다. 단의 후손들은 미가의 제사장에게 부탁했다. "청컨대, 우리를 위하여 하나님께 물어보아서, 우리의 행하는 길이 형통하겠는지, 우리에게 알게 하라." 성서의 기록에서 알 수 있듯이, 단의 후손들은 하나님께 모든 행사를 전적으로 의지하는 자들이었다. 미가의 제사장은 단 지파의 부탁대로, 하나님의 응답을 전했다.

> 평안히 가라. 너희의 행하는 길은 여호와 앞에 있느니라.　　**(삿 18:6)**

말은 곧 사상의 표현인바, 미가의 신상과 관련된 인물의 고백은 모두 한결같이 하나님께 전적으로 의지하고, 하나님의 축복을 간구하는 자들이었다. 이를 부인할 수 있는가?

107. 단의 전사들은 라이스를 정복하러 가는 길에 다시 미가의 집에 들러 예배당 안에 있던 신상과 드라빔을 가져왔다. 그런즉, 단의 후손들이 성서에서 사라진 후, 그들이 유일신으로 섬긴 하나님을 상징하는 방패가 고조선 일대의 바위들에 암각화로 새겨진 것은 미가의 새긴 신상과 같은 의미이다. 이를 부인할 수 있는가?

108. 용산 국립중앙박물관에 전시된 청동 방패들은 미가의 부어서 만든 신상과 같은 의미를 갖는다. 이를 부인할 수 있는가?

109. 할례(포경수술)를 받은 백성의 상징이 청동 제사 도구(간두령)로 만들어진 것은 미가의 예배당 안에 있던 드라빔과 같은 의미가 있다. 이를 부인할 수 있는가?

110. 하나님과 맺은 영원한 언약을 상징한 팔주령, 쌍두령 등의 청동기들도, 역시 미가의 드라빔과 같은 의미가 있다. 이를 부인할 수 있는가?

● 하나님과 아브라함의 언약에 대하여

111. 성경에 기록된바, 하나님은 아브라함의 씨가 하늘의 뭇별과 같이, 바닷가의 모래알같이, 땅의 티끌같이 번성할 것이라고 약속하시었다. 단의 전사들이 헬몬산 기슭에 여자들을 모두 남겨 놓고, 남자들만 동방으로 이동한 것은 단의 씨만 이동한 것이 된다. 그런즉, 단의 전사들이 동방 대륙을 정복하면서 하나님의 언약대로 아브라함의 씨는 하늘의 뭇별과 같이, 바닷가의 모래알같이, 땅의 티끌같이 퍼지며 번성했다. 하나님의 언약은 단의 후손들을 통해 100% 이루어진 것이다. 이를 부인할 수 있는가?

112. 성경에 기록된바, 하나님은 다음과 같이 약속하시었다.

> 내가 너로 심히 번성케 하리니, 나라들이 네게로 좇아 일어나며, 열 왕이 네게로 좇아 나리라.　　　　　　　　　　　　　**(창 17:6)**

단의 후손들이 동방 대륙을 정복하며 이 땅에서 많은 나라와 왕들이 일어섰다. 그런즉, 하나님이 아브라함과 맺으신 언약은 단의 후손들을 통해 100% 이루어졌다. 이를 부인할 수 있는가?

113. 하나님은 아브라함의 씨로 말미암아 천하 만민이 복을 얻을 것이라며 다음과 같이 약속하셨다.

> 네 씨로 말미암아 천하 만민이 복을 얻으리니, 이는 네가 나의 말을 준행
> 하였음이니라. (창 22:18)

오늘날 한민족(대한민국)에 의해 우주 질량의 진실, 우주 팽창의 실제 진실, 암흑 에너지의 진실, 암흑 물질의 진실, 우주 탄생의 진실, 블랙홀의 진실, 은하의 기원 및 형성의 진실, 중력의 진실, 미시세계의 진실 등이 세계 최초로 밝혀졌다. 그리하여 오랫동안 바늘구멍보다도 지극히 작았다는 빅뱅(특이점)에 갇혀 있던 인류의 의식을 구원하였다. 아브라함의 씨(단의 후손)인 한민족에 의해 전 세계 인류의 의식이 빅뱅(특이점) 안에서 해방된 것이다. 이는 하나님이 아브라함의 씨로 말미암아 천하 만민이 복을 얻을 것이라고 하신 언약이 이루어진 것이다. 이를 부인할 수 있는가?

114. 오늘날 단의 후손인 한민족에 의해 인간의 육신을 조종하는 실체인 생체 정보 프로그램이 곧 영혼이란 사실도 세계 최초로 과학적으로 밝혀졌다. 또한 모든 동식물의 생체 정보 프로그램이 곧 혼이라는 사실도 세계 최초로 과학적으로 밝혀졌다. 영과 혼의 차이점에 대해서도 세계 최초로 과학적으로 밝혀졌다. 그리하여 인류는 자기 육신을 조종하는 실체에 대해 과학적으로 깨달을 수 있게 되었을 뿐만 아니라, 그 생체 정보 프로그램을 다스려 질병을 치유하며 장수를 누릴 수 있는 4차원 의학의 시대를 개척할 수 있게 되었다. 이 역시 하나님이 아브라함의 씨로 말미암아 천하 만민이 복을 얻을 것이라고 하신 언약이 이루어진 것이다. 이를 부인할 수 있는가?

● 고조선과 주나라의 역사적 환경에 대하여

115. 황허문명에서 주(周)나라가 태동할 무렵인 기원전 10세기, 단의 후예들이 헬몬산 기슭의 라이스를 정복하고 그 지명을 조상 단의 이름으로 명명한 후 동방으로 이동하였다. 이를 부인할 수 있는가?

116. 기원전 770년, 주(周)나라가 뤄양으로 천도하기 이전의 시대를 '서주 시대'라고 하며, 그 이후를 '동주 시대'라고 한다. 동주 시대에서 또 춘추 시대와 전국 시대로 나누어진다. 그러므로 춘추 시대가 시작되기 이전에 이미 고조선 일대에서 '길의 뱀(첩경의 독사)'을 상징한 청동검이 광범위하게 퍼져 있었다. 즉, 단 후예들의 영향력이 광활한 대륙을 하나의 문화권으로 통일하고 이미 고조선을 건국한 후였다. 이를 부인할 수 있는가?

117. 기원전 770년, 북방 민족의 침입을 받은 주나라는 뤄양으로 도읍을 옮겼다. 그리고 그때부터 주나라는 쇠퇴하기 시작했다. 세금도 그 지방 제후들에게 바치며, 내분의 소용돌이 속에 빠지게 되었다. 주나라는 중앙집권체제를 상실하고 사실상 유명무실해지게 된 것이다. 반면 고조선식 청동검은 두만강, 압록강을 넘어 한반도에까지 나타났다. 중국이 내분에 휩싸여 있을 때 고조선은 승승장구한 것이다. 이를 부인할 수 있는가?

● 신단수에 대하여

118. 단군신화에서 '신단수 아래에 내려와 이 땅을 신시(신의 나라)라 불렀다'라고 하였는바, 신단수는 나무가 아니라 고조선 영토를 지칭한 것이다. 이를 부인할 수 있는가?

119. 신단수란 신(神)이 강림할 제단(壇)으로 이 땅을 받았다는(受) 뜻이다. 이를 부인할 수 있는가?

120. 삼일신고에서 '성품을 다하여 간구하면, 신의 아들이 강림하신다.'라는 내용은, 이 땅을 신이 강림하시는 신단수(神壇受)의 땅으로 받았다는 것과 일맥상통한다. 이를 부인할 수 있는가?

121. 내몽골 적봉 일대의 바위들과 한반도 바위들에 암각화로 새겨진 마름모는 삶의 터전(집터)과 제단을 상징한 것인바, 이 역시 신단수(神壇受)의 증거이다. 이를 부인할 수 있는가?

122. 단군은 내몽골부터 한반도에 이르는 광활한 대륙을 신단수(神壇受)로 받고, 나라를 세운 제사장이다. 태백산, 마니산 제단은 바로 그 신단수(神壇受)의 유적이다. 이를 부인할 수 있는가?

123. 한민족의 왜곡된 단군신화에서는 신단수를 신의 제단에 있는 나무라는 표현의 신단수(神檀樹)라고 했다. 그 표현대로라면 신이 나무 아래에 내려와서 이곳을 신시(神市, 신의 나라)라고 불렀다는 내용이 된다. 한마디로 말이 안 된다. 그런즉, 신단수는 나무라는 표현의 신단수(神檀樹)가 아니라, 이 땅을 신의 제단으로 받았다는 표현의 신단수(神壇受)가 정확하다. "이 땅을 신(神)이 강림하는 제단(壇)으로 받았다는(受) 뜻인 신단수(神壇受)로 받고, 이곳을 신시(神市, 신의 나라)라 불렀다." 이를 부인할 수 있는가?

● 한민족의 국조 단군에 대하여

124. 단군의 삼일신고(三一神誥)는 문자 그대로 삼일신(三一神)을 고(誥)하여 밝힌다는 뜻이다. 즉, 삼위일체 하나님을 고하여 밝힌다는 뜻이다. 이를 부인할 수 있는가?

125. 단군은 태백산, 마니산 등에 제단을 쌓고 삼위일체 하나님께 거룩한 제사를 드린 제사장이다. 그런즉, 단군은 왕권을 가진 제사장임을 부인할 수 있는가?

126. 단군은 삼일신고에서 이지자대 일환세계(爾地自大 一丸世界)라고 밝혔는

바, 이는 문자 그대로 '너희가 이 땅을 스스로 크다고 여기지만, 하나의 새알 모양으로 타원형의 둥근 세계이다.'라는 뜻이다. 그런즉, 한민족의 국조인 단군은 인류 역사상 최초로 지구가 타원형의 모양으로 둥글다는 것을 밝혔다. 이는 한민족의 고귀한 지식적 자산이며 크나큰 민족적 긍지와 자부심이 된다. 이를 부인할 수 있는가?

127. 단군의 삼일신고에서 神在無上一位 有大德大慧大力 生天 主無數世界 造兟兟 物纖 塵無漏의 뜻은 다음과 같다.

> 신이 계시되 그 위에 아무도 없으니,
> 가장 높으신 하나님이시니라.
> 하나님은 큰 덕과, 큰 지혜,
> 큰 힘으로 우주를 창조하시고,
> 무수한 세계를 관장하시는 주인이시니라.
> 하나님은 만물을 지으셨으되,
> 티끌같이 작은 것 하나 빠뜨림이 없으셨노라.

이는 성경에서 다음의 내용과 일치한다.

> 나 외에 다른 신이 없느니라. (사 44:6)

> 너희는 눈을 높이 들어, 누가 이 모든 것을 창조하였나 보라. 주께서는 수효대로 만상을 이끌어 내시고, 각각 그 이름을 부르시나니, 그의 권세가 크고, 그의 능력이 강하므로, 하나도 빠짐이 없느니라. (사 40:26)

이를 부인할 수 있는가?

128. 삼일신고에서 昭昭靈靈 不敢名量 聲氣願禱 絶親見 自性求子 降在의 뜻은 다음과 같다.

> 밝고 밝으시며, 신령하시고 신령하신
> 그 이름 감히 헤아릴 수 없거늘,
> 소리로 기운 내어 소원을 기도하며
> 절친(絶親)토록 가까이하면 보리라.
> 스스로 성품을 다하여 간구하면
> 하나님의 아들이 강림하시리라.

이는 성경에서 다음의 내용들과 일치한다.

> 마음을 다하고 성품을 다하여, 그를 구하면 만나리라.　　　　　　**(신 4:29)**

> 여호와의 친밀함이 경외하는 자에게 있음이여.　　　　　　**(시 25:14)**

> 여호와께서 내 주(예수 그리스도)에게 말씀하시기를, '내가 네 원수로 네
> 발등상 되게 하기까지 너는 내 우편에 앉으라 하셨도다.'　　**(시 110:1)**

특히 삼일신고에서 '스스로 성품을 다하여 간구하면 하나님의 아들이 강림'
하신다는 내용은, 단에 대한 야곱의 계시와 일치한다.

> 여호와여, 나는 주(예수 그리스도)의 구원을 기다리니이다.　　**(창 49:18)**

이를 부인할 수 있는가?

129. 단군은 태백산, 마니산 등에 돌로 제단을 쌓고 하나님께 제사를 드렸
는바, 이 역시 성경의 기록들과 일치한다.

> 노아가 여호와(하나님)를 위하여 단을 쌓고, 모든 정결한 짐승 중에서와
> 모든 정결한 새 중에서 취하여 번제로 단에 드렸더니.　　　**(창 8:20)**

> 그가 자기에게 나타나신 여호와를 위하여 그곳에 단을 쌓고.　**(창 12:7)**

> 하나님이 그에게 지시하신 곳에 이른지라, 이에 아브라함이 그곳에 단을
> 쌓고.　　　　　　　　　　　　　　　　　　　　　　　　**(창 22:9)**

> 야곱과 그와 함께한 모든 사람이 가나안 땅 루스, 곧 벧엘에 이르고, 그
> 가 거기서 단을 쌓고 그곳을 엘 벧엘이라 불렀으니.　　　　(창 35:6-7)

이를 부인할 수 있는가?

130. 단의 후손들이 가진 삼위일체 하나님에 대한 신앙과 단군이 밝힌 삼일신고 내용은 정확히 일치한다. 이는 단군이 단의 후손이라는 증거가 된다. 이를 부인할 수 있는가?

131. 단군의 정체성이 회복되면, 한민족은 인류역사상 최초로 지구가 타원형의 둥근 모양이란 것을 밝힌 위대한 지식적 자산 가치를 얻게 된다. 이를 부인할 수 있는가?

132. 단군의 정체성이 회복되면, 한민족은 인류역사상 최초로 3일체 인간 사상을 밝힌 위대한 철학적 자산 가치를 얻게 된다. 이를 부인할 수 있는가?

133. 단군의 정체성이 회복되면, 한민족은 인류역사상 최초로 삼위일체 하나님을 구체적으로 증거한 거룩한 신학적 자산 가치를 얻게 된다. 이를 부인할 수 있는가?

134. 단군의 정체성이 회복됨으로써 한민족이 얻게 되는 신학적 자산 가치, 인간 철학적 자산 가치, 지식적 자산 가치 등의 3대 자산 가치는, 한민족을 세계 일류 민족으로 등극시킬 것이다. 이를 부인할 수 있는가?

● 한민족의 지문과 DNA에 대하여

135. 평양 일대에서 출토된 와당들에 고대 문자가 새겨진 것은 한민족의 정체를 밝힐 수 있는 지문이라 할 수 있다. 그 고대 문자들은 이스라엘 지방에

서 출토된 텔단 석비, 모압 석비, 게제르 달력 등에 쓰인 고대 문자와 동일한 고대 히브리 문자이기 때문이다. 즉, 동일한 지문인 것과 같다. 이를 부인할 수 있는가?

136. 역시 평양 일대에서 출토된 와당에 '삼손 이야기'가 새겨진 것은, 한민족의 DNA와 같다. 그 와당에 새겨진 형상은 성경에 기록된 삼손 이야기와 일치하기 때문이다. 이를 부인할 수 있는가?

137. 경상북도 경주 형산강 기슭의 절벽에 새겨진 '모세의 계시'도 한민족의 DNA와 같다. 그 역시 성경에 기록된 모세의 계시와 일치하기 때문이다. 이를 부인할 수 있는가?

138. 성경에서 사라진 단의 후예들이 유일신으로 섬긴 하나님을 상징한 방패가, 고조선 청동기 시대에 암각화로 새겨지고 청동기로 만들어져 거룩한 제사의 상징물로 사용된 것도 한민족의 DNA와 같다. 이를 부인할 수 있는가?

139. 청동 팔주령이 언약의 8일을 상징한 것도 한민족의 DNA와 같다. 이를 부인할 수 있는가?

140. 할례받은 백성을 상징한 간두령도 한민족의 DNA와 같다. 이를 부인할 수 있는가?

141. 할례받은 백성의 상징이 청동기로 만들어졌을 뿐만 아니라, 암각화로 새겨진 것도 한민족의 DNA와 같다. 이를 부인할 수 있는가?

142. 하나님과의 영원한 언약을 상징한 쌍두령도, 한민족의 DNA와 같다. 이를 부인할 수 있는가?

143. 암각화와 와당들에 태양을 상징하는 동심원이 새겨진 것도 한민족의 DNA와 같다. 이 외에도 많고 많은 증거가 있다. 이처럼 한민족의 지문과 DNA와 같은 명명백백한 증거들이 있는데, 더 이상 또 어떤 증거가 필요하며, 또 어떤 핑계를 댈 수 있겠는가? 이를 부인할 수 있는가?

● 사건 수사학 관점에서의 고찰에 대하여

144. 사건 수사관의 관점에서 보아도, 고조선 건국이라는 역사적 사건의 현장에는 너무도 명명백백하고 확실한 증거들이 있다. 우선 청동기 기술을 가진 단 지파가 성경에 기록된 역사에서 사라진 후, 고조선 청동기 시대가 시작되었다. 이는 사건 수사학적 관점에서 볼 때, 사건 발단의 일치성이 성립된다. 이를 부인할 수 있는가?

145. 기원전 10세기 후 고조선 영토의 바위들에 단 지파가 유일신으로 섬긴 하나님을 상징하는 방패가 암각화로 새겨지고, 그 바위는 거룩한 제사의 의식을 거행하는 장소가 되었다. 이 역시, 사건의 일치성이 성립된다. 이를 부인할 수 있는가?

146. 하나님을 상징한 방패는 청동기로도 만들어져 거룩한 제사의 상징물로 사용되었다. 이 역시 사건의 일치성이 성립된다. 이를 부인할 수 있는가?

147. 고조선 바위들에 방패와 함께 새겨진 동심원은 태양을 상징한다. 단의 후손인 삼손의 이름이 태양을 뜻하듯이, 태양은 심판과 구원의 계시를 받은 단 지파의 상징이다. 그러므로 이 역시, 사건의 일치성이 성립된다. 이를 부인할 수 있는가?

148. 하나님을 상징한 방패가 새겨진 바위들에, 할례받은 백성의 상징과 일

치하는 암각화도 새겨졌다. 이 역시 사건의 일치성이 성립된다. 이를 부인할 수 있는가?

149. 할례받은 백성의 상징은 청동기로도 만들어져, 거룩한 제사의 상징물로 사용되었다. 이 역시, 사건의 일치성이 성립된다. 이를 부인할 수 있는가?

150. 거룩한 제사의 도구로 사용된 청동 팔주령의 상징은 하나님과 아브라함이 맺은 언약과 정확히 일치한다. 이 역시 사건의 일치성이 성립된다. 이를 부인할 수 있는가?

151. 고조선 청동검(비파형)은 단에 대한 계시와 정확히 일치한다. 이 역시, 사건의 일치성이 성립된다. 이를 부인할 수 있는가?

152. 고조선 수도였던 평양 일대에서 출토된 와당들에 새겨진 문자들은 고대 히브리 문자와 정확히 일치한다. 이 역시, 사건의 일치성이 성립된다. 이를 부인할 수 있는가?

153. 그 와당들에 새겨진 상징적 형상들은 동방으로 온 단 지파의 정체성과 정확히 일치한다. 이 역시, 사건의 일치성이 성립된다. 이를 부인할 수 있는가?

154. 와당에 새겨진 삼손 이야기도 성경에 기록된 내용과 정확히 일치한다. 이 역시 사건의 일치성이 성립된다. 이를 부인할 수 있는가?

155. 경주 형산강 기슭의 절벽에 새겨진 암각화도 단에 대한 모세의 계시와 정확히 일치한다. 이 역시 사건의 일치성이 성립된다. 이를 부인할 수 있는가?

● 육하원칙으로 따져 본 역사적 고찰에 대하여

156. 어떤 사건 현장에 이 정도로 많은 증거가 보존되어 있다면, 전문 수사관이 아니더라도 보편적 상식이 있는 사람이라면, 진실을 판단하는 것이 어렵지 않을 것이다. 그런즉, 한민족이 성경에서 사라진 단의 후손이라는 역사적 진실을 밝힐 수 있는 증거들은 육하원칙으로 따져도 한 치의 틀림이 없이 명명백백하다.

누가? 아브라함의 증손 단의 후손들(단 지파)

언제? 기원전 10세기 후.

어디서? 내몽골부터 한반도에 이르는 고조선 영토.

무엇을? 1. 하나님을 상징하는 방패, 단의 정체성을 상징하는 태양, 삶의 터전을 상징하는 마름모, 할례받은 백성의 상징을 고조선 영토의 바위들에 새겼다. 그 바위들에서 거룩한 제사를 드렸다.

    2. 단에 대한 모세의 계시를 새겼다.

    3. 이 땅의 흙으로 빚어진 와당들에, 고대 히브리 문자와 함께 단의 후손들이 동방으로 와서 아침이 빛나는 태양의 나라를 세웠다는 상징적 형상을 새겼다.

    4. 와당에 삼손 이야기를 새겼다.

    5. 하나님을 상징하는 방패를 청동기로 만들어 거룩한 제사의 상징물로 사용하였다.

    6. 하나님과 아브라함이 맺은 언약의 상징, 할례받은 백성의 상징 등을 한 세트의 청동 제사 도구로 만들어, 거룩한 제사의 상징물로 사용하였다.

    7. 단에 대한 계시를 상징하여 청동검을 만들어, 거룩한 제사의 상징물로 사용하였다.

어떻게? 1. 청동기로 바위를 긁어서, 하나님의 상징, 태양의 상징, 할례받은 백성의 상징 등을 암각화로 새겼다.

    2. 이 땅의 흙을 빚어 와당을 만들며, 거기에 고대 히브리 문자와 함께 단의 후손인 한민족의 정체성을 새겼다.

    3. 청동기로 하나님의 상징, 할례받은 백성의 상징, 하나님과 아브라함이 맺은 언약의 상징, 단에 대한 계시의 상징 등을 만들었다.

왜? 1. 하나님의 언약이 이루어지길 바라는 소망에서였다.

    2. 조상 단이 받은 계시가, 반드시 이루어지길 간절히 바라는 소망에서였다.

한민족이 단의 후손임을 밝히는 것은 종교적 문제가 아니라, 한민족의 족보를 찾는 민족적 문제이다. 한민족의 신분이 회복되면, 대한민국은 인류의 정신문명을 주도하는 종주국이 될 것이다. 한민족의 족보를 찾는 신분 회복 운동은, 한민족을 세계 일류로 만드는 가치 혁명이다. 한반도에 있는 청동기 시대의 유적 및 유물들의 역사적 정체성이 밝혀지면, 이 땅은 전 세계에서 많은 순례자가 몰려오는 거룩한 성지가 될 것이다.

즉, 한민족은 그 거룩한 성지에서 살게 될 것이다.

8부 중국의 신이 된 단지파

고구려 고분에 그려진 벽화에 뱀의 몸을 가진 사람이 태양을 들고 있다. 태양과 뱀으로 단 지파의 정체성을 상징한 것이다. 즉, 길의 뱀(첩경의 독사)을 상징하는 청동검을 만들고, 태양을 상징하는 동심원을 바위에 새긴 단 지파의 정체성이 고구려 고분의 벽화에도 나타난 것이다. 중국의 고분들에도 뱀의 몸을 가진 사람이 등장한다.

국립중앙박물관 제공 |

좌측 그림은 중국의 천지창조 신화에 등장하는 신으로서, 남성인 복희(오른쪽)와 여신(왼쪽) 여와를 주제로 그린 것이다. 그런데 신화에 등장하는 인물들의 몸은 뱀으로 그려져 있다. 단은 길의 뱀(첩경의 독사)이라고 했는데, 중국을 대표하는 신화의 주인공이 뱀의 몸을 갖고 있는 것이다. 또한 그림의 위아래에는 단의 정체성을 상징하는 태양이 그려져 있다. 중국의 북방족은 태양을 '희'라고 했는데, 복희 신화의 그림에 태양을 그려 넣은 것이다. 복희의 묘는 단의 정체성이 암각화로 새겨지고 청동기로 만들어진 내몽고 옆에 있는 감숙성에 있다. 그런즉, 복희는 단의 후손으로서 동방대륙의 서남쪽으로 진출하여 나라를 세운 부족의 수령이다. 단군이 한반도 동쪽으로 진출하며 나라를 세웠듯이, 복희는 동방 대륙의 서남쪽으로 진출하여 나라를 세우고 중국의 신이 된 것이다. 때문에 복희의 정체성은 단 지파(한민족)와 매우 닮아 있다.

좌측 사진(네이버 제공)은 복희가 팔괘를 들고 있는 모습인데, 마치 대한민국의 태극기를 들고 있는 것 같다. 단군의 삼일신고가 성경 내용과 일치하듯이, 복희 신화도 성경의 노아 홍수 내용과 매우 비슷하다. 복희 신화는 다음과 같이 전해진다.

아주 오래된 옛날, 대홍수로 인류가 멸망했는데, 복희는 여와라는 여동생과 함께 커다란 박 속에 들어가 살 수 있었다. 즉, 그 박이 물 위에 둥둥 떠다니며 두 남매를 살렸다. 그리하여 복희 남매는 인류의 조상이 된다.

이처럼 복희 신화는, 성경에서 대홍수 때 노아의 일가족이 방주를 타고 살아남아, 인류의 조상이 된 것과 비슷하다. 아울러 중국 신화에서 복희는 인류에게 닥친 대홍수 때 표주박 속에 들어가 되살아날 수 있었다고 하는데, 다시 살아났다는 의미로 복희란 호칭을 갖게 되었다고 전한다.

중국의 고문서인 계사전(繫辭傳)에 보면, 동방 문명의 근원이라 할 수 있는 철학의 아버지 복희(伏羲) 씨가 '위로는 하늘을 우러러 천문을 살피고, 아래로는 땅을 살펴 지리를 관찰했다.'라는 기록이 나온다. 이는 단군이 삼일신고와 천부경을 통해 우주 창조와 생명의 진실을 밝힌 것과 맥을 같이 한다.

복희 황제는 중국 역사의 3황 5제(三皇五帝) 중 최고의 제왕으로 꼽히는데, 공자는 중국 정통 사상의 근원이 되는 주역에서 복희가 팔괘(八卦)를 처음 그렸다고 했다. 아울러 이 팔괘는 태극 문양을 바탕으로 그려졌다.

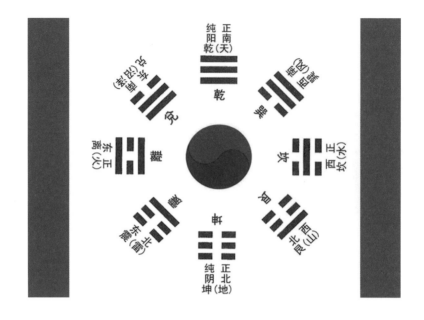

주역에서는 팔괘 성립에 대해 다음과 같이 해석한다.

"역(易)에는 태극(太極)이 있으니 이것이 양의(兩儀)를 낳고 양의는 사상(四象)을 낳고 사상은 팔괘를 낳는다."

"하늘이 신물(神物)을 낳았으니, 성인이 그것을 본받았으며 하늘과 땅의 변화를 성인이 본받았다. 하늘이 상(象)을 드리우고 길흉을 나타내었으니 성인이 이것을 본뜨고, 하도(河圖)와 낙서(洛書)가 나오니 성인이 이것을 본받았다."

"옛날 포희(복희)씨가 천하에 왕 노릇 할 때 위로는 하늘에서 상(象)을 관찰하고, 아래로 땅에서 법(法)을 살피고 새와 짐승의 무늬와 땅의 마땅함을 살펴, 가까이는 자기 몸에서 취하고 멀리는 사물에서 취해 이에 팔괘를 지었다."

아인슈타인은 자신이 만든 이론에 붙일 명칭을 고심하던 중에, 팔괘의 효를 구성하는 음양의 개념에서 힌트를 얻어 '상대성'이라는 단어를 생각해 냈다.

그리고 양자역학의 아버지라 불리는 닐스 보어도 음양의 이치를 담은 태극 문양에서 힌트를 얻어 양성자(+)와 전자(-)로 이루어진 원자 모델을 발견하였는데, 그 후 태극 마크를 가문의 문장(紋章)으로 삼기도 했다. 그래서 스티븐 호킹은 "양자역학이 지금까지 해 놓은 것은 동양철학의 기본 개념인 태극, 음양, 팔괘를 과학적으로 증명한 것에 지나지 않는다."라고 말했다.

계산기뿐만 아니라 컴퓨터 회로의 'off'와 'on'으로, 물질화-기계화되는 데 결정적 기여를 한 이진법을 처음 고안한 라이프니츠는 다음과 같이 말했다.

"나의 불가사의한 새로운 2진법의 발견은, 5천여 년 전 고대 복희-왕이 발견한 철학서이며 문학서인 주역에서 나온 것이다."

단군은 삼일신고에서 1년 366일(윤달 포함)을 의미하는 366글자로 우주 만물의 이치를 밝혔다. 그리고 천부경을 통해 생명의 비밀을 풀어냈다. 이와 마찬가지로 복희의 철학도 세상 이치를 밝히고, 현대 문명을 발전시키는 데서 매우 중대한 역할을 했다.

중요한 것은 이들이 단의 후손이라는 것이다. 아울러 본인도 역시 단의 후손으로서 인류역사상 최초로 우주 질량의 진실, 우주 팽창의 실제 진실, 암흑 에너지의 진실, 암흑 물질의 진실, 우주 탄생의 진실, 블랙홀의 진실, 은하의 기원 및 형성의 진실, 중력의 진실, 원-입자의 진실 등을 모두 밝혔다. 뿐만 아니라 생체 정보 프로그램인 영과 혼의 진실도 모두 밝히고, 성경에서 사라진 단 지파의 진실도 모두 밝혀냈다.

이처럼 하나님이 아브라함의 후손으로 인해 천하 만민이 복을 받게 될 것이라는 언약이 모두 이루어지게 되었다.

> 네 씨로 말미암아 천하 만민이 복을 얻으리니.　　　　　(창 22:18)

단은 길의 뱀이다. 즉, 진리의 뱀이다.

> 너희는 뱀처럼 지혜롭고 비둘기처럼 순결하라.　　　　　(마 10:16)

이처럼 진리의 뱀이라는 계시를 받은 단의 후손들에 의해, 우주 만물과 세상의 모든 이치가 밝혀졌다. 때문에 중국 정통 철학의 선조인 복희의 몸은 뱀으로 그려진 것이다.

복희는 100년 이상 살았다고 하는데, 그의 무덤은 감숙성 화이양현 북쪽 3리 정도 떨어진 곳에 있다.

좌측 사진은 복희 묘의 정문 |

천장엔 별자리가 그려져 있고, 땅 밑에 복희-황제가 묻혀 있다. 맞은편 벽 중앙에 뱀의 몸을 가진 복희-황제의 모습을 형상한 조각이 있다. 그럼 정말 이 안에 뱀의 시신이 묻혀 있을까? 정말 복희-황제가 뱀의 몸을 가진 신화 속의 인물이라면 무덤까지 없었을 것이다. 아울러 태극을 바탕으로 한 팔괘도 없었을 것이며, 중국의 정통 철학인 주역도 없었을 것이다. 그렇다. 복희-황제는 실존 인물이지만 뱀의 몸을 갖지 않았다. 때문에 복희-황제의 실제 모습은 사람의 모습과 똑같이 형상하고 있다.

복희 상상도 |

위 그림도 복희 상상도이다. 이처럼 복희의 실제 모습은 뱀이 아닌 사람의
모습과 똑같다. 그럼에도 복희를 뱀의 몸으로 상징하는 것은, 그가 뱀이라

는 신의 계시를 받았기 때문이다. 즉, 길의 뱀(첩경의 독사)이라는 계시를 받은 단의 후손이기 때문이다. 아울러 그는 단군과 마찬가지로 천국-영생 신앙을 갖고 있었다.

그래서 무덤에 뱀의 몸을 가진 복희-여와도가 그려져 있다. 몸은 비록 죽어도, 천국에서 영생을 누리고자 하는 믿음의 소망을 무덤에 그려 놓은 것이다. 그것이 아니라면 무덤에 그 그림을 그려 놓을 이유가 없다. 중국 신장 위구르 자치구 투루판 아스타나 고분에서, 복희-여와도는 무덤의 천장이나 시신 옆에서 발견된다.

위 그림에서 복희와 여와는 천문 지리를 살피는 도구인 컴퍼스와 직각자를 들고 있다. 중국 역사에는 복희가 천문 지리를 살피고 만물의 변화를 관찰하여 팔괘를 만들었다고 기록되어 있는데, 그 상징으로 복희와 여와의 손에 컴퍼스와 직각자가 들려 있는 것이다.

위 조각은 묘실에서 발굴된 것인데, 2미터 길이에 1미터의 폭으로 형상되어 있다. 이 조각은 아스타나 고분군의 마당에 세워져 있다.

위 그림은 중국 산동성 가상현 남쪽 자운산 아래에 있는 무씨사당의 석실에서 발견된 복희-여와도인데, 이 그림에서도 복희와 여와는 컴퍼스와 직각자를 들고 있다.

인류 역사상 뱀이라는 계시를 받은 종족은 오로지 단 지파뿐이다. 이 지파가 태양의 사람 삼손이 최후를 마친 후, 동방으로 이동하는 과정에 전 세계로 뿔뿔이 흩어졌다. 지중해 연안의 14개 지역에서 거주하던 거대한 집단이 민족 대이동을 했다. 블레셋의 보복으로부터 종족 보존을 위해 어쩔 수 없는 선택이었다.

　그들은 14개 지역으로 분산되어 생활했듯이, 14명의 수령에 의해 인도되고 있었다. 그리하여 단 지파의 일부는 지구의 다른 지역으로 흩어지기도 했다. 아울러 그들은 고대 근동 지역의 선진 문명을 소유하고 있었으므로, 세계에 그 문명(기술)을 전파하는 정복자들이었다. 현재 그 흔적은 뱀의 몸을 가진 유적(유물)들로 남아 있다.

　위 그림은 남인도 비자야나가르 지방의 스네이크스톤에 있는 복희와 여와의 모습을 형상한 상상화이다.

캄보디아 앙코르와트 사원에 있는 좌측 조각은, 복희와 여와의 모습을 상상하여 형상한 것이다.

네덜란드 라이덴의 고고박물관에 있는 좌측 조각도, 복희와 여와의 모습을 상상하여 형상한 것이다. 이처럼 길의 뱀(**첩경의 독사**)이라는 계시를 받은 단의 후손들이 세계로 흩어져 간 흔적은 뱀의 몸을 가진 사람의 형상으로 남아 있다. 그리고 그 지역들에는 한반도와 마찬가지로 무궁화가 피어나고 있으며, 고인돌들도 남아 있다. 뱀의 몸을 가진 사람의 형상은 고구려 벽화에도 남아 있다.

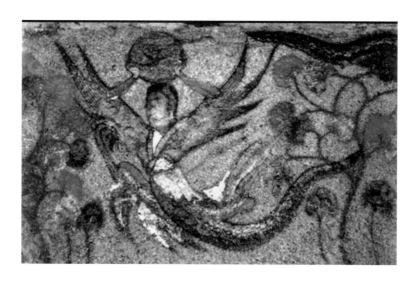

위 벽화의 제목은 '태양의 신'이다. 중국 길림성 집안시의 고구려 고분 4호 묘의 벽화에서 뱀의 몸을 가진 사람이 태양을 들고 있는데, 태양 가운데 삼족오가 있다.

위 벽화의 태양에도 삼족오가 있다. 어둠을 심판하는 태양은 심판자의 이름인 단의 상징이다. 그래서 블레셋을 심판한 삼손의 이름도 태양을 뜻하고, 그 후손들이 동방 대륙을 정복하고 세운 제국의 이름도 어둠을 심판하는 아침의 나라-고조선이었다. 아울러 그 태양에 그려 넣은 삼족오의 세 발은, 단이 받은 3대 계시를 상징한다.

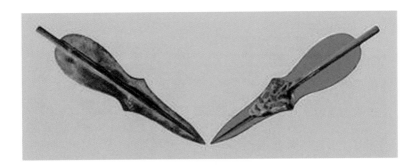

위 청동검은 길의 뱀(첩경의 독사)을 상징하여 만들어진 것이다. 이처럼 뱀과 태양은 심판과 구원의 계시를 받은 단의 정체성을 상징한다. 아울러 복희의 몸을 뱀으로 상징한 것도 역시 단의 정체성에서 비롯된 것이다.

복희 무덤이 있는 감숙성 유적에서도 히브리인들의 문화를 찾아볼 수 있다. 고대 근동 지역에서는 죽은 사람을 고인돌이나 석굴에 안장했는데, 고인돌 문화는 한반도로 전파되고, 석굴 문화는 절벽이 많은 감숙성 지역으로 전파된 것이다.

감숙성 맥적산 석굴의 일부 ┃

이스라엘 석굴의 모습 |

성서에서 사라진 단의 후손 한민족의 진실

복희는 단군과 동시대 인물이다

북한 평양에 단군 능이 있다.

복희 무덤이 있는 중국 감숙성에도 평양이 있다.

단군은 기원전 2300년 전의 사람이라고 한다.

복희는 기원전 2800년 전의 사람이라고 한다.

그런데 실제 단군은 기원전 10세기 청동기 시대 인물이다.

단군의 정체성과 관련된 유적 유물들이, 모두 청동기 시대에 생겨난 것이 그 증거이다.

마찬가지로 복희도 그 시대 사람이다. 기원전 2천 년 전에 단군과 관련된 유적과 유물들이 존재하지 않았던 것과 마찬가지로, 역시 기원전 2천 년 전에 복희와 관련된 유적과 유물들이 존재하지 않았다. 복희가 만들었다는 문자도 없었고, 주역의 팔괘나 기호도 없었다. 아울러 단군과 복희의 정체성과 관련된 유적 유물들은 모두 기원전 10세기 이후에 나타났다. 그런즉, 복희는 단군과 동시대 인물로서, 그들은 기원전 10세기 이후의 인물들이다. 아울러 복희는 단군과 마찬가지로 단의 후손이다. 이는 많은 증거들이 있다.

첫째, 복희의 정체성과 관련된 상상도가 출토된 신장 지구는, 본래 한족 지역이 아니다. 그리고 복희의 무덤이 있는 감숙성은 단군의 정체성과 관련된 유적 유물들이 발견된 내몽골과 인접한 지역이다.

둘째, 단의 후손들이 길의 뱀(첩경의 독사)을 상징하는 청동검을 만들었듯이, 복희는 뱀으로 상징된다. 고구려 벽화에 뱀의 몸을 가진 사람이 태양을 들고 있듯이, 복희의 정체성에 대한 상상화도 뱀의 몸을 가진 사람과 태양이 등장한다.

셋째, 단군이 삼일신고와 천부경을 통해 우주 만물을 밝혔듯이, 복희는 주
역의 팔괘를 통해 우주와 세상 이치를 밝혔다.

넷째, 단군이 한문으로 성경을 밝혔듯이, 복희가 만들었다는 한문은 성경
을 기초로 만들어졌다.

● 태초의 인류 아담과 하와에 대하여

서쪽 서(西) 자는 하나(一)와 사람(人)이 합해져 삶의 터전을 상징하는 마름
모(口)와 결합했다. 이는 태초의 첫 사람이 살던 삶의 터전, 에덴동산이 서쪽
에 있었다는 의미를 갖는다. 중국에서 에덴동산은 서쪽에 위치하고 있다.

시작 원(元) 자는 두(二) 사람(儿)이 합해졌다.

이는 인류의 기원이 아담과 하와 두 사람으로부터 시작되었다는 의미를
갖고 있다.

모두 첨(僉) 자는 모든 인류가 두 사람(人人)으로 인해 생겨났다는 의미를 갖
고 있다.

요긴할 요(要) 자는 하나(一)와 사람(人) 자가 합해져 삶의 터전을 상징하는
마름모(口)와 결합하고, 그 아래에 여자(女)가 있다. 이는 아담 한 사람이 있던
에덴동산에, 여자가 생겨 요긴하게 되었다는 의미를 갖고 있다.

완전 완(完) 자는 두(二) 사람(儿)이 지붕(宀) 아래에 있다.

이는 아담과 하와 두 사람이 한 가족이 되어 완전하게 되었다는 의미를 갖
고 있다.

지을 조(造) 자는 흙(土) 자에 생기를 강조하는 점 하나를 찍고, 삶의 터전을

상징하는 마름모(口)를 넣었는데, 걸어갈 착(辶) 변이 받치고 있다. 이는 하나님이 흙에 생기를 넣으니, 사람이 지어져 걸어갔다는 의미를 갖고 있다. **(창세기 2장 7절)**

여자 여(女) 자는 첫 번째 한(一) 사람(人)의 갈비뼈 하나를 빼내어 지은 사람이라는 의미를 갖고 있다.

어질 인(仁) 자는 사람(亻) 변과 두(二) 자로 구성되었다.
이는 태초의 인류인 아담과 하와의 성품을 의미하고 있다.

● 하나님에 대하여

하나님 신(神) 자는 示(보이다, 존재한다) 자와 申(펴다, 우주를 창조하여 펼치다) 자로 구성되었다. 아울러 示는 다른 문자와 결합할 때 신을 상징하기도 한다.

기도할 기(祈) 자는 하나님(示) 앞에서 두 손을 도끼날(斤)처럼 모아서 간절히 비는 행위를 의미한다.
조상 조(祖) 자는 조상을 하나님(示)과 같이 공경(且)하라는 의미를 갖고 있다. 이는 하나님이 우주 만물을 지으셨듯이, 조상은 자식을 낳았다는 의미가 있다.

● 선악과에 대하여

금할 금(禁) 자는 하나님(示)께서 두 나무(林)인 생명나무와 선악과나무에 대해 말씀하시며 금하신 의미를 갖고 있다.

마귀 마(魔) 자는 생명나무와 선악과나무를 뜻하는 두 나무(林) 아래에 귀신(鬼)이 있다. 이는 그 두 나무 사이에서 뱀으로 위장되어 있는 사탄의 정체성을 의미하고 있다. 엄호밑 변(广)은 생명나무와 선악과나무가 있는 에덴동산이 하나님에 의해 통제되고 있는 곳이라는 의미가 있다.

탐할 람(婪) 자는 두 나무(林) 아래에 여자(女)가 있다. 이는 두 나무를 바라보며, 선악과를 탐하는 여자(하와)의 마음을 묘사하고 있다.

올 래(來) 자는 선악과를 따 먹은 후 나무(木) 사이에 숨어 있던 두 사람(人人)이 나왔다는 의미를 갖고 있다.

● 노아홍수에 대하여

배 선(船) 자는 노아의 방주에 대해 다음과 같이 설명한다. 배(舟)에 8명(八)의 사람 입(口)이 탔다. 여덟(八) 입(口)이라는 것은, 죽은 자가 아니라 산 자란 것을 의미한다. 죽은 자는 먹고 말할 수 없지만, 산자는 입으로 먹고 말할 수 있기 때문이다. 아울러 이는 대홍수 때 살아남은, 노아의 여덟 식구를 의미한다.

넓은 홍(洪) 자는 물(水)이 변형된 변(氵)에 八자가 받친 함께 共자로 구성되었다. 그런즉, 이는 노아의 여덟 식구가 함께 대홍수를 겪었다는 뜻을 담고 있다.

따를 연(沿) 자는 물 변(氵)과 8명(八)의 사람(口)으로 구성되었다. 그런즉, 이는 홍수 때 하나님의 말씀과 노아를 따른 8명의 사람들이 살아남았다는 의미를 갖고 있다. 아울러 복희(伏羲) 이름은, 엎드려 순종하여 목숨을 구했다는 의미가 있다.

● 바벨탑 사건에 대하여

탑 탑(塔) 자는 사람(人)들이 입(口)으로 말하는 언어가 하나(一)일 때, 흙(土)으로 쌓은 것(바벨탑)으로, 후에 하나님의 저주를 받아 잡초(艹)만 남게 되었다는 의미를 갖고 있다.

합할 합(合) 자는 원래 모든 사람(人)들이 입(口)으로 말하는 언어가 하나(一)였다는 의미를 갖고 있다.

혀 설(舌) 자는 바벨탑 사건 후 사람들은 입(口)으로 천(千) 가지 언어를 하게 되었다는 의미를 갖고 있다.

이처럼 한자를 만들었다고 하는 복희는 단군과 더불어 히브리족의 역사서인 성경을 잘 알고 있는 인물이었다. 단군이 한자로 밝힌 삼일신고와 천부경도 성경 내용과 일치한다. 그런즉, 단군과 복희 두 황제는 한문을 공유하고 있었다. 아울러 복희는 또 한 사람의 단군이다! 복희 황제로부터 시작된 신앙은 중국 황실의 마지막까지 이어져 왔다. 중국 북경에 있는 천(제단)이 그 증거이다.

중국의 황제들은 해마다 가장 중요하고 화려한 의식으로 이곳 천단에서 황소를 잡아 희생 제물로 드렸다.

　　한자에서 희생(犧) 자는 빼어남(秀), 소(牛), 양(羊), 창(戈) 자로 구성되어 있다. 이는 흠 없는 소나 양을 잡아서 하나님께 제물로 드린다는 의미를 갖고 있다. 히브리인의 전통 제사에서 그대로 이어진 것이다.

　　중국 황실에서 이 전통 의식은 마지막 황제가 폐위된 1911년에 끝났다. 중국에서 가장 오래된 역사서인 서경의 기록에 의하면, 순 황제가 샹다이(ShangDi, 上帝)에게 희생 제물을 드렸다고 한다. 초기 한나라의 학자였던 쟁 후안은 "샹다이는 하늘의 또 다른 이름이다."라고 하였다.

　　히브리어로 샤다이는 전능자 하나님을 뜻하는데, 고대 중국의 황제들은 하나님을 상제(上帝)로 섬긴 것이다.

　　위 사진은 하북성 정주에 있는 황제 사당 행랑에 전시된 역대 황제들과 임금의 초상이다. 이 황제 중에서 복희는 단연 첫 황제로 꼽는다. 아울러 중국 황실의 신앙은 복희로부터 이어진 것이다.

　　중국 유교의 경전으로서, 공자가 쓴 서경(옛 황제들에 대한 역사 기록)에는 상제에 대한 기록이 많이 나온다. 공자가 고대에서부터 전해져 온 시들을 수집하여 편집한 시경에도 역시 상제에 대한 기록이 많다. 그중에 서경의 대표적인 기록들을 보면 다음과 같다.

우가 이르기를 "당신(舜, 순임금)이 머문 곳을 편안히 여기시어 일의 기미를 잘 살피시오며, 나라를 편안하게 할 것을 살피시며 돕는 사람이 곧으면, 그 동함이 크게 응하여 임금님의 뜻을 기다리니, 상제님께서 밝게 받아들여지거든 하늘이 거듭 명하사 축복할 것이나이다."

하나라의 임금이 죄가 있거늘, 나는 상제를 두려워하는지라. 감히 바로잡지 아니치 못하노라.

중국 5경(시경, 서경, 예기, 주역, 춘추)의 예기(禮記)에는 다음과 같은 기록이 있다.
천자가 장차 순수의 길을 떠나려 할 때, 상제에게 제사를 지내고 땅에게 제사를 지낸다. 이달에 천자는 원일에 상제께 오곡의 풍양을 빈다.

중국 사기의 봉선서에는 다음과 같이 기록되었다.
주공이 성왕의 정치를 보필한 후에 남교에서 하늘에 제사 지낼 때 후-직을 배위하고, 문왕을 종묘의 명당에서 제사 지낼 때 상제와 함께 제사를 지냈다.

시경에서는 상제(하나님)에 대해 다음과 같이 노래했다.

제기에 제물을 담는데 접시며 대접이 있네.
그 향기 올라가니 상제님이 즐겨 드시네.

상나라 자손은 그 수가 헤아릴 수 없이 많지만
상제님이 명을 내리시어 주나라에 복종케 되었네.

문왕께서 삼가고 조심하여
상제님을 밝게 섬기고 많은 복을 누리시네.

위대하신 상제님께서 위엄 있게 땅 위에 임하시어

세상을 살펴보시고 백성들의 아픔을 알아보시네.

깊게 닫힌 사당 고요하니 튼튼하고 세밀하다.
빛나고 빛나는 강원이시니 그 덕은 진실하여
상제가 이를 살펴 재앙이 없고 해침이 없었네.

궁궐에서는 화락하고 기뻐하였고
사당에서는 공경하고 엄숙하였나니
드러나지 않는 곳에서도
상제의 신이 임한 듯하여
싫어함이 없는 곳에서도
또한 하늘의 뜻을 간직하였노라.

명나라 시대의 법령에 기록된 축문에서도 중국 황실의 전통 신앙이 잘 나타나 있다. 당시 그 의식에 참예(參詣)할 때, 황제는 먼저 천단에서 묵도하고 악단의 풍악에 맞추어 전통 복장의 소리하는 자들이 다음과 같은 기도문을 읊었다고 한다.

전능자시여, 신비로운 일들을 하시는 주재자시여,
내가 생각으로 당신을 바라보나이다.
······
이 큰 의식을 통해 당신을 경배하며 높여 드립니다.
당신의 종인 나는 단지 한 줄기의 갈대요 버드나무이나니,
나의 마음은 한 마리 개미의 마음이옵나이다.
그러나 나는 제국을 다스리라는 당신의 은총을 명령으로 받았나이다.
나의 무지함과 몽매함을 잘 알고 있으므로, 내가 당신에게 받은 위대한 은총을
무가치한 것으로 만들까 봐 심히 두렵고 떨리나이다.
그러므로 나의 거룩한 의무를 이행하기 위하여 나 자신을 무가치한 것으로 생

각하며, 모든 법도와 율례를 준수하려고 하나이다.

이곳에서는 멀지만, 나는 천상에 계시는 당신을 바라보나이다.

당신은 천상의 병거를 타고 이 제단으로 오시옵소서.

당신의 종인 내가 나의 머리를 땅에 대고 공손하게 당신께 절하나이다.

영광스런 은총을 풍성하게 내려주시옵소서.

……

우리의 후손들에게도 저희처럼 축복 내려 주시옵소서.

우리가 당신을 경배하나이다.

당신의 선하심은 끝이 없으시나이다.

이처럼 중국의 황제들은 상제(하나님)를 절대자로 섬기며, 그 앞에서 자신을 한없이 낮추었다. 그 의식에서는 다음과 같은 내용도 낭송되었다고 한다.

"옛적 태초에 커다란 혼돈과 공허와 흑암이 있었다.

태양도 달도 빛나지 않았다.

영이시며 전능자이신 당신께서 처음에 순전한 것들에서 거친 부분들을 나누셨다.

전능자께서 하늘을 만드셨다.

땅을 만드셨다. 사람을 만드셨다.

번식하는 힘을 가진 모든 것들을 각기 모양대로 만드셨다."

이는 성경의 창세기 내용과 정확히 일치한다.

단군이 세운 고조선 유적 유물들과, 중국의 유적 유물들도 정확히 일치한다.

　위 사진에서 상단 왼쪽은 강화도 마니산 제단인데, 둥근 원형의 터와 네모의 제단으로 형성되어 있다. 상단 오른쪽은 바위에 새겨진 동심원과 네모의 마름모이다.

　사진 아래는 중국 내몽골 지역에 있는 제터인데, 역시 둥근 원형과 네모의 단으로 형성되어 있다.

내몽골 지역에 있는 원형 제터 ▌

위 사진은 북경에 있는 원형 제단인데, 네모의 터 안에 있다.

위 사진도 북경에 있는 천단인데, 역시 네모의 터 안에 있다. 중국 황실은
이곳 제단에서 하나님께 천제를 드렸다. 이처럼 단군 고조선의 유적들과 중
국의 유적들은 일치성이 있다. 아울러 뱀으로 형상된 복희 황제의 형상, 그
가 만들었다는 한자 속에 있는 성경의 내용들, 고대 황실에서 전통적으로 이

어져 온 신앙, 천제 의식에서 낭독된 기도문, 내몽골에서 처음 만들어진 청동검, 고구려 고분에 그려진 벽화, 단군의 삼일신고와 천부경 등은 복희가 단의 후손이라는 명명백백한 증거들이다.

중국에는 복희 황제의 묘가 감숙성뿐만 아니라, 하남성 회양현과 산동성 미산현에도 있다. 복희의 자제들이 영토를 분할하여 다스리면서 여러 묘에 묻혔을 수도 있다. 그래서 지역에 따라 복희의 모습도 다르다.

위 사진은 하남성 회양현에 있는 복희 황제의 모습이다. 이곳 복희 묘는 주원장이 명나라를 다스릴 때 크게 증설하여 중국 내 복희 묘 중에서 가장 큰 규모를 자랑한다.

이 지역에 피어난 무궁화와 더불어 석굴, 고인돌 등은 단의 후손인 복희 황제의 발자취와 같다.

왜곡된 중국의 역사

공자의 아버지 숙량흘은 장대
한 체구의 무인(武人)이었다. 공
자도 부친을 닮아서 거구였는데,
그로 인한 일화도 있다. 자로가
공자의 제자가 되기 이전에 공자
가 글귀나 읽는 심약한 서생인
줄 알고 쳐들어갔다가, 그의 장
대한 기골에 기세가 눌렸다고 한
다. 공자는 숙량흘의 셋째 부인
16세 무당의 몸에서 잉태되었다.

당시 숙량흘의 나이는 66세였는데, 사마천은 사기에서 공자의 탄생을 야합
(野合)에 의한 것이라고 표현했다. 즉, 비정상적 관계에서 공자가 탄생했다는
것이다.

당시는 주나라의 말기인 전국 시대로서 혼돈의 시기였다.

주나라는 왕족들로 나라가 분할되고, 그 왕족의 후손이 대대로 멀어지면
서 점차 정체성을 잃어가게 되었다. 처음엔 형제이고 조카이던 것이, 세월이
흐르면서 이웃사촌보다 먼 관계가 되어간 것이다.

그 과정에 왕국들은 내분을 겪으며 더 작은 소국들로 전락해 갔다. 왕실
에서 전통적으로 상제(하나님)께 제사를 드리던 풍속도 사라져 갔다. 옛 기록
도 모두 소실되고 제사를 지내는 의미나 절차 방법도 잊었다. 결국 제사장의
신권을 가진 세력들은 왕권을 가진 자들에게 숙청을 당하며 가장 비천한 신
분으로 전락하고 말았다. 그렇게 상제(하나님)를 잃은 대륙은 춘추전국시대를

겪으며 대혼돈의 시기를 겪었다.

수없이 많은 소국으로 갈라진 나라들이 끊임없는 전쟁을 치르며, 군소 국가로 거듭나기 시작했다. 그런데 그들은 뿌리를 잃어버렸다. 족보도 모르고 역사도 모두 잊었다. 언어까지 달라져 갔다.

백성을 하나로 결속시켜야 국가 체제를 운영할 수 있는데, 당시 그 방법은 제사였다. 백성의 조상이 누구인지 밝히고 그 조상에게 제사를 지내는 의식을 통해 백성들을 결속시키며, 국가 공동체를 운영하게 되는 것이다. 나라의 제 의식은 온 백성이 하나 같이 동참하며 결속시킬 수 있는 계기가 되기 때문이다.

하지만 그 제사의 절차나 방법을 아는 사람이 드물었다. 그래서 새로 생긴 왕국들마다 제사장 역할을 할 관리들이 필요했다. 아울러 제사에 올리는 축문을 쓰고 읽을 수 있는 인재 육성도 필요했다. 그리하여 한문을 잘 알고, 제사 지식을 갖춘 스승의 주변에 많은 사람이 모여들었다.

당시는 학교가 없었으므로 스승의 집에서 한문을 읽히고 제사에 필요한 공부를 했는데, 그것을 제자백가(諸子百家)라고 했다. 정치에 뜻을 가진 사람들이 스승의 집으로 모여들었기 때문에 집 가(家)를 붙인 것이다.

춘추전국시대라고 일컫는 그 혼돈의 시기에 많은 사상과 주장들이 쏟아져 나오며, 공자, 맹자, 노자, 장자, 묵자, 등의 학자들과 더불어 유가, 법가, 도가, 묵가 등의 철학이 등장하기도 했다.

공자가 세 살 때 부친이 사망했으므로 그는 홀어머니 슬하에서 성장했는데, 공자의 어머니는 원래 무당이었다. 당시 무당들은 매우 천한 계급으로 취급당했으므로 성안에서 살수도 없었다. 그래서 성 밖에 거처하며 죽은 사람의 시신을 염하고 입관하면서, 무덤을 조성하며 연명했다. 자신들이 만든 무덤을 몰래 파헤치며 도굴하는 일들도 빈번했다. 옛날에는 성안에 무덤을 만들 수 없었으므로 그 일을 무당들이 맡아서 했던 것이다.

옛 무당은 창녀의 역할도 했는데, 그들은 국가나 성의 소속도 없이 떠돌아다녔다. 그리고 무당은 굿하면서 춤추며 노래를 하는 자였다. 공자는 그런 환경에서 성장하여, 세상에 떠돌아다니는 유행가(시)를 모두 수집하였다. 그 시들은 고대 중국의 풍토와 사회를 배경으로 살아온 사람들의 삶을 노래한 것이었다. 그렇게 공자에 의해 모이고 편집된 것이 시경이다.

기원전 470년경에 만들어진 그 〈시경〉이란, '시의 성전(聖典)'이라는 뜻이다. 공자는 시경뿐만 아니라 〈서경〉이라고 하는 고대 왕실에 관한 역사서도 편집하였다.

중국의 역사서 가운데 가장 중요하게 인정받는 〈사기〉의 저자인 사마천(司馬遷)은 공자가 훼손된 서경을 복원 편집했다고 하였다. 원래 서경은 고대 왕조에 관해 쓴 일관되지 못한 내용들이었는데, 그게 훼손된 것이었고 공자가 그걸 모아 일관되게 편집하였다는 것이다.

사마천은 가능한 정확하게 역사를 사실적으로 기록하려고 했던 것으로 유명하다. 하지만 그가 쓴 〈사기〉 역시 공자의 서경을 바탕으로 각색된 것이다. 그런즉, 사실상 서경은 공자의 사상으로 새롭게 창작된 것이다.

옛 기록은 신화적으로 왜곡된 것이 많다. 단군신화에서 곰이 사람이 되었다거나, 복희가 뱀의 몸을 갖고 있었다는 것처럼 말이다. 또, 당시의 정치 사회적 환경에 맞게 왜곡된 부분도 많다. 그래서 단군이 기원전 2300년 전의 인물이라고 역사를 부풀린 것처럼, 복희도 기원전 2800년 전의 사람이라고 한다.

하지만 그 시기에 단군의 정체성과 관련된 유적 유물이 나타난 것이 없듯이, 복희의 정체성과 관련된 유적 유물도 없다. 중국의 역사서에 복희가 팔괘(八卦)를 만들었다고 주장하고 있으나, 실제 복희가 살았다는 기원전 28세기의 문자나 기호는 발견되지 않았다.

중국에서 가장 영향력 있는 역사 해설가이자 베스트셀러 작가로도 유명한 이중톈 교수는, 요와 순의 평화로운 선양 신화는 모두 거짓이라고 주장했다.

아울러 중국 신화에 등장하는 황제들은 사실상 족장들로, 요와 순은 부락 연맹을 대표한다고 밝혔다. 그리고 중국의 여신 여와는 뱀이 아니라 사실 개구리였다는 것도 밝혔다.

중국은 역사의 뿌리를 신석기·청동기 시대의 황허문명으로 삼고 있었다. 그런데 고조선 영토였던 요하 유역과 발해만 연안에서 황허문명보다 시대가 앞선 유적이 대량 발굴되었다. 그러자 중국 정부와 학계는 1996년부터 단대공정(斷代工程) 탐원공정(探源工程) 등을 통해 삼황오제(三皇五帝)의 신화시대까지 역사를 끌어올리고 있다. 이처럼 역사는 당대의 정치 사회적 환경에 따라 왜곡되어 왔다.

고대 왕국을 다스린 통치자에게 역사란 곧, 오늘날의 헌법과 같은 것이었다. 히브리인들에게 구약성경이 역사서인 동시에 절대 거스를 수 없는 율법이었던 것처럼, 한나라를 비롯하여 유교를 국가 이념으로 채택한 나라들은 공자의 책을 모두 경전으로 만들고, 공자의 역사서인 〈상서〉를 〈서경〉이라고 치켜세우며 칭송했다. 아울러 법정에서 전례를 판결의 기준으로 삼듯이, 고대 사회에서 과거의 역사 기록도 그와 같은 기능을 갖고 있었다. 경우에 따라서는 종교 재판처럼 법전보다 더 강력한 권위를 나타내기도 했다.

중국이 조선에 유교를 신봉하도록 강요한 것도 그 때문이었다. 그리하여 조선은 유교에 세뇌되어 5백 년의 긴 세월을 중국의 속국으로 살게 되었다. 그런데 유교의 역사서는 공자에 의해 각색된 데 이어, 한나라 때에 이르러 결정적으로 왜곡된 것이다.

진을 멸망시키고 한나라를 세운 유방은 서민 출신이었다.

때문에 그를 도와 대업을 이룬 공신들도 별 볼 일 없는 출신이 많았는데, 주발은 나팔수, 관영은 옷감 장수, 하후영은 마부, 번쾌는 백정 중에서도 가장 천한 개백정, 한신은 백수였다. 소하나 조참 역시 지방의 최하급 관리에 불과했다. 그들의 수장인 유방이 진나라를 멸망시키고 나라는 세웠지만, 그 나라를 어떻게 통치할지 방법을 몰랐다.

유방은 나라를 다스릴 통치 체제를 만들기 위해, 공자의 문헌을 가져오는 자는 상을 준다고 발표했다. 그러자 여기저기서 옛 문서라는 것들을 가지고 왔는데, 이를 '위고문서'라고 한다. 그 후 유방의 명에 의해, 공자의 문헌들은 한나라를 다스리는 데 필요하도록 재창조되었다. 그것이 바로 오늘날까지 전해지는 유교이다. 한나라는 그 유교를 통치기반으로 하여 4백 년을 지속하였는데, 그 시기에 중국의 전통문화가 확립되었다. 중국 글자를 한자(漢字)로, 중국 민족을 한족(漢族)으로 부르는 것도 그런 사실을 반영한다. 그런즉, 현재 중국 문명의 기본 틀은 한나라에 의해 왜곡되어 이루어진 것이다.

이처럼 문서로 작성된 역사 기록은, 그 시대의 정치 사회적 환경에 따라 얼마든지 왜곡될 수 있다. 하지만 절대 왜곡할 수 없는 것이 있다. 그것은 그 시대가 남긴 유적과 유물들이다.

그런즉, 기원전 10세기 이후에 중국에 나타난 암각화, 고인돌, 석굴, 청동검, 고구려 고분의 벽화와 복희 여와의 벽화, 단군의 삼일신고와 천부경, 복희의 팔괘와 역경, 한자에 나타난 성경의 메시지 등은 복희가 단의 후손이라는 명명백백한 증거가 된다.

에필로그

신의 존재를 증명할 물리적 증거가 있는가?

이제 우리는 이 질문에 대답해야 한다. 한민족의 정체성은 성경에 기록된 예언과 언약들에 밀접한 연관이 있기 때문이다.

성경에 기록된 하나님의 존재를 증명할 물리적 증거는 너무도 많다. 우주 만물은 원자들로 이루어져 있다. 수소 원자의 핵은 양성자로 이루어져 있고, 양성자는 3개의 쿼크 입자들로 이루어져 있고, 쿼크 입자들은 1,836개의 전자로 이루어져 있고, 1개의 전자는 10억 개 정도의 중성미자들로 이루어져 있고, 중성미자는 광자들로 이루어져 있는데, 이 많은 미립자는 원자핵이 회전하며 방출하는 에너지에 의해 응집되어 있다. 원자핵이 회전하지 않으면 이 미립자들은 모두 흩어지며 진공 속으로 사라지고 만다. 우주 만물도 사라지고 만다. 그렇다면 원자핵을 회전시키는 동력의 주체는 누구인가?

그 동력의 주체가 존재하지 않는다면 원자핵은 끊임없이 회전할 수 없으므로 우주 만물은 진공 속으로 사라지고 만다. 즉, 그 동력의 주체인 창조주 하나님이 존재하지 않는다면 우주가 생겨나기 이전으로 돌아가고 만다. 이 진실에 물리적 증거로 반론할 과학자는 지구상에 단 한 명도 존재하지 않는다.

또 한 가지 증거를 고찰해 보자. 미국 나사와 유럽 우주국의 현대 우주 과학 기술로 밝혀진 초기 우주(아직 별과 행성들이 생성되기 이전의 우주)를 이루던 원자들에는 우주의 모든 시스템이 완벽하게 설계되어 있었다. 수소 원자 궤도에 1개의 전자가 돌고 있듯이 지구에도 1개의 위성(달)이 돌고 있다. 원자에 핵이 있듯이 별과 행성들에도 핵이 있다. 원자핵이 질량에 따라 여러 궤도에 많은 전자를 거느리듯이 별과 행성들도 질량에 따라 여러 궤도에 많은 위성을 거느릴 수 있다.

원자핵이 궤도에 거느린 전자들의 질량에 비해 훨씬 무겁듯이 태양의 질량은 위성들의 질량에 비해 99% 이상이나 크다. 원자가 전자기파를 방출하듯이 별과 행성들도 전자기파를 방출한다.

원자가 자기장을 갖고 있듯이 별과 행성뿐만 아니라 은하들도 자기장을 갖고 있다. 원자가 중력장을 갖고 있듯이 별과 행성뿐만 아니라 은하들도 중력장을 갖고 있다. 이처럼 별과 행성들이 생겨나기 이전의 초기 우주를 이루고 있던 원자들 속에는 미래의 시공간(지금의 우주) 시스템이 완벽히 설계되어 있었다. 아울러 컴퓨터 프로그램에 반드시 그 개발자가 존재하듯이 초기 우주를 이루고 있던 원자들 속에 지금의 우주 시스템이 완벽히 설계되어 있었다는 것은 역시 그 설계자가 반드시 존재한다는 것이다. 즉, 그 설계자이신 창조주 하나님이 존재하신다는 것이다. 이 진실에도 물리적 증거로 반론할 과학자는 지구상에 단 한 명도 존재하지 않는다.

사실 성경에서 사라진 단의 후손들에 대한 진실은 아주 오래전에 밝혀졌다. 하지만 밝힐 수 없었다. 그리고 세계 최초로 우주의 진실[1]을 1,300장 이상의 많은 위성 관측 사진 및 증거자료들로 모두 명명백백히 밝혔다. 이 우주 진실들에 대해 한국천문연구원, 고등과학원, 기초과학연구원은 수년 동안 답변 기일을 수시로 연기하면서까지 검토를 거듭했지만 단 한 가지도 반론하지 못했다. 이 우주 진실들은 빅뱅 이론과 같은 추상적 이론이 아니라 현대 우주 과학 기술로 관측되고 철저히 검증된 물리적 증거들로 명명백백히 밝혀진 진실이기 때문이었다(이 우주 진실은 인터넷 신문에 400회 가까이 연재되기도 했다).

현대 천체 물리학의 바이블로 여겨지는 빅뱅 이론의 비과학적 허구에 대해서도 세계 최초로 많은 물리적 증거들로 밝혔고 한국천문연구원과 고등과학원은 공동 답변을 통해 필자에게 빅뱅 이론의 비과학적 허구에 대해 시인하였다.

---

1) ① 지금도 우주에서 수소가 폭발적으로 생성되고 있다. ② 질량-중력-밀도-온도 메커니즘의 우주 공식 ③ 우주 질량의 실제 진실 ④ 블랙홀의 진실 ⑤ 암흑 에너지의 진실 ⑥ 암흑물질의 진실 ⑦ 은하의 생성 및 형성의 진실 ⑧ 중력의 진실 ⑨ 미시세계의 진실 ⑩ 우주 탄생의 진실

생명의 근본인 생체 정보 프로그램의 진실도 세계 최초로 밝혔다.

미국 예일 대학의 생물학 교수인 헤롤드 색스턴 바아는 쥐나 고양이를 결정짓는 것은 유전자가 아니라 눈에 보이지 않는 정보 에너지-장에 의한 것이라 했다. 영국의 생물학자인 브라이언 굿윈이 프리고진의 수학 방정식을 이용하여 실험한 결과, 수정란의 물리적 구조보다는 눈에 보이지 않는 정보 에너지-장이 더 중요하다고 했다. 미국 생물학자인 카프만도 세포 자동자를 이용하여 컴퓨터상에서 모의실험을 하는 데 성공하고, 수정란에 그 정보 에너지-장으로부터 어떤 정보가 개입되지 않고는 생명의 탄생이 어렵다고 했다.

여기서 정보 에너지-장이란, 곧 생체 정보 프로그램이다. 생명체들은 이 생체 정보 프로그램대로 창조되었기 때문에 그 프로그램에서 제공되는 정보와 본성·본능대로 생존한다. 그래서 태어나자마자 스스로 삶의 터전을 찾아가서 헤엄을 치고, 하늘을 날며 먹이를 사냥하는 생명체들이 있다.

아마존강에 살며 사람까지 삼킬 수 있는 아나콘다가 있다. 그 아나콘다의 새끼는 태어나자마자 스스로 헤엄치고 먹이를 사냥하며 생존한다. 거북이 새끼도 모래 속에 묻힌 알에서 깨어나자마자, 스스로 삶의 터전인 바다를 찾아가서 헤엄을 치고 먹이를 사냥하며 생존한다. 나비나 잠자리 같은 곤충도 세상에 나오자마자 스스로 하늘을 날고, 먹이를 사냥하며 생존한다. 그럼 그 정보는 누가 제공하고, 또 그 생존법은 누가 가르쳐 주었는가?

아무도 그 생명체들에게 헤엄을 치는 방법을 가르쳐 주지 않았고, 하늘을 나는 방법도 가르쳐 주지 않았고, 먹이를 사냥하는 방법도 가르쳐 주지 않았다. 모래 속에 묻힌 알에서 갓 깨어난 거북이 새끼들에게 바다가 너의 삶의 터전이라는 것도 가르쳐 주지 않았고, 그 바다가 어느 방향에 있다는 정보도 가르쳐 주지 않았다. 그래서 갓 태어난 그 생명체들의 뇌에는 아직 아무런 정보도 입력되어 있지 않고 하얀 백지상태와 같다.

흔히 사람들은 뇌가 모든 것을 조종하며 생명체들은 그 뇌의 조종대로만 생존하는 것으로 알고 있지만, 갓 태어난 그 생명체들의 뇌에는 아직 아무런 정보도 기억되어 있지 않고 하얀 백지상태와 같은 것이다. 그 생명체들의 생존을 보장할 수 있는 아무런 정보도 기억되어 있지 않다는 것이다.

하지만 그 생명체들은 자기 생체 정보 프로그램대로 지어졌기 때문에 그 프로그램에서 제공되는 정보와 본성·본능대로 태어나자마자 스스로 삶의 터전을 찾아가서 헤엄을 치고, 하늘을 날며 먹이를 사냥할 수 있는 것이다.

TV에서도 여러 번 방영했듯이, 모래 속에 묻힌 알에서 갓 깨어나온 수많은 거북이 새끼는 단 한 마리도 산으로 가지 않고 모두 바다로 간다. 그리고 갈매기 떼가 날아와 그 거북이 새끼들을 덮치며 경쟁적으로 잡아먹는다. 그뿐만 아니라 여우와 도마뱀들까지 달려들며 그 거북이 새끼들을 무차별적으로 공격하며 서로 경쟁적으로 그 거북이 새끼들을 잡아먹는다. 그렇게 거북이 새끼들은 포식자에게 잡아먹히면서도 바다를 향한 전진을 멈추지 않는다. 어차피 그 바다가 아니면 생존할 수 없기 때문이다.

즉, 그 바다는 생존의 터전이기 때문이다. 그래서 포식자들에게 잡아먹히면서도 바다를 향한 전진을 멈출 수도 없고, 되돌아설 수도 없는 것이다. 그럼 그 정보를 누가 가르쳐 주었는가?

또한, 거북이 새끼들은 바다가 삶의 터전이라는 것을 어떻게 알았고, 그 바다가 어느 방향에 있다는 정보는 과연 어떻게 알았을까? 바다에 도착한 거북이 새끼들은 스스로 헤엄을 치고 먹이를 사냥하며 생존을 시작한다. 그럼 그 생존법은 또 누구한테 배웠을까?

아무도 거북이 새끼들에게 그 정보를 제공하지 않았다. 헤엄치는 방법도 가르쳐 주지 않았고, 먹이를 사냥하는 방법도 가르쳐 주지 않았다. 그래서 거북이 새끼들은 태어나서부터 아무한테도 보호를 받지 못한다. 하지만 거북이 새끼들은 자기 생체 정보 프로그램대로 지어졌기 때문에 그 프로그램에서 제공되는 정보와 본성·본능대로 태어나자마자 스스로 삶의 터전인 바다를 찾아가서 헤엄을 치고 먹이를 사냥하며 생존할 수 있는 것이다.

우리 인체는 하나의 수정란으로부터 지어졌다. 유전자도 그 하나의 수정란에 포함된 것이 전부였다. 그러던 것이 생체 정보 프로그램에서 제공되는 정보에 따라 수정란이 분열되고 기하급수적으로 세포 분열이 일어나며 심장을 비롯한 장기들이 생겨나고, 머리와 팔다리를 비롯한 인체 구조가 생겨났다. 이처럼 인체는 생체 정보 프로그램이 물질로 형상화된 구조물에 불과하다. 때문에 이 생체 정보 프로그램을 조정할 수 있다면 인체에 나타나는 질병들도 쉽게 치유할 수 있다.

생체 정보 프로그램은 인체의 시각, 청각, 미각, 후각, 피부 감각을 통해 정보를 수집하여 프로그램을 만들고, 그 정보를 다시 인체에 제공한다. 수정란에 정보를 제공했듯이 말이다. 그 정보는 인체 세포를 이루는 원자들에서 파동 주파수로 발현되어 뇌파로 확장되는데, 그 정보에 따라 생성된 신경 전달 물질(호르몬)은 언어와 행동으로 나타난다. 이 생명 프로그램에는 본성·본능뿐만 아니라, 생체 정보까지도 모두 들어 있다. 때문에 그 프로그램에서 제공되는 정보에 따라 체세포에서는 생체 파동이 생겨나고, 그 파동은 뇌파로 확장되며 그 생체 정보에 따른 신경 전달 물질을 생성하게 된다. 한 개의 신경 세포는 수천수만 개의 신경 세포들과 서로 정보를 주고받는데, 그 정보는 생명체들의 생존 활동으로 나타난다.

그런즉, 인간의 생사를 결정짓는 것은 호르몬이며, 그 호르몬을 결정짓는 것은 인체 세포를 이루고 있는 원자들에서 발현되는 생체 주파수이다. 아울러 생명 탄생의 근본인 생체 정보 프로그램을 조정하여 왜곡되거나 병든 생체 주파수를 치유 주파수로 바꿀 수만 있다면 난치병 치유도 가능하다.

나는 생체 정보 프로그램의 진실도 역시 세계 최초로 밝히고 많은 사람을 다양한 질병의 고통에서 벗어날 수 있도록 하고 있다. 아울러 많은 사람이 생체 정보 프로그램 치유를 통해 얼굴에서 검버섯이 사라지고, 흰머리가 검어지며, 대머리에서 머리카락이 나오는 등의 놀라운 회춘 효과를 경험하고 있다. 그리고 이제야 한민족의 잊힌 진실을 밝히고자 한다. 하나님은 우주의 진실과 생명의 진실을 먼저 밝히게 하시고, 드디어 한민족의 역사적 진실을 밝힐 기회를 이 종에게 허락하신 것이다. 하나님은 창조 이래 단 한 번도 봉인을 떼지 않았던 비밀의 문을 열어 보여 주셨다. 우리는 그 하나님을 전지 전능하시다고 한다. 그럼 얼마나 전지전능하실까?

내 두 손바닥에는 이 세상 어느 누구도 절대 부인할 수 없는 그 증거가 있다. 내 두 손바닥에는 단의 후손들이 요단강 발원지를 떠나 동방으로 이동해 온 경로가 새겨져 있는데, 하나님은 이미 태중에서 이 종의 손바닥에 그 증거를 새기신 것이다. 자- 두 눈으로 똑똑히 확인해 보라!

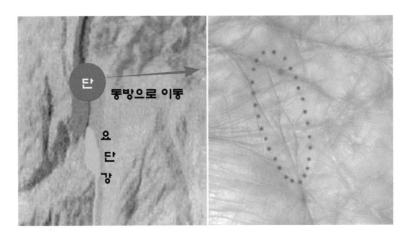

위 지도를 보면, 요단강 위에 '단'이라고 하는 지명이 보인다. 마찬가지로 위 사진의 왼손바닥을 보면 호수같이 생긴 타원형 손금 위에 十 자 금이 있다.

이는 지도에서 '단'의 위치와 일치한다. 타원형 금은 요단강을 상징하며, 요단강의 의미는 단에서부터 흐른다는 뜻이다. 강처럼 내려온 손금 건너편에 또 하나의 十 자 금이 있다. 두 十 자 사이에 있는 점은 요단강 발원지에서 떠난 단의 후예들이 유프라테스강을 건너 이동한 방향을 상징한다.

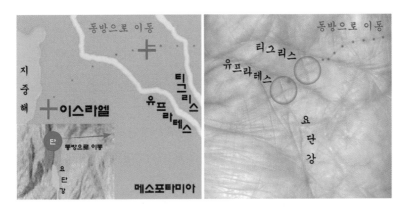

유프라테스강을 상징하는 손금 건너에 있는 十 자 위에 上 자가 있다.

그런데 上 자의 손금은 티그리스강을 상징하는 손금을 건너, 세계 지도상
에서의 동방으로 연결되어 있다.

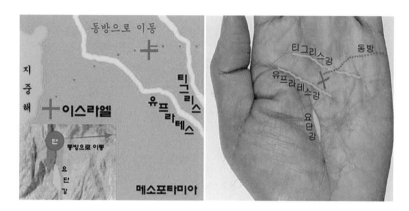

위 사진은 요단강, 유프라테스강, 티그리스강 등 3개의 강을 상징적으로
보여주는데, 오른손 十 자에도 3개의 강이 흘러드는 것을 상징하는 손금이
있다.

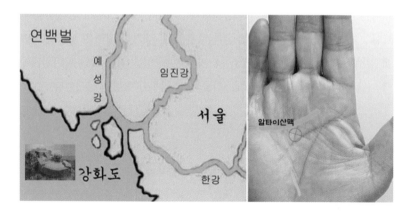

알타이산맥을 넘어온 단의 후손들은 강화도에 천제단을 쌓고 하나님께 거룩
한 제사를 드렸는데, 그 강화도에 한강, 임진강, 예성강이 흘러들고 있다.

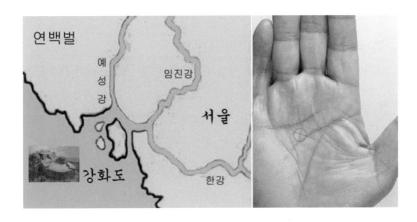

　오른손 가운데 ＋ 자 손금은 3개의 강이 흘러드는 강화도라 할 수 있다. 그리고 오른손 엄지손가락에는 단의 후손들이 동방의 광활한 대륙의 바위들에 태양을 상징하여 새긴 것과 같은 동심원이 새겨져 있다. 이는 요단강 상류의 단을 떠나 유프라테스, 티그리스강을 건너고, 알타이산맥을 넘어서 해 돋는 동방으로 이동해 온 한민족의 이동 경로와 일치한다.

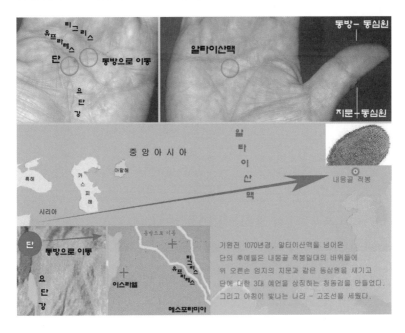

알타이산맥을 넘어온 단의 후손들은 내몽골 적봉 일대의 바위에 내 오른
손 엄지의 지문과 같은 첫 동심원을 새겼다.

내 두 손에 새겨진 세 개의 十 자에서 가운데 十 자 위에 上 자가 새겨진 것
은, 세 개의 십자가 중에 가운데 십자가에 달리신 이가 위(上) 하늘에서 오신
상제(上帝)라는 뜻이 되며, 그 上 자가 동방으로 뻗어 있는 것은 성서의 계시
대로 그 왕의 구원이 동방에서 이루어짐을 가리킨 계시가 된다.

즉, 예수그리스도의 구원이 동방에서 이루어짐을 계시한 것이다.

> 이는 하나님을 알 만한 것이 저희 속에 보임이라. 하나님께서 이를 저희
> 에게 보이셨느니라. 창세부터 그의 보이지 아니하는 것들, 곧 그의 영원
> 하신 능력과 신성이 그 만드신 만물에 분명히 보여 알게 되나니, 그러므
> 로 저희가 핑계치 못할지니라.　　　　　　　　　　　　　　(롬 1:19-20)

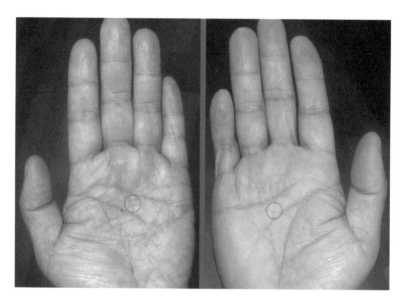

이러한즉, 나에게 나타난 표징들은 한민족의 잃어버린 신분을 찾아 주시
려는 하나님의 편지이다. 한민족이 아브라함의 증손인 단의 후손이라는 하
나님의 보증 수표이다.

한민족의 조상 단에게 주셨던 언약의 계시를 이루어 주시려는 하나님의 거룩한 선물이다. 하나님께서 이 세상의 종말을 앞두고 인류에게 보내신 구원의 메시지이다. 십자가에 못 박혀 돌아가신 예수그리스도가 영원히 살아 계시며, 지금 이 순간에도 인류 역사를 주관하고 계신다는 명명백백한 증거이다. 내가 이 표징들을 밝히지 않고 이 모든 일이 나의 의지와 노력으로 이루어졌다고 하면 세상 사람들은 나의 공적이라고 평가할 것이다. 하지만 그것을 마다하고 나에게 나타난 표징들을 밝히는 것은, 한민족과 더불어 대한민국을 축복하시는 하나님께 영광을 돌리기 위함이다.

나는 두 번의 벼락을 맞았지만 아무 탈 없이 살아났다. 군 복무 시절 군사 임무를 수행하던 중에 맞은 그 벼락들은 모두 왼손에 맞았는데, 현재도 왼손 바닥에 그 자리가 남아 있다.

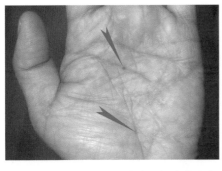

위 사진에서 두 十 자 가운데 있는 점과 요단강을 상징하는 타원형 손금 아래에 있는 희미한 점이 바로 그 자리이다(**직접 두 눈으로 보면 더 분명히 확인할 수 있다**). 그런데 그때 그 벼락들은 단의 후손인 한민족이 이동해 온 경로에 떨어져, 위 사진에서 보는 바와 같은 점을 찍었다. 중요한 것은 나에게 나타난 표징대로 모두 일치하게 이루었다는 것이다.

예수그리스도께서는 열매를 보아 그 나무를 안다고 하셨다. 그런즉, 하나님의 섭리 가운데 내가 밝힌 것들이 열매라면 나에게 나타난 표징들은 나무라고 할 수 있다. 아울러 모태에서부터 내 손바닥에 새겨진 표징은 창조주 하나님의 섭리로만 가능한 것이다.

　나는 경주 형산강 기슭 절벽에 암각화로 새겨진 모세의 계시와 언약의 상징 등을 세계 최초로 밝혔다. 아울러 그 절벽에는 大 자로 서 있는 사람이 가리키는 방향에 바위가 ㄱ 자로 꺾이고, 그 정면에 한 사람의 얼굴과 4명의 사람을 태우고 오는 배, 그리고 하나님을 상징한 방패가 새겨져 있다.

　　　　　　　　　　　　　　　　　화살표가 가리키는
　　　　　　　　　　　　　　　　　지점에 암각화가 새
　　　　　　　　　　　　　　　　　겨져 있다.

　위 암각화도 쪼으기와 갈기로 새겨졌는데, 암각화가 새겨진 패인 부분을 알아보기 쉽게 흰 돌로 긁어서 표시하였다.

　암각화가 새겨진 부분을 따라 그리니 그림이 선명하게 나타났다. 하나님을 상징한 방패 위에 4명의 사람을 태운 배가 떠 있고, 또 그 위에 한 사람의 얼굴이 있다. 배는 지시봉으로 가리키는 사람 쪽으로 향하여 가고 있다.

ㄱ 자로 꺾인 바위를 펴면 위 모양이 된다.

大 자로 선 사람은 지시봉으로 오른쪽 바위의 암각화를 가리키고 있다.

이는 암각화 맨 위에 그려진 사람에 대한 계시인바, 大 자 사람이 지시봉으로 그 얼굴을 가리키며 밝히는 계시는 다음과 같다.

① 이 사람은 지시봉으로 가리키는 사람이 서 있는 모양대로 大 자 이름을 가진 자이다. 즉, 하나님이 선택한 자이다. 大 자는 하나님을 상징하는 一 자와 人 자가 합하여 이루어졌는바, 이는 하나님이 선택한 사람을 뜻한다.

② 이 사람은 大 자 사람이 지시봉으로 가리키는 북쪽에서 온 사람이다.

③ 이 사람은 배 위에 타고 있는 사람의 숫자가 계시하는 대로 4월에 태어나는데, 그때는 이 배 모양대로 초승달이 뜬 날이며 시간이다.

④ 이 사람은 역시, 배 위에 타고 있는 사람의 숫자가 계시하는 대로 4월에 배를 타고 온다. 방패는 군사의 상징이기도 하기에, 방패 위에 떠 있는 배는 군함이다. 그런즉, 이 사람은 군함을 타고 온다.

⑤ 방패는 하나님의 상징이므로, 방패 위에 배가 떠 있는 것은 하나님의

역사하심을 계시한 것이기도 하다.

> 나는 너의 방패요.   (창 15:1)

즉, 하나님께서 이 사람을 북쪽에서 오게 하시고 군함을 태워 인도하시어, 모든 진실을 밝히게 하신다는 계시이다.

이처럼 형산강 기슭 절벽에 새겨진 계시는 내 손바닥에 새겨진 계시와 일맥상통한다. 아울러 나는 이 계시대로 모든 진실을 밝혔다!

1993년 7월, 단의 후예들이 마지막으로 머물렀던 헤르몬산 기슭의 단에서는, 평양 일대에서 출토된 와당들에 새겨 있는 고대 문자와 똑같은 고대 히브리 문자가 새겨진 비석이 발견되었다. 그리고 그와 똑같은 시기, 나는 북한의 핵 개발을 주도한 전병호 군수공업 담당비서의 해결사로 활동하던 중에 함경북도 남양 세관에서 중국 측 무역 대표단과 면담을 마치고 나서 체포되어 평양으로 압송되었다.

다음 해 1994년 3월에는 경주 석장동 암각화가 발견되었고, 나는 그해 4월에 대한민국 정부가 007 작전과 같이 극비리에 파견한 군함을 타고 이 땅에 들어왔다. 석장동 암각화 계시대로 말이다. 그리고 암각화 계시대로 그 형산강 기슭 절벽에 새겨진 모세의 계시와 언약의 상징 등을 모두 밝혔고, 평양에서 출토되어 대한민국 박물관들에 보관된 와당들의 진실도 모두 밝혔다.

1994년 1월 9일 평양을 출발한 상급침대 기차표   1994년 4월 11일 길림에서 북경으로 출발한 기차표

위 사진은 1994년 1월 9일 평양을 떠난 상급 침대 기차표와 김일성 주석의 명의로 된 체포령을 받고 쫓기며 길림에서 북경으로 향했던 기차표이다.

이 외에도 많은 증거가 있다.

때가 이르면 그 증거들도 모두 공개하고자 한다.

성서에서 사라진 단의 후손
한민족의 진실!

1판 1쇄 발행 2021년 4월 23일

지은이 김대호

교정 신선미
편집 유별리

펴낸곳 하움출판사
펴낸이 문현광

주소 전라북도 군산시 수송로 315 하움출판사
이메일 haum1000@naver.com   **홈페이지** haum.kr

ISBN 979-11-6440-770-5

좋은 책을 만들겠습니다.
하움출판사는 독자 여러분의 의견에 항상 귀 기울이고 있습니다.